복지 한국 만들기

복지 한국 만들기

어떤 복지국가를 누가 어떻게 만들 것인가

1판1쇄 | 2013년 6월 28일
1판2쇄 | 2013년 11월 20일

엮은이 | 최태욱

펴낸이 | 박상훈
주간 | 정민용
편집장 | 안중철
책임편집 | 윤상훈
편집 | 이진실, 최미정, 장윤미(영업 담당)
업무지원 | 김재선

펴낸 곳 | 후마니타스(주)
등록 | 2002년 2월 19일 제300-2003-108호
주소 | 서울 마포구 합정동 413-7번지 1층 (121-883)
전화 | 편집_02.739.9929/9930 제작·영업_02.722.9960 팩스_02.733.9910
홈페이지 | www.humanitasbook.co.kr

인쇄 | 천일_031.955.8100 제본 | 일진_031.908.1407

값 15,000원

ISBN 978-89-6437-185-5 93300

이 도서의 국립중앙도서관 출판시도서목록(CIP)은 e-CIP홈페이지(http://www.nl.go.kr/ecip)와
국가자료공동목록시스템(http://www.nl.go.kr/kolisnet)에서 이용하실 수 있습니다.
(CIP제어번호: CIP2013009842)

복지 한국 만들기

어떤 복지국가를 누가 어떻게 만들 것인가

최태욱 엮음

후마니타스

차
례

| 표 차례 |

| 그림 차례 |

서문

1980년대와 1990년대는 미국 주도의 신자유주의 세계화 압력이 전 세계에 걸쳐 매우 공세적으로 가해지던 시기였다. 정도의 차이가 크기는 했지만, 그 시기 거의 모든 국가들은 신자유주의 경제정책을 수용했다. 그중에서도 한국은 아마 신자유주의 체제를 가장 빠르고 폭넓게 받아들인 국가에 속할 것이다. 김영삼 정부에서부터 본격화된 경제적 자유화는 진보적 성격이 좀 더 강했던 김대중 정부에서 (물론 국제통화기금IMF 관리 체제에 들어갔다는 사정이 있긴 했지만) 오히려 더 급격히 진행되었고, 그 추세는 노무현 정부까지 이어졌다. 그러나 이명박 정부만큼 신자유주의 정책 기조를 노골적이고 적극적으로 몰아붙인 정부는 없었다. 한국이 '국가 주도 신자유주의 체제'로 가는 것이 아니냐는 우려가 나올 정도였다. 그 결과 양극화는 더욱 극심해졌고, 실업자와 비정규직 노동자, 영세 자영업자의 문제도 심각해져 사회 통합의 위기를 느낄 정도에 이르렀다.

한국 정치사회 최초의 복지국가 논쟁은 바로 이 암담한 사회불안 상황을 배경으로 일어난 것이었다. 2010년 6월 지방선거는 그동안 주변부를 맴돌던 복지국가 담론이 정치의 중심부로 이동하기 시작했음을 보여준 역사적 국면이 되었다. 보편적 복지에 해당하는 무상 급식제를 실시해야 한다는 여론이 선거 과정에서 강고히 형성된 것은 일반 시민들이 성장과 효율성만을 강조하는 신자유주의의 폐해를 직시하고 분배와 형평성의 가치 실현을 요구하고 나섰음을 보여 주는 한 징표였다. 실제로 6·2 지방선거를 거치며 시민사회의 복지 증대 요구는 주거, 교육, 일자리, 의료, 노후 보장 등의 영역으로 점차 확산돼 가고 있다. 바야흐로 분배 친화적 자본주의와 보편적 복지의 필요성 및 당위성을 공유하는 사회 분위기가 형성돼 가고 있는 형국이다.

시민사회의 이 거대한 변화 앞에서 그동안 복지국가 정책에 대해 무관심으로 일관했던 주류 정치권이 반응하기 시작했다. 제1야당인 민주당은 같은 해 10월 기존의 '중도 개혁' 노선을 삭제하는 대신 '보편적 복지'를 강령에 포함하는 등 진보성이 분명해진 새 당헌을 채택했다. 같은 달, 보수 집권당에도 믿기 어려운 변화가 일어났다. 한나라당이 스스로를 선진 복지국가를 목표로 하는 '개혁적 중도 보수' 정당으로 탈바꿈하겠다고 선언한 것이다. 이는 많은 이들로 하여금 한국의 양대 정당인 민주당과 한나라당이 공히 복지국가를 지향하는 진정한 중도 진보 정당과 중도 보수 정당으로 거듭나는 가히 '혁명적' 정당 구조 개편 작업이 (정치제도의 개혁 없이도) 오직 시민사회의 추동력만으로 현실화되는 것이 아닐까 하는 기대를 갖게 할 정도로 파격적인 반응이었다. 진보 정당들은 이미 오래전부터 복지국가 건설에 적극 찬동해 왔음을 감안하면, 이 양대 정당의 변화는 이제 거의 모든 한국의 정당들이 복지국가 담론으로 자웅을 겨뤄야 하는 정치 지형이 형성되었음을 의미하는 것이었다.

2012년의 총선과 대선 정국에서도 복지국가는 핵심 선거 의제 중의 하나로 떠올랐다. 한나라당의 복지국가 구상은 2011년 12월 박근혜 의원이 비상대책위원장을 맡게 된 이후 여당의 강령으로 공식화되었다. 거기에서 더 나아가, 2012년 초 박 비대위원장은 당의 정강 정책을 획기적으로 손질하고 당명까지 새누리당으로 바꾸었다. 그리하여 복지국가 건설, 경제민주화, 일자리 창출이라는 진보적 의제를 중심에 놓은 새누리당 강령이 탄생했다. 총선과 대선에서 복지국가 건설을 추진하겠다고 약속한 것은 물론이다. 민주당은 새누리당의 복지국가 공약은 진정성이 보장되지 않은 선거용 수사rhetoric에 불과한 것이라고 비판하며, 좀 더 강력하고 실효성 있는 복지 정책들을 내놓으며 자당의 우위를 과시하려 했다. 그러나 그런 민주당의 복지국가 정책은 다시 진보 정당들과 진보 학계 등으로부터 미흡한 것이라고 저평가되기도 했다.

각 당의 복지국가 정책이 난무하는 가운데 총선과 대선이 치러졌고, '선거의 해'인 2012년도 저물었다. 그해는 단연 새누리당의 것이었다. 새누리당은 총선에서 완승함으로써 국회의 단독 과반 정당이 되었고, 대선에서도 승리해 단독 집권당이 되었다. 이제 복지국가 건설의 소임은 새누리당에 거의 전적으로 맡겨졌다. 새누리당 정부가 과연 한국을 어엿한 복지국가로 이끌어 갈 수 있을까? 2009년 10월 26일, 당시 한나라당의 박근혜 의원은 고 박정희 대통령 30주기 추도사에서 "아버지의 궁극적인 꿈은 복지국가 건설"이었다고 말하며, 자신이 앞으로 그 꿈을 실현해 갈 것임을 시사했다. 1년 뒤인 2010년 12월에는 이른바 '생애 주기별 맞춤형 복지'라는 한국형 복지국가 구상을 내놓았다. 그리고 그의 구상은 2012년 대선 과정에서 새누리당의 공식 복지 공약이 되었고, 마침내 그는 대통령에 당선되었다. '생애 주기별 맞춤형 복지'란 어떤 정책인가? 그것이 제대로 실행된다면 한국은 정말 복지국가가 되는 것일까?

이 책은 대선 1년 전부터 이미 기획되고 수행돼 온 연구의 결과물들을 편집한 것이다. 박근혜 정부가 들어설 것을 예상하거나 '생애 주기별 맞춤형 복지'가 한국의 복지 정책이 될 가능성을 염두에 두고 쓴 글이 아니라는 것이다. 따라서 앞에서 던진 '박근혜 정부가 복지국가 건설에 성공할 수 있을까'라는 질문에 대한 구체적이고 직접적인 대답을 이 책에서 발견할 수는 없다. 그러나 이 책을 꼼꼼히 읽은 독자들은 누구나

위 질문에 대한 답을 스스로 찾게 될 것이다. 이 책은 한국 사회의 시대적 요청에 부합하는 '제대로 된 복지국가'는 어떤 방향으로 어떻게 가야 할지(제1부), 그 복지국가의 건설에는 비용이 얼마나 들며 그것은 어떻게 마련돼야 하는지(제2부), 그런 복지국가는 누가 어떻게 건설해 가야 하는지(제3부)를 자세히 말하고 있기 때문이다. 독자들은 이 책을 가이드북으로 삼아 박근혜 정부의 복지국가 정책이 과연 적절하게 마련된 비용을 제대로 치러 가며 합당한 주체에 의해 올바른 방향으로 수행될 수 있을지를 냉철하게 판단할 수 있을 것이다.

이 책의 제1부는 세 편의 글로 구성돼 있다. 1장 "복지 한국의 정치경제학"을 집필한 이창곤은 복지국가의 건설이란 한 나라의 사회경제 시스템을 리모델링하는 '정치과정'이라고 규정한다. 복지국가는 한마디로 '정치적 기획물'이라는 것이다. 따라서 "정치가 바뀌어야 하고 정치가 복지와 복지국가에 화답해야" 복지국가의 건설이 비로소 가능해진다고 주장한다. 그러기에 이제 당위론적 담론이 아니라 현실적 정치 전략이 필요함을 역설한다.

복지국가 정치 전략의 수립 및 이행과 관련해 이창곤은 크게 세 가지 고려 사항을 강조한다. 그 세 가지는 대체로 이 책의 제1부, 제2부, 제3부의 각 주제들과 일치하는 것들이다. 첫째는 '어떤 복지국가인가'라는 물음에 답할 수 있는 구체적인 실행 프로그램 혹은 정책의 개발 문제이다(제1부). 복지국가 정책이란 사회복지 정책만을 의미하는 것이 아니다. 그것은 사회정책과 경제정책의 연계 문제이며, 또한 사회정책 내부의 연계 문제이기도 하다. 복지 정책, 보건 정책, 노동정책 등의 각 사회정책이 서로 연계돼야 함은 물론 그 사회정책들이 경제정책들과 하나의 통합적 틀 속에서 연동하는 정책 패키지가 마련돼야 한다. 이런 정책 패키지를 제대로 만들어 내기 위해서는 복지국가를 지향하는 각 분야의 전문가 및 시민의 광범위한 연대와 그에 기반을 둔 정책 협의체가 필요하다. 둘째는 재원 문제이다(제2부). 좋은 복지는 돈 없이 가능하지 않다. 사회정책은 재원을 필요로 한다. 재원 없는 계획이란 장밋빛 청사진에 불과하다. '선진' 복지국가를 지향한다면 경제협력개발기구OECD 평균 수준의 복지 지출을 해야 한다. 어떻게 그 돈을 마련할 것인가? 조세 지출 구조 조정과 혁신, 또는 조세 인프라의 개선 그리고 최상위층을 대상으로 하는 부자 증세 도입 등 종합적인 재원 마련 전략이 수립돼야 한다. 마지막으로 가장 중요한 것이 주체 형성의 문제이다(제3부). 누가 복지국가 시대를 열 것인가, 즉 '시장을 지배하는 세력'에 당당히 맞설 수 있는 유력한 '복지 세력'을 어떻게 구축할 것인지의 문제이다. 물론 복지국가 담론이 뜨거워지면서 한국에서도 나름의 복지 동맹 및 연대를 위한 움직임이 있어 왔다. 그러나 아직은 초보적 수준에 불과하다. 복지국가 지지 세력의 유의미한 확장이나 조직화 혹은 연대의 길은 아직 까마득하기만 하다. 이 문제를 풀어야 한다. 그렇지 않고서는 한국이 선진 복지국가의 대열에 합류할 방법은 없다.

이창곤이 제기한 첫 번째 문제는 2장과 3장에서 다루어진다. 신동면은 2장 "어떤 복지국가인가"에서 최근 한국 사회에서 논의되고 있는 세 가지 주요 복지 담론들, 이른바 '박근혜 복지론', 민주당의 '3+1 보편적 복지론', 그리고 '역동적 복지국가론'을 평가한다. 그에 따르면 이데올로기와 사회복지의 측면에서 '박근혜 복지'와 민주당의 '3+1 보편적 복지'는 '제3의 길'의 정치 이념을 적극적으로 차용한 것이다. 이 두 복지 담론들은 인적 자본에 대한 투자를 강조하고, 미래의 시민·노동자로서 아동에게 우선적 관심을 두고, 사회권을 노동의무에 상응해 부여하고, 사회적 평등을 증진하기 위한 소득 재분배보다는 기회의 평등을 증진하기 위한 교육·보육 등 사회 서비스에 관심을 두며, 성장 친화적인 사회정책을 강조한다는 공통의 특징을 지닌다.

그러나 둘 사이에 차이가 없는 것은 아니다. 박근혜 복지는 고용 복지 모델에서 볼 수 있는 것처럼 주로 취약 계층만을 대상으로 하는 선별적 복지 노선에서 크게 벗어나지 않고 있다. 이에 비해 민주당의 '3+1 보편적 복지'는 의료·보육·급식에서 무상 서비스와 반값 등록금을 주장하며 보편적 복지 노선을 강조하고 있다. 그럼에도 두 복지 담론 간에는 차이점보다는 유사점이 더 많다고 할 수 있다. 한편, '역동적 복지국가론'은 복지국가소사이어티가 공식적으로 표명한 바와 같이 사회민주주의 정치 이념에 기반하고 있다.

신동면은 한국의 이런 주요 복지 담론들이 복지 정책을 결정하는 실제 정치과정에서 실질적이고 유의미한 영향력을 발휘하기 위해서는 지나치게 이데올로기적 논쟁에 치우치기보다는 구체적인 정책 수단과 실현 방안 등을 제시할 수 있어야 한다고 주장한다. 그리고 무엇보다 중요한 것은 복지국가 발전의 주요 지지 세력인 노동계급의 목소리를 체계적으로 수용하고, 노동시장의 분배 체계에서 일어나는 불공정성의 문제를 해결하기 위한 대안들이 복지국가 정책에 포함되는 것이라고 역설한다.

한편, 3장에서 유종일은 경제민주화와 복지국가의 상호 보완성을 지적하며 양자 간의 연계 추진 전략을 제시한다. 그는 경제민주화와 복지국가의 건설이 흔히 별개의 독립적인 과제로 인식되는 현실에 대해 우려한다. 그리고 경제체제와 복지 체제는 불가분의 관계를 맺고 있음에 유의하라고 주문한다. 복지 체제는 소비와 노동력 재생산의 밑바탕이 되고, 인적 자본 형성과 경제활동 유인에 영향을 미침으로써 생산 체제와 긴밀하게 연결되어 있다는 것이다. 따라서 경제민주화와 복지국가 사이의 유기적 관계를 바르게 설정하고 통합적인 사회경제정책을 설계해야 정책의 적실성을 제고할 수 있다고 강조한다. 그에 따르면, 복지국가는 넓은 의미에서 경제민주화의 한 분야 혹은 주요 수단이라 볼 수 있으며, 그와 동시에 경제민주화는 보편주의적 복지국가를 건설하기 위한 전제 조건이 된다. 특히 기업 생태계에서 나타나는 재벌 독식 현상 및 영세기업과 자영업의 과다 현상, 노동시장의 이중구조와 분절화 등 양극화를 심화시키는 한국 경제의 구조를 개혁하지 않고는 복지국가 건설은 무망하다. 양극화가 깊어지면 불가피하게 과세 대상 그룹과 수혜 대상 그룹으로 나뉘게 되고, 이는 조세 저항을 낳아 복지의 확대를 제한하게 되기 때문이다. 이런 관점에서 보면 복지를 확대해 양극화를 극복해야 한다는 논리는 오류이다. 요컨대, 경제민주화와 복지 확대는 병행해 추진할 과제인 것이다.

하지만 유종일은 구체적인 개별 정책들의 우선순위는 전략적으로 결정해야 한다고 주장한다. 이를 위해 그가 제시한 두 가지 원칙은 다음과 같다. 그 첫째는 중장기적 재정 건전성의 원칙이다. 이에 입각해 경기하강 시에 지출을 적극적으로 확대해 복지 확충과 경기 부양 효과를 동시에 도모하고, 경기회복 시에는 조세를 인상해 재원을 확보하는 전략을 도출한다. 둘째는 정치적 지지 확대의 원칙이다. 이에 따르면 복지 재원 마련을 위해 제1단계로서 부자 증세를 추진하고, 양극화 극복에서 일정한 성과를 낸 이후 제2단계로 보편적 증세를 추진하는 전략이 도출된다. 중장기적으로는 중소기업과 중견 기업을 육성하고 협동조합 등 사회적 경제를 활성화해 기업 생태계를 건강하게 만들어야 경제민주화와 복지국가에 대한 지지 기반을 확고하게 구축할 수 있다는 점을 강조한다.

복지국가의 건설 비용을 논의하는 제2부는 4장 "복지국가는 어떻게 조세 규모를 확대했을까"로부터 시작된다. 윤홍식은 이 장에서 선진 복지국가들의 조세 체제 변화를 추적해 한국 사회에 대한 중요한 함의를 도출한다. 즉 복지국가를 위한 조세 체제 개혁의 핵심은 특정 대상의 세 부담을 증가시키는 것이 아니라 보편적 증세를 통해 총 조세 규모를 확충하는 것에 맞춰져야 한다는 것이다. 그는 이런 조세 체제의 확립을 위해서는 먼저 '한국판 버핏세'의 제안과 같이 개인소득세의 누진성을 높여 세금에 대한 공정성과 신뢰성을 회복하고, 세출 구조의 조정을 통해 세금이 보편적 국민들의 복지를 위해 쓰일 수 있다는 실천적 경험을 축적해야 한다고 말한다.

그리고 이런 경험이 쌓이면 그것을 토대로 하여 대규모 증세를 위한 사회·정치·경제적 조건에 대한 합의를 구축해야 한다고 한다. 그는 특히 비례대표제의 강화가 이를 가능하게 하는 유력한 도구가 될 것임을 강조한다. 그리고 사회적 합의에 의해 대규모 세수를 안정적으로 담보할 수 있는 세제 개혁을 추진할 때, 그 순서는 다음과 같아야 한다고 설명한다. 먼저 세출 구조 조정, 상위 1퍼센트에 대한 부자 증세, 조세 감면 축소 등을 통해 마련된 재원으로 복지를 확대하고, 그 후 공정한 조세와 복지 확대를 통해 얻어진 국민의 신뢰를 바탕으로 증세를 도모해야 한다. 이때 개인소득세의 누진성을 OECD 평균 수준으로 높이고, 고용주의 사회보장 기여금을 높이는 것도 중요한 과제가 된다. 그리고 마지막으로 간접세인 소비세에 대한 증세를 통해 보편적 복지의 안정적 재원을 마련해야 한다. 요컨대, 그가 강조하는 것은 정부의 대규모 조세 수취 능력을 단계적 방식으로 확보해야 한다는 것이다. 어떤 사회가 복지국가를 만들고자 한다면 그 성패는 대규모 조세 수취 능력을 안정적으로 제도화할 수 있는지의 여부에 달려 있기 때문이다.

5장 "복지국가 증세와 재정 주권 운동"에서 오건호는 4장에서 논의한 복지 재정의 확충 과제와 제2부에서 논의하는 복지국가 주체의 형성 과제를 결합하는 한 방식으로 이른바 '재정 주권 운동'을 제안한다. 윤홍식과 마찬가지로 대대적인 증세 없이 복지국가의 건설은 불가능하다고 진단하는 그는, 재벌 대기업에 대한 조세 감면을 축소해야 하고 사회 구성원 다수가 과세에 참여하는 '소득별 보편 증세'를 적극 검토해야 한다고 주장한다. 그리고 복지 지출과 세입을 연계하는 '복지 증세', 상위 계층이 실질적으로 재정 책임을 다하는 '부자 증세', 그리고 보편 복지 흐름에 맞추어 가능한 한 많은 사람이 증세에 참여하는 '보편 증세' 등 3대 증세 원리를 제시한다.

그가 특히 강조하는 것은 기존 직접세에 누진율이 부과된 사회복지세의 신설이다. 전통적으로 진보 진영이 주장하는 복지 재정 확충 방안이 '부유세' 방식이라면, 사회복지세는 시민들의 책임 의식을 강화하는 '재정 주권' 방식이다. 이는 부자들에게만 '내라!'고 요구하는 것을 넘어 우리도 '내자!'('낼 테니 내라!')는 운동이고, 이를 통해 대중적 복지 주체를 형성하는 데 기여하겠다는 운동이다. 이 재정 주권 운동의 핵심 취지는 재원 마련에 일반 시민이 참여함으로써 복지국가 논의에서 '관람자'observer로부터 '행위자'actor로 자신의 역할을 전환하고, 여기서 마련된 자긍심을 바탕으로 부자들을 압박하는 에너지를 만들어 가자는 것이다.

복지국가 건설의 주체 문제를 본격적으로 다루는 제3부는 은수미가 그 막을 연다. 그는 6장 "복지국가 무한 연대"에서, 최근 거론되는 '노동 없는' 복지가 노동자 집단이 복지국가의 주체로 나서지 못하거나 관심이 없다는 사실을 의미한다면 그것은 복지국가의 실현을 가로막는 중요한 걸림돌이 될 것이라고 경고한다. 복지국가는 하늘에서 뚝 떨어지는 것이 아니라 현실에서 만들어 가는 과정이므로 복지국가를 위해 지속적으로 헌신하는 주체가 다른 무엇보다도 중요한데, 시민운동 단체를 중심으로 시작된 복지국가 운동의 주요 이슈에서 노동문제가 소홀히 다루어지고 노동조합이 복지국가에 관심이 없어 복지국가를 실현할 주체 세력이 취약하다면 복지국가의 실현 가능성은 낮아질 수밖에 없다고 이야기한다.

은수미는 노동정책과 복지 정책은 복지국가 형성의 양대 축이며 동전의 양면이라고 규정한다. 노동권이 복지국가의 시작이고 전제이며, 따라서 노동자 집단이 복지국가 운동에 적극적으로 참여하는 것이 필수적이라는 것이다. 그러나 그는 한국 사회에서 현실적으로 '노동 없는' 복지가 나타날지도 모른다는 점을 우려한다. 따라서 어떻게든 그 냉혹한 현실을 넘어서야 하는바, 그러기 위해서는 다음과 같은 인식과 노력이 필요하다고 역설한다. 첫째, 사회복지 수요가 좋은 일자리 요구와 결합하고 있다는 점에 주목해야 한다. 따라서 좋은 일자리를 매개로 복지국가에 대한 관심을 확대하는 것이 필요하다. 둘째, 복지국가에 대한 수요는 노동권 및 사회보장 확립이라는 구조 개혁 문제와 잇닿아 있다는 점을 중시해야 한다. 셋째, 새로운 노동조합 결성 운동이나, 비정규직에게 노동3권을 부여하라는 움직임 등이 곧 복지국가 운동임을 명심해야 한다. 그리고 이와 같은 노력에 힘을 실어 주는 과정, 즉 부쩍 증가한 노동권 보장 요구에 공감하고 함께하는 과정이 곧 복지국가 형성의 일환이라는 점을 인식해야 한다. 넷째, 복지는 일종의 경험재이며, 경험의 축적이 복지국가 운동 자체를 확장하는 힘이다. 따라서 작은 것이라도 경험을 확대하는 것이 필요하다. 다섯째, 헌법상 보장된 노동기본권의 확립을 위한 법·제도 개정이 복지국가 운동을 강화하고 복지국가 실현을 앞당길 것이므로 이를 위해 노력해야 한다.

한편, 고원은 7장 "연합 정치의 유형과 복지국가의 진로"에서 (노동이 아닌) 시민사회의 동력에 초점을 맞춘다. 그가 보기에 근래 한국에서 일어난 복지 이슈의 급속한 확산은 일차적으로 시민사회 내부에 응축된 힘을 기반으로 한 것이다. 그리고 그 힘이 분출되고 집약되는 곳은 주로 선거·정당·의회라는 정치 공간이었다. 한국의 정당정치가 최근 중요한 변화의 징후를 보이고 있는데, 그것은 바로 정치권을 향한 시민사회의, 복지 확대 요구와 연관된 것이다. 지난 2010년 지방선거에서 복지 이슈와 진보적 야권 연합 정치가 동시에 제기된 것이나, 이른바 '안철수 현상'이라는 것에 의해 정당정치가 급격하게 요동치고 있는 모습 등이 그 사례이다. 요컨대, 복지 이슈의 발전과 밀접한 관련하에 정당정치의 재편에 대한 압력 현상이 발생하고 있다는 것이다.

물론 이 같은 현상은 아직 단기적 정치 과제를 달성하기 위한 정당 수준에서의 실용적 논의로 한정되어 있는 면이 많아서 '포괄적 복지 동맹'을 위한 논의라고 보기에는 부족한 것이 사실이다. 하지만 고원은 이 현상이 담고 있는 적극적 의미를 천착할 만한 가치는 충분하다고 주장한다. 최근 새롭게 태동·성장하고 있는 시민사회 동력의 정치화 현상을 정당 체제의 재편으로 결합해 낼 수만 있다면, 계급적 연대의 기반이 약한 한국에서도 시민 참여의 전통 위에 새로운 방식의 복지국가 발전 경로가 도출될 수 있다는 것이다. 그런 맥락에서 그는 주로 진보적 야권 진영에서 논의되어 온 복지국가를 위한 연합 정치의 경로 및 전략을 검토하고 다음과 같은 결론을 내린다. 먼저 '민주·진보 통합 정당론'을 보자면 그것은 형식적인 동질화에 급급해 내적인 역동성을 불어넣을 방안을 제시하지 못하고 정치적 대표성을 협소화할 우려가 있는 것이다. 한편, '진보 통합 정당론'은 집권 세력의 급속한 우경화에 대한 견제가 현실적으로 우선될 수밖에 없는 상황에서 전략적 목표를 잘못 설정하고 있는 데다가 계급적 대중정당의 노선을 고수함으로써 시민 정치의 동력을 담아내지 못하고 있다. 결국 관건은 이런 양자의 약점을 지양하고 종합해 정치적 대표성을 높임으로써 재분배정책 및 복지 발전에 순기능적으로 작동하는 새로운 정당 체제를 만들어 내는 일이다.

최태욱은 이 책의 마지막인 8장 "복지국가 건설과 '포괄 정치'의 작동을 위한 선거제도 개혁"에서 고원이 역설한 (정치적 대표성이 높은) 정당 체제의 구축 필요성을 재차 강조하며, 이를 위해서는 선거제도의 개혁이 반드시 필요하다고 주장한다. 무엇보다 그가 중시하는 것은 친親복지 세력의 복지 확대 요구가 관철될 수 있는 정치 환경이다. 그에 의하면 한국적 상황에서는 특히 복지 수요가 매우 높은 실업자, 비정규직 노동자, 그리고 자영업자 계층 등이 가장 적극적인 (실제 및 잠재적) 친복지 세력 구성원이다. 그러나 한국의 '지배 연합 집단'winning coalition을 형성하고 있는 쪽은 예나 지금이나 여전히 국가 복지나 사회보험 등의 확대를 별도로 필요로 하지 않는, 즉 복지 자급 능력이 있는 금융 및 산업 자본가와 자산 소유자, 전문직 고소득자 등의 부유 계층들로 이루어진 반反복지 세력이다. 이들 반복지 세력은 정계·관계·재계·학계·언론계·문화계 등 사회 전반에 걸쳐 견고한 기득권 체제를 형성하고 있다. 몇 겹으로 둘러싸인 이 두터운 기득권층을 통과해 친복지 세력의 복지 증대 요구가 소기의 정책 결과로 이어지기 위해서는 사회경제적 약자를 위해 효과적으로 작동하는 정치적 소통 채널이 필요하나 한국 정치에는 아직 그것이 제대로 마련되어 있지 않다. 말하자면 사회경제적 약자의 선호와 이익을 대변하고 대표할 수 있는 제도적 기제, 즉 누구에게나 효과적이고 동등한 정치 참여를 보장하는 정치적 대표성이 높은 포괄적인 정당 체제가 아직 미비하다는 것이다. 따라서 한국형 보편주의 복지국가의 발전을 위해서는 친복지 세력의 이 과소 대표 현상을 치유할 수 있는 '포괄의 정치'가 작동되도록 하는 것이 급선무이다.

최태욱은 이 포괄의 정치를 작동케 하는 핵심 기제는 비례대표제라는 사실을 강조한다. 비례성이 높은 선거제도는 약자와 소수자를 포함한 다양한 사회 세력들을 대변하는 다수의 정책 및 이념 정당들이 의회에 진출할 수 있도록 하며, 이는 대부분의 경우 다당제하의 연립정부 형태로 이어지기 때문이다. 포괄의 정치를 추동하는 최적의 선거제도로 그는 독일식 비례대표제를 꼽는다. 그러나 이 제도의 도입이 당장은 현실적으로 어렵다면, 그보다는 정치사회적 비용이 덜 들면서도 상당 정도의 비례성을 확보할 수 있는 개혁 방안으로서 지금의 병립제 틀을 유지하는 가운데 전국구 비례대표 의석의 비중을 50퍼센트 이상으로 확대시키는 절충안을 제시한다. 한편, 정치권의 일각에서 선호하고 있는 중대 선거구제의 도입에 대해서는 그것이 오히려 개악이 될 수 있음을 경고한다.

끝으로, 이 책이 나오기까지 수고해 주신 여러분께 감사의 말씀을 드리고 싶다. 8장을 제외한 이 책의 모든 장들은 한림국제대학원대학교 정치경영연구소와 한겨레사회정책연구소가 "복지국가 건설의 정치경제학"이라는 주제로 공동 주최한 제4회 '대안담론포럼'의 발제문들을 수정·보완한 것이다. 말하자면 그 포럼의 결과물들을 편집해 이 책을 낼 수 있었다는 것이다. 그 포럼이 열릴 수 있도록 앞장서 수고해 주신 당시 한림대학교의 이영선 총장님과 한겨레사회정책연구소의 이창곤 소장님께 감사드린다. 또한 포럼에 사회자와 토론자 등으로 참여해 주셨던 여러 선생님들께도 이 자리를 빌려 감사의 마음을 전한다. 그분들의 열정적인 조언과 비판이 포럼, 따라서 이 책의 질을 크게 높여 주었다. 포럼 개최와 책 출간에 이르기까지의 전 과정에서 실무 책임을 맡아 최선의 노력을 기울여 준 정치경영연구소의 김경미 연구원과 임지은 연구원의 수고에도 감사하지 않을 수 없다. 마지막으로 이 책을 발행해 준 후마니타스의 박상훈 대표께 특별한 감사의 말씀을 드린다. 출판계의 불황으로 편서를 맡는다는 것이 쉽지 않았을 텐데도 흔쾌히 이 책의 원고를 받아 주었다. 부디 이 책이 복지국가 한국이 부상하는 데 일조하기를 간절히 바란다.

연구자들을 대표하여 최태욱
2013년 6월

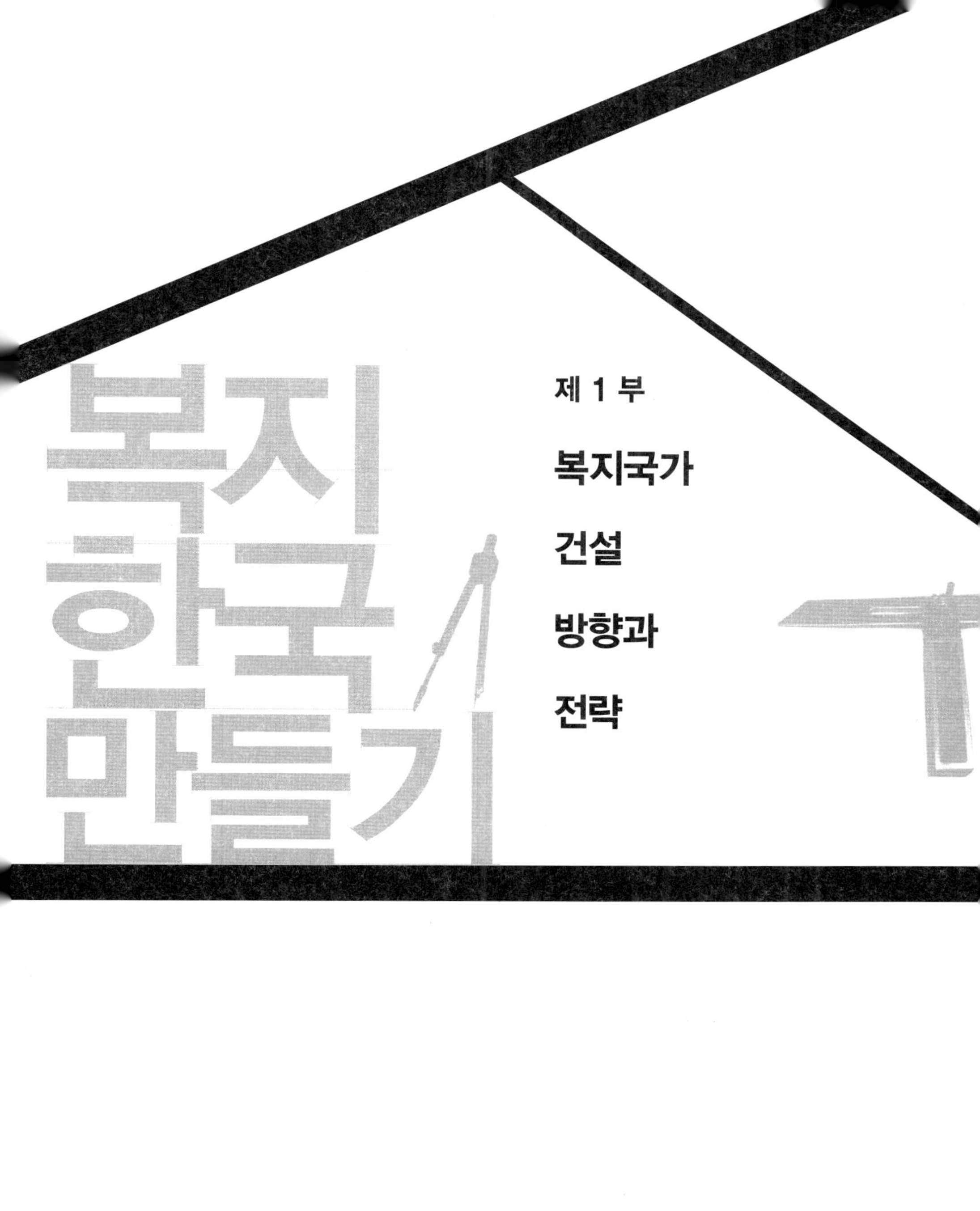

제 1 부

복지국가 건설 방향과 전략

1장

복지 한국의 정치경제학

이창곤

1. 들어가며 : 복지국가, 시대정신인가?

우리 사회에서 복지국가가 이렇게 급속히 정치의 언어가 되리라고 상상이나 했을까? 적어도 몇 년 전까지만 해도 복지국가 주창자들조차 예상하지 못했다. 그러나 최근 학계는 물론 시민 단체 및 노동조합, 정치인들까지 앞다투어 복지와 복지국가를 설파하고 있다.

한겨레사회정책연구소는 2011년 말 사회정책 분야 전문가 33명에게 "2013년 들어설 새 정부는 어떤 성격의 정부나 체제가 되어야 하나?"라는 질문을 던졌다(『한겨레』 2012/01/10). 주요 답을 간추리면 다음과 같다. "함께 잘사는 시민 공동체 복지국가"(조흥식), "보편적 복지 확대와 경제민주화를 핵심 과제로 삼는 복지국가 체제"(오건호), "경제민주주의와 국가와 시장의 균형이라는 패러다임에 기반한 복지국가"(황덕순), "지속 가능한 사회경제 모델로서의 복지국가 체제"(정세은), "평화복지국가"(김원섭).

대부분 진보·개혁 성향의 학자나 정책 전문가의 답변이지만, 여기에는 오늘날 우리 사회의 핵심 담론이 녹아 있다. 바로 복지국가 담론이다. 복지국가는 이제 이 시대의 실천적인 지식인이라면 반드시 숙고해야 할 언어가 된 것이다.

사실 복지국가 논의는 어제오늘의 일은 아니다. 많은 담론이 그렇듯, 학계에서 이와 관련된 논의는 오래전부터 있었다. 그동안 일부 권력자들도 정통성을 얻기 위해 복지국가라는 말을 남용하기도 했다. 일종의 수사이자 '빈곤 퇴치'의 동의어로 쓰이기도 했다.

최근의 복지국가 논의는 우리 사회의 구체적인 비전을 다루는 국민적 요구의 성격을 띤다는 점에서 다르다. 경제사회 시스템을 개혁하자는 차원에서의 복지국가 담론은 2007년 전후에 시작되어, 2010년을 기점으로 빠르게 퍼졌으며, 2011년이 절정이었다. 관련 세미나 및 심포지엄, 토론회 등이 줄을 이었다. 복지에 비우호적인 태도를 보이던 보수적 성격의 학계와 단체들도 이런 흐름을 외면할 수 없었다.

복지 또는 복지국가라는 수식어를 붙인 단체들이 속속 생겨났다.[1] 정치권도 예외가 아니다. 너나 할 것 없이 복지 또는 복지국가를 내세웠다. 정당들 또한 복지 및 노동 정책을 잇따라 내놓았다. 민주통합당(현 민주당)은 창조형 복지국가를 주창했으며, 이른바 '3+1(무상 급식, 무상 의료, 무상 보육과 반값 등록금) 무상 복지 정책'을 지난해 공식 발표했다. 반값 등록금 정책에 일자리와 주거 복지를 추가한 '3+3 정책'으로 한발 더 나아가기도 했다. 2010년 당시 새누리당 대표였던 박근혜 대통령이 복지와 복지국가를 얘기했을 때 당 차원에서 미동도 하지 않던 새누리당이 이제는 복지 정당을 표방하고 있다.

지난 2011년 무상 급식 이슈를 놓고 격돌했던 서울시장 보궐선거

---

1) 복지국가소사이어티, 복지국가사회복지연대, 복지국가실현연석회의, 내가 만드는 복지국가, 복지국가정치포럼, 복지국가국민운동본부, 진보통합과 복지국가를 위한 시민회의 등이 있고, 이 가운데 복지국가실현연석회의 같은 전국 규모의 단체도 있다.

이전까지만 해도 새누리당에는 '복지 포퓰리즘'을 말하는 의원들이 많았다. 같은 해 7월 새누리당의 싱크 탱크인 여의도연구소가 '모든 국민이 더불어 행복한 선진 복지국가'를 당의 새로운 비전으로 제시했을 때도, 당론이 아니라 연구소 차원의 의사 표명으로 치부하기도 했다. 하지만 2012년 총선 과정에서 당명을 바꾸고 박근혜 당시 새누리당 비상대책위원장이 당권을 쥔 뒤로는 정강(국민과의 약속)의 첫째 사항으로 '행복한 국가'를 표방했고 '맞춤형 복지', '생애 주기별 복지' 등의 구호를 내걸며 복지 정당임을 내세운 바 있다.

언론에서 복지 관련 뉴스가 폭증한 것도 이 같은 흐름을 잘 나타낸다. 어느 학자는 과거 10년간의 복지 뉴스를 다 합친 것보다, 2011년 이래 복지 관련 기사 수가 더 많았다고 집계하기도 했다. 2007년 대선 때를 돌이켜보면 격세지감이다. 당시 『한겨레』 정치부 대선기획팀장이었던 필자의 기억으로는, 복지국가는커녕 복지를 주창하는 정치인도 거의 없었다. 여야 또는 진보·보수가 따로 없이 모두가 성장만을 주문처럼 되뇌었다. 물론 차이가 전혀 없지는 않았다. 누가 더 높은 성장률을 이야기하는지가 차이라면 차이였다. 이명박 전 대통령은 후보 시절 '747 정책'(7퍼센트 성장, 1인당 국민소득 4만 달러, 세계 7위 경제)을 공약했고, 당시 한나라당 경선 후보였던 박근혜 대통령은 '줄푸세'(세금을 줄이고 규제를 풀고 법질서를 세운다)를 내세웠다. '줄푸세'는 작은 정부와 큰 시장을 지향하는 성장 담론의 다른 이름이었다.

민주당의 전신인 열린우리당도 크게 다르지 않았다. '성장 친화적 복지, 진보적 성장' 등의 구호도 어디까지나 성장 우선의 담론이었다. 17대 대선을 앞둔 2007년 여름, 네트워크형 싱크 탱크 복지국가소사이어티가 『복지국가혁명』을 출간하면서 한국 사회의 새로운 대안으로서 복지국가에 대해 논의할 것을 제안했지만 이를 새겨들은 정치인은 거의 없

었다.[2)]

상전벽해. 현재 상황을 맞춤해 비유하는 말이다. 무엇이 달라졌고, 왜 이렇게 바뀌었을까? 맹위를 떨치던 성장 구호는 어디로 갔나? 이 상황 또한 낯설다. 하지만 지속 가능한 성장에 대한 대안 없이 복지만을 내세우는 것만으로, 한 사회의 번영과 국민의 행복을 이야기할 수는 없다. 한 사회가 건강하게 발전하려면 성장과 분배, 복지 중 어느 것도 소홀히 할 수 없기 때문이다.

복지국가 건설은 한 사회의 틀을 바꾸는 일이다. 이를 위해 정책을 도입하고 변경하는 과정은 원천적으로 정치과정이다. 아주 작은 소집단과 관련된 정책 하나를 바꾸거나 이행하려 해도 반대자의 이해관계를 돌파해야 한다. 복지국가 만들기는 무엇인가? 단순히 복지에 돈을 더 쏟아붓자는 얘기가 아니다. 복지 정책을 많이 도입하자는 차원의 문제도 아니다. 한 나라의 경제사회 시스템을 리모델링하자는 것이다. 국민의 집을 재건축하자는 것이다. 서까래도 손보고 기둥 몇 개는 아예 교체하는 공사가 불가피하다. 그러니 함부로 지을 수가 없다. 숙고해야 할 일이 많다. 당장 추진해야 할 일도 있고, 유보해야 할 일도 있다. 일머리가 중요하다.

예컨대, 우리 사회가 선진 복지국가가 되려면 우선 어떤 정책을 도입해야 하나? 이를 위한 실천적인 정책 전략은 무엇인가? 누가 복지국가 만들기의 주역이 될 수 있나? 나라마다 사정이 다르니 무턱대고 북유럽 복지국가의 해법을 그대로 따라 할 수도 없다. 그것이 가능하다고 믿는

---

2) 당시 복지국가소사이어티는 우리 시대의 새로운 대안적 국가 모델로 역동적 복지국가를 주창했다. 역동적 복지국가의 핵심으로 보편적 복지를 제시하는 동시에, 교육·금융·재벌·노동·조세·행정 등의 분야에서 발상의 전환을 통한 개혁이 시급함을 역설했다.

이도 거의 없을 것이다.

고민은 여기에 그치지 않는다. 우리 사회를 강력히 지배하고 있는 지배 연합 블록의 반反복지 움직임을 어떻게 극복할 것인가? 우리 사회는 궁극적으로 어떤 복지국가가 될 수 있나? 복지국가를 위한 생산 체제는 어떠해야 하고, 조세체계는 어떻게 바뀌야 하나? 복지국가는 흔히 정치적 기획물이라고 한다. 그렇다면 정치가 바뀌어야 하고 정치가 복지와 복지국가에 화답해야 한다. 현실적인 정치 전략은 무엇인가? 복지국가 외에 다른 대안은 없는가?

복지국가 담론은 우리 앞에 수많은 질문을 던지고 이에 답할 것을 요구하고 있다. 이 책은 바로 그 답을 찾기 위한 작은 노력이다.

2. 왜 복지국가인가

1) 불안 사회

한국 사회에서 복지국가가 사회적 의제 및 대안으로 떠오른 데는 여러 요인이 복합적으로 작용했다. 복지가 부실한 현실과 이를 의제화하려 한 친親복지 학자 및 단체들의 노력이 기여한 바 크지만, 좀 더 근본적인 배경은 '불안 사회'로 압축해 표현할 수 있는 우리 사회의 사회경제적 현실이다. 결국 복지국가는 불안 사회의 위험 요소를 완화하고 극복하고자 하는 집단적 노력의 산물인 것이다.

『한겨레』에서는 2007년 신년 특집 기획으로 '5대 불안'(주거·노후·교육·일자리·평화)에 대한 대국민 여론조사 결과를 보도했다. 조사에 따르면, 우리 국민의 10명 중 8명이 심각한 불안에 휩싸여 있다. 5년 뒤인

2012년 2월 초 한겨레사회정책연구소와 한국보건사회연구원이 공동으로 유사한 내용을 담은 '2040 세대의 복지 정책 지향 및 정치사회 의식' 여론조사를 실시했다. 20대, 30대, 40대별로 5백여 명씩 총 1천5백 명을 대상으로 한 온라인 조사였는데, 조사 결과 2040 세대의 눈에 비친 한국 사회의 모습도 결국 '불안 사회'라는 말로 모아졌다. 응답자 5명 중 3명꼴로 "삶이 불안하다."(58퍼센트)라고 답했다.

불안은 거의 모든 세대를 짓누르고 있는 것으로 나타났다. 20대의 59.9퍼센트, 30대의 55.8퍼센트, 40대의 58.6퍼센트가 불안해했다. 20대 중 가장 많은 사람이 답한 것은 취업 등 진로 불안(55.2퍼센트)이었다. 주거 불안(16.6퍼센트)을 겪고 있다는 답이 둘째로 많았다. 의외의 결과라고 생각할 수 있지만, 20대의 상당수가 학업과 등록금 부담에 시달리면서도 도시 생활을 위해 고시원과 원룸주택 등을 전전하는 모습을 떠올리면 이해할 수 있다. 30대는 노후(22.2퍼센트), 자녀 교육(20.8퍼센트), 주거(20.5퍼센트) 등 세 분야 모두에 대해 불안감이 깊었다. 40대의 가장 큰 불안은 자녀 교육으로 31.9퍼센트에 이른다. 이어 노후 불안(29.6퍼센트)이 컸고, 고용 불안(14.7퍼센트)도 적지 않았다.

2011년 5월 한국은행이 내놓은 '2010년 가계금융조사(부가 조사) 결과'를 보면, 가계 지출 비중 가운데 교육 비용은 사교육비 20.5퍼센트에 학교 등록금 7.9퍼센트를 더해 28.4퍼센트로, 식료품비(23.2퍼센트), 병원비(15.0퍼센트), 대출금 이자(13.7퍼센트) 등에 비해서도 가장 높았다. 주거 비용도 앞서 언급한 대출금 이자(주로 주택 구입에 따른 이자 비용) 13.7퍼센트에 월세 5.7퍼센트까지 합하면 19.4퍼센트에 이른다.

이처럼 노후 준비는 둘째 치더라도, 주거·교육·의료 등 당장의 기본 생활에 필요한 비용이 가계에서 차지하는 비중이 상당히 크다는 사실을 알 수 있다. 이는 실직이나 질병으로 소득원이 갑작스럽게 끊기면 가구

전체가 위태로워질 수 있다는 의미이기도 하다.

불안은 부정적인 사회 인식으로 이어진다. 2040 세대의 64.4퍼센트가 우리 사회를 "한 번 실패하면 다시는 일어서기 어려운 사회"로 인식했다. 특히 40대 남성 5명 중 4명(78.1퍼센트)은 패자 부활의 기회가 없는 사회라고 여겼다. 또 2040 세대의 78.8퍼센트는 우리 사회가 "부모의 지위에 의해 자녀의 계층 상승 기회가 닫혀 있는 폐쇄적 사회"라고 응답했다. "노력한 만큼 보상과 인정을 받을 수 있는 사회인가?"라는 질문에 75.5퍼센트가 그렇지 않다고 답했다.

왜 불안한가? 무엇이 패자 부활의 기회를 가로막는가? 2040 세대가 가장 심각하다고 보는 것은 양극화 현상이었다. 이들은 특히 자산의 양극화(29퍼센트)와 대기업과 중소기업 간의 양극화(24.2퍼센트), 정규직과 비정규직 간의 양극화(20.5퍼센트)를 심각하게 여겼다. 사교육비 지출에 따른 교육 기회의 양극화(17.2퍼센트), 출신 대학에 따른 취업 기회의 양극화(9.2퍼센트) 등도 문제라고 인식했다.

통계청이 최근 발표한 가계 동향 조사를 보니 하위 20퍼센트의 소득 대비 상위 20퍼센트의 소득 비율을 보여 주는 소득 5분위 배율은 2011년 기준으로 5.73배로 나타났다. 2010년의 5.66배에서 0.07배포인트 오른 수치다. 계층 간의 격차가 더 커졌음을 가리킨다.

상대적 빈곤율[3]에서도 같은 흐름이 나타난다. 2011년 상대적 빈곤율은 15.2퍼센트를 기록해 2010년의 14.9퍼센트에서 0.3퍼센트포인트 올랐다. 이 비율이 오르면 당연히 중산층은 줄기 마련이다. 중산층은 중위 소득의 50퍼센트 이상, 150퍼센트 미만 사이의 가구를 말한다. 이 가

---

3) 소득이 중위 소득(소득 순으로 모든 사람을 일렬로 세웠을 때 중간에 이른 사람의 소득)의 50퍼센트에 미치지 못하는 계층이 전체 인구에서 차지하는 비율이다.

구는 전체의 64.0퍼센트를 차지하는 것으로 집계됐다. 2010년 64.2퍼센트보다 0.2퍼센트포인트 떨어졌다.

이런 가운데 가계마다 빚이 계속해서 늘고 있다. 가계 부채가 국내총생산GDP의 세 배격인 9백조 원을 돌파한 것이 이미 2011년 말이었다. 2007년 6백조 원가량이던 가계 부채가 이명박 정권을 거치면서 해마다 60조 원 남짓 늘며 급증한 것이다. 한국은행은 2011년 말 기준으로 전체 가계 부채가 912조 원, 가구당 평균 5,265만 원이라고 밝힌 바 있다. 게다가 통계상 기업 부채로 잡히지만 사실상 (유사) 가계 부채인 자영업자의 대출 또한 1백조 원을 넘어섰다.

이자 부담마저 가파르게 증가하고 있다. 통계청은 2011년 기준으로 전국 2인 이상 가구의 월평균 이자 비용이 8만7,900원에 이른다고 밝혔다. 연간 105만4,800원에 이르는 액수다. 가계가 짊어진 이자 비용이 연 1백만 원을 넘어선 것은 2003년 관련 통계가 작성된 이래 처음이다.

실질 비용은 이보다 많을 것으로 추산된다. 통계청의 이자 비용 조사 대상은 주택 구입, 가계 운영 등을 위해 받은 대출이다(사업이나 다른 용도의 대출은 포함되지 않는다). 이자 비용이 전체 가계소득에서 차지하는 비중은 2.41퍼센트(2011년 4분기 기준)에 이른 것으로 나타났다. 역대 최고치다. 가령 매달 3백만 원을 버는 월급쟁이라면 월 7만2,300원을 이자로 낸 셈이다. 저소득층의 경우에는 부담이 더 클 수밖에 없다.

물가마저 오르니 살림은 더욱 팍팍하다. 경제협력개발기구OECD의 발표를 보면, 한국의 식품 물가는 2008년부터 2011년까지 4년간 29.9퍼센트나 올랐다. 한마디로 빚은 늘었고 물가도 올랐는데, 소득은 줄고 이자 부담만 커졌다는 이야기다. 사교육비, 아이들 등록금, 주거비 등에 치여 당장 하루하루를 걱정해야 하는 상황이다 보니, 노후 준비는 꿈도 꾸지 못한다. 지금 우리가 살아가는 모습이다.

2) 구멍 뚫린 안전망

복지국가론에 담긴 가장 기본적인 전제는 국가가 국민의 최저 생활 수준을 보장하기 위해 적극적으로 개입해야 한다는 것이다. 국가가 이른바 국민생활최저선(내셔널미니멈National Minimum)4)을 보장해야 한다는 뜻이다. 국민생활최저선은 영국 복지국가의 지도 이념 가운데 하나다. 1897년 시드니 웹Sydney Webb, 비어트리스 웹Beatrice Webb 부부에 의해 제창됐으며, 1940년대에는 윌리엄 베버리지William H. Beveridge에 의해 복지국가의 핵심 개념으로 구체화됐다(『한겨레』 2012/05/15). "베버리지 보고서"에는 사회보장의 일차적 의미를 "생존에 필요한 최소 소득을 보장하는 것"이라고 정의했다. 베버리지는 이런 사회보장을 위해서는 사회보험이 가장 중심적인 역할을 해야 한다고 믿었다.

우리 사회는 1961년 〈생활보호법〉, 〈아동복리법〉, 〈산업재해보상보험법〉 등을 도입한 이래 지속적으로 복지 제도를 도입하거나 확대해 왔다. 특히 1997년 IMF 경제 위기 이후, 복지 제도도 빠르게 '압축 성장'했다. 그 결과 현재 우리 사회는 보편적 복지 제도로 평가받는 국민연금, 고용 보험, 산재보험, 건강보험 등 4대 사회보험과 노인 장기 요양 보험까지 도입해 실시하고 있다. 이것만 보면 복지 선진국의 모양새를 갖추고 있다.

그러나 우리의 복지 시스템에는 방대한 복지 사각지대가 존재할뿐더러 우리 사회의 경제적 불평등을 완화하거나 빈곤 문제를 해소하는

---

4) 국민의 생활 복지에 반드시 필요한 최저 수준을 나타내는 지표다. 한 나라의 경제 규모, 1인당 국민소득에 비추어 볼 때 영양·주거·생활환경 등이 어느 정도여야 하는지를 수치로 나타낸다.

데 큰 역할을 하지 못하고 있다. 제도는 갖춰져 있지만 그 제도의 혜택을 받지 못하는 이들이 너무나 많은 것이다. 연금 혜택을 받고 있는 노인 인구도 전체 노인 인구 중 13퍼센트 수준에 불과하고, 비정규직은 그들 가운데 30퍼센트만이 사회보험 급여를 받고 있다.

이런 사각지대는 노동시장의 불공평 또는 이원화에서 비롯되는 측면이 크다. 예컨대, 상대적으로 지위가 안정적인 1차 노동시장에 속한 이들의 사회보험 가입 비율은 높은 반면, 그렇지 못한 2차 노동시장에 속한 비정규직 노동자 및 저임금노동자들의 사회보험 가입 비율은 저조하다. 4대 사회보험 중 국민연금과 고용 보험은 특히 그렇다.

영세 자영업자의 상황은 매우 심각하다. 기본적으로 사회보험은 직장 가입자, 즉 임금노동자들에게 유리하다. 임금노동자는 보험료를 사용자와 노동자가 절반씩 부담하지만 자영업을 하는 비임금노동자, 즉 지역 가입자는 혼자 보험료를 부담하기 때문이다. 영세 자영업자들에게는 적지 않은 부담이다. 그러다 보니 가입 자체를 회피하는 기여 회피 현상이 발생하기도 한다. 영세 자영업자의 상당수가 사회보험을 통한 사회적 안전망 밖에 머무르는 것도 그래서이다.

직장인 중에도 안전망 밖으로 밀려난 이들이 있다. 장지연에 따르면, 전체 임금노동자 가운데 국민연금에 미가입한 사람은 27.1퍼센트이다. 고용 보험 미가입자와 적용 제외자까지 더하면 33.4퍼센트에 이른다. 1차 노동시장이라고 정의한 1백 인 이상 사업장 정규직의 경우, 국민연금 미가입자는 1.4퍼센트, 고용 보험 미가입자와 적용 제외자는 3.2퍼센트에 불과하다. 하지만 2차 시장에 속하는 이들 가운데는 국민연금 미가입자가 32.6퍼센트, 고용 보험 미가입자(적용 제외자 포함)가 39.8퍼센트에 달한다.

5인 미만 사업장에서 일하는 노동자들의 상황은 훨씬 열악하다. 무려 73.9퍼센트가 고용 보험에 가입돼 있지 않다. 비정규직인 경우에는 56.8퍼센트가 고용 보험에서 배제돼 있다. 사회보장은 노동조건이 안 좋은 저임금 노동자와 취약 노동자들에게 더욱 절실하지만 현실은 거꾸로다. 사회보험이 오히려 불평등을 악화하는 역진적 상황은 이를 두고 하는 말이다.

저소득층의 소득 보장을 위한 공공 부조 제도에서도 복지 사각지대가 발생하기는 마찬가지다. 기초 생활 보장 제도가 포괄하지 못하는 사각지대는 매우 넓다. 소득과 재산 이외에 부양 의무자 관련 요건을 비롯한 여러 가지 부가적인 수급 자격 요건 때문이다. 한국보건사회연구원에 따르면, 월 가처분소득이 최저생계비 미만인 가구의 비율을 나타낸 절대 빈곤율은 2007년 10.2퍼센트, 2008년 10.4퍼센트, 2009년 11.1퍼센트로 계속 높아지고 있다. 이 비율에 따라 추산해 보면 기초 생활 보장 제도의 사각지대에 있는 빈곤층 인구는 거의 410만 명에 이른다. 이 가운데 103만 명은 부양 의무자 기준 때문에 기초 생활 수급자가 되지 못하고 있다.

구멍 뚫린 복지 안전망은 오늘의 복지 시스템이 제대로 기능하지 못한다는 증거다. 재차 강조하지만 불공평하고 이원화된 노동시장의 문제가 크다. 이때의 이원화란 각 개인의 고용 지위에 따라 제공되는 복지 혜택의 격차가 큰 양상을 말한다. 상대적으로 임금이 높고 고용이 안정된 정규직 노동자에게는 더 많은 복지 혜택이 주어지고, 그렇지 못한 저임금 및 비정규직 노동자에게는 복지 혜택이 적거나 아예 없는 문제가 발생하고 있다.

복지가 저급하고 보편주의적 형태로 짜여 있지 않다는 점도 크게 작용한다. 일부 취약 계층에 시혜를 베푸는 식으로는 오늘날 광범위하게 나타나는 실업과 빈곤 등의 제반 사회정책 문제에 제대로 대처할 수 없다.

3) 성장 지상주의의 폐해

이렇듯 복지국가 논의는 우리 사회의 경제사회 시스템을 바꾸어, 구멍 뚫린 안전망을 튼튼하게 만드는 문제를 다룬다. 그 핵심은 경제사회적 양극화 구조를 개혁하는 것이다. 양극화 현상은 중소기업과 대기업 등 산업부문은 물론, 소득과 소비수준을 비롯해 경제사회 전반에서 나타나고 있다. 특히 노동시장의 양극화가 심각하다. 현재 노동시장은 비교적 높은 임금에 안정적인 고용, 좋은 근로조건을 제공하는 일자리로 구성되는 1차 노동시장과, 이 모든 측면에서 상대적으로 열악한 일자리로 구성된 2차 노동시장으로 양분되어 있다. 둘 사이의 넘을 수 없는 구조를 근본적으로 혁신하지 않고는 복지의 이원화 문제를 해결하기 힘들다.

양극화 구조는 우리 사회에 널리 퍼져 있는 그릇된 신화와 무관하지 않다. 바로 성장 지상주의와 시장 만능주의이다. 수십 년 동안 우리 사회는 성장만을 외쳐 왔다. 성장은 최고의 선이자 진리였다(『연합뉴스』 2009/08/27). 이는 무엇보다 분배와 복지, 환경 등 사회권의 핵심 가치를 경시하게 했고, 그 결과 사회적 불평등이 심화되는 데 일조했다.

지난 20년간 경제학계에서는 분배를 개선했을 때 성장이 더 좋아진다는 연구가 많이 제출되었다. 복지와 분배가 성장을 저해한다는 주장도 사실이 아니다. 이정우(2010)는 분배가 불평등할수록 국민들 사이에서 소득재분배의 요구가 커지므로, 세금을 많이 걷어 소득을 재분배하려면 성장이 저해된다고 말한다. 또한 분배가 불평등하면 정치적·사회적으로 불안정해 국내 투자가 부진해지고 외국자본의 투자도 잘 이뤄지지 않아 성장이 힘들어진다고 지적한다.

시장 만능주의는 시장이 가장 효율적이라는 신화를 기반으로 한다. 하지만 미국의 막대한 의료비 문제에서 보듯 오히려 비효율적일 때도 많다. 시장에 모든 것을 맡기라는 시장 만능주의의 가장 큰 폐단은 인간의 삶을 피폐시킨다는 데 있다.

지나친 경쟁 속으로 인간을 몰아붙이며, 오직 성장과 효율만이 지상 최고의 선이라고 내세우면서 인간 본연의 권리와 자유, 창의성은 뒷전으로 밀리거나 묵살되기 십상이다. 이런 상황에서 공동선은 유보되고 연대의 가치는 무력해지며 이해타산만이 작동된다. 삶은 각자도생各自圖生의 각축장이며, 이기는 자가 정의이며 선이다. 이런 사회에서는 약한 자는 물론 강한 자도 진정한 행복을 얻을 수 없다.

흔히 성장 지상주의자들이 애용하는 경제학적 논거가 이른바 낙수 효과Trickle-down effect다. 대기업 및 부유층의 소득이 늘어나면 더 많은 투자가 이루어져 경기가 부양되고, 이에 따라 GDP가 증가하면 저소득층에게도 혜택이 돌아가 소득의 양극화가 해소된다는 논리다.

기본적으로 이 이론에서는 국부 증대를 경제정책 방향의 최우선으로 설정하며, 이를 위해 분배보다는 성장을, 형평성보다는 효율성을 중시한다. 고도의 경제성장 시기에는 낙수 효과를 더러 기대할 수 있으나, 오늘 같은 저성장·저고용 시대에 그 효과가 크지 않다는 것은 경험적으로도 확인된다. 그럼에도 이명박 정부는 '747 정책'을 내세워 부자 감세 등 대기업 중심의 성장 우선 정책을 공약하고, 이를 경제정책의 방향타로 삼았다. 하지만 낙수 효과에 근거한 성장 담론은 이를 추진한 정부 인사의 자평에서 이미 그 한계를 여실히 드러냈다.

이명박 정부 당시 대통령 직속 미래기획위원회 위원장이었던 곽승준은 2012년 봄 『한겨레』(2012/02/22)와의 인터뷰에서 "(이명박 정부 4년 동안) 경제에 트리클다운 효과(낙수 효과)가 제대로 작동되지 않았다."라고 말했다. 이른바 낙수 효과를 거론하며 성장 우선 정책을 펴온 이명박 정부의 초기 기조와는 상반된 평가다. 그는 이어 "트리클다운 효과가 작동할 수 있는 시스템을 지난 정부(노무현 정부)나 현 정부(이명박 정부)가 만들지 못했다. 그래서 성장(의 과실)이 일부 대기업에 집중됐다."라고 고백하기도 했다. 이 밖에도 소득분배의 양극화에 대해서는, "노력했지만 그리 성공적이지 못했다."라고 밝혔고, "지니계수나 소득 5분위 등 지표가 개선되고 있지만 서민과 중산층의 심리적 박탈감은 커졌다."라고도 했다.

성장 우선주의와 시장 만능주의의 문제점을 밝히는 데 학자의 논리나 외국의 첨단 이론을 끌어들일 필요가 없다. 성장 우선 정책을 펴온 이명박 정권의 핵심 인사가 고백한 말에서 이미 성장 지상주의와 시장 만능주의의 시효가 끝났음을 확인할 수 있다.

4) 국가의 역할

성장 지상주의와 시장 만능주의의 폐해를 어떻게 극복할 것인가? 우선 시장이 정상적으로 작동하도록 제어해야 한다. 이는 국가의 책임을 드높이는 일이며 우리 사회에 결핍된 공공성을 제고하는 일이기도 하다. 무엇보다 국가가 시민들에게 좋은 사회 서비스를 제공하는 서비스 주체가 되어야 하는 문제다. 정부가 저소득층을 위한 실업 부조 제도를 도입하는 일은 그런 사례일 것이다.

사실 새로운 제도를 도입하지 않고 현행법을 지키는 것만으로도 개선될 여지는 상당하다. 정부가 〈근로기준법〉 및 최저임금을 위반하는 사업장에 대한 감독과, 사회보험 기여 회피에 대한 단속 활동을 강화하는 등 제대로 법을 적용하는 기본 역할만 해도 서민의 삶은 지금보다 훨씬 나아질 수 있다.

김유선은 초과 근로만 하지 않아도 45만 개의 새 일자리를 만들 수 있다고 한다(『한겨레』 2012/01/10). 법정 최저임금 미달자 190만 명(노동자의 10.8퍼센트)에게 최저임금을 법대로만 지급해도 그들의 삶이 나아지고, 주 52시간 이상 일하지 못하도록 한 장시간 노동 금지 조항만 지켜도 비슷한 효과를 거둔다. 여기에 저임금 일자리를 줄이기 위한 정책을 펴고, 원·하청 사이의 불공정한 거래 관계 및 부당한 간접 고용에 대한 법적 규율을 강화하면 정책 효과는 배가될 것이다.

"왜 복지국가인가?"라는 물음은 결국 국가의 역할에 대한 새로운 질문이다. 근대화 이전, 이 땅의 백성에게 국가는 언제나 지배자였고 약탈자이자 갈취자였다. 서구 사회에서는 시민권 사상이 대두하면서 이런 성격이 바뀌었지만, 한국은 근대 이후에도 독재 체제가 장기 집권한 탓에 이 같은 국가 성격이 근본적으로 바뀌지 않았다.

독재 체제가 시민들의 저항으로 물러난 이후에도 성장 지상주의와 시장 만능주의, 신자유주의 사상의 영향으로 국가는 여전히 제구실을 하지 못했다. 민주화 이후 한국 사회에서는 정치권력을 대신해 시장 권력이 그 어느 때보다 커졌다. 사회주의권이 붕괴하고 신자유주의 시장화 경향이 심화되면서 이런 흐름은 더욱 가속화되었다.

하지만 1997년과 2008년 두 번의 경제 위기는 국가의 역할에 대한 시민들의 인식을 크게 바꾸었다. 경제 위기는 사회적 약자는 물론 중산층의 삶도 순식간에 벼랑 아래로 떨어질 수 있음을 확인해 주었다. 실업 등 고용 불안이 커졌고, 빈부 격차 등 사회 양극화는 심화됐다. 이는 가족해체, 범죄 및 자살 증가로 이어졌다. 여기에 저출산·고령화 시대가 급속히 다가오면서 시민들의 복지 요구 또한 늘었다.

체험만큼 명쾌한 스승은 없다. 이런 사회경제적 상황은 필연적으로 시민의 복지 의식 변화를 불러왔다. 경제 위기로 인해 각종 사회적 위험이 증대하면서, 복지는 경제적 여유가 있을 때 확충하는 것이 아니라, 오히려 경제적 어려움이 클 때 구축해야 한다는 점을 일깨웠다. 더불어 복지는 장애인이나 노인 등 사회적 약자뿐만 아니라, 국민 모두를 위해 필요하다는 점도 깨닫게 했다. 다시 말해 두 번의 경제 위기는 부자이든 가난한 사람이든 모든 사람이 양질의 노후 복지, 주거 복지, 의료 복지, 교육 복지, 고용 복지 등이 필요하다는 사회적 인식을 넓힌 것이다. 이 같은 태도 변화를 계기로 국가 역할에 대해 새롭게 인식하게 되었고, 국가에 대해 새로운 요구가 제기되었다. 각종 여론조사에서 이런 변화를 확인할 수 있다.

지난 2010년 『한겨레』는 창간 22주년을 맞아 여론조사를 실시했다. 당시 "복지에 대한 책임이 누구에게 있는가?"라는 물음에 응답자의 45.3퍼센트가 '정부'라고 답했고, 33.9퍼센트가 '자기 자신'이라고 답했다. 성장과 복지(분배) 가운데 무엇이 우선인지를 묻자 48퍼센트가 복지라고 답했다. 6년 전에는 같은 물음에 30퍼센트만이 복지가 우선이라고 답했다. 이제 국가는 시민들의 갈취자이자 지배자일 수 없으며, 적의 침략으로부터 시민들의 안전을 지키듯 각종 삶의 위험에 대비해 안전을 보장하는 든든한 파수꾼이어야 한다. 시민의 위험과 불안을 해소함으로써 궁극에는 시민의 행복을 위해 무엇을 하는지가 국가의 더 중요한 역할이 되었다.

3. 복지국가 전략 : 한국형 복지 모델의 정치경제학

1) 세 가지 아이디어의 조합

복지국가는 역사적 산물이다. 그리고 복지국가가 형성되는 데는 아이디어의 역할이 컸다. 이혜경(2012)은 복지국가란 세 가지 아이디어의 조합이라고 말한다. 그중 하나가 영국의 경제학자 케인스John M. Keynes의 경제학으로 수요관리를 통해 완전고용을 촉진한다는 이론이다.

이는 불황기의 시장경제에 대한 국가 개입을 정당화하는 이론이었다. 당시 많은 고전적 자유주의 경제학자들과 달리, 케인스는 자본주의 시장경제 체제는 항상 효율적으로 작동되는 것은 아니며, 시장의 효율성에 문제가 있을 때, 곧 불황기에는 국가가 적절히 개입해야 한다는 점을 이론적으로 설명했다.

특히 그의 이론은 1929년 세계 대공황으로 빛을 발했다. 그는 이른바 '일반 이론'을 통해, 시장경제가 작동하지 않은 공황 상태의 원인이 상품 공급과 생산 부족이 아니라 너무 많은 생산, 즉 과잉생산이므로 공급을 장려하는 정책으로부터 소비를 장려하는 것으로 방향을 전환할 것을 주문했다.

그런데 소비를 장려하려면 소비자들에게 구매력이 있어야 한다. 쉽게 말해 돈(소득)이 있어야 하는 것이다. 이들이 소득이 있으려면 소득이 생기도록 일자리를 마련해 주거나, 국가가 사회보장제도를 통해 구매력을 갖게 해줄 필요가 있다. 이런 케인스의 아이디어는 특히 복지국가 스웨덴 만들기의 중요한 기반이기도 했다.

복지국가 형성에 기여한 또 하나의 아이디어는 흔히 '요람에서 무덤까지'로 표현되는, 베버리지의 빈곤 추방을 위한 사회정책이다. 베버리지는 빈곤의 원인을 소득 중단이라고 봤다. 그는 여러 소득 중단의 위험에 대비하는 적절한 수단으로 사회보험을 고안했다. 더불어 사회보험이 성공적으로 작동하려면 세 가지 전제 조건이 충족되어야 하며 이를 위한 국가의 적극적인 조처가 필요하다고 여겼다.

그것이 바로 아동 수당, 보편적인 국민보건서비스NHS, 완전고용이었다. 아동 수당은 부모의 소득수준과 상관없이 한 사회의 미래인 아동이

건강하게 자랄 수 있도록 사회가 지원해야 한다는 문제의식을 담고 있었으며, 보편적 국민보건서비스는 누구나 자유롭게 국가로부터 무상 의료를 지원받을 수 있어야 한다는 것이었다. 마지막으로 완전고용은 누구나 일하고 싶을 때 일할 수 있어야 한다는 것이다.

베버리지는 이런 세 가지 전제 조건이 충족된 가운데 사회보험이 시행되면 요람에서 무덤까지 누구나 국가와 사회로부터 최소한의 인간다운 생활을 보장을 받을 수 있을 것이라고 생각했던 것이다. 베버리지의 이런 생각이 전후 영국 노동당에 의해 구체화되면서 복지국가가 본격적으로 출범하게 되었다.

복지국가의 세 번째 이론적 기반은 마셜T. H. Marshall의 시민권 사상인데, 이는 복지국가의 정치철학적 바탕이라고 할 수 있다. 마셜은 시민권을 공동체의 전체 성원에게 부여되는 하나의 신분으로 정의했다. 그는 사람들은 그 신분에 따르는 권리와 의무에 있어 동일한 자격을 갖고 있다고 보았으며, 그것을 세 가지로 구분했다.

첫째, 18세기에 출현한 공민권으로, 자산, 사적 소유와 정의에 대한 권리 등 개인 자유에 필요한 권리 확립이다. 이는 다른 사람과의 동등성과 적법한 절차에 의해 자신의 모든 권리를 방어하고 옹호할 수 있는 권리이다. 둘째, 19세기에 확립된 참정권으로서 정치적 권력의 행사에 참여하는 권리이다.

마지막은 사회권Social rights이다. 사회권은 경제적·사회적 측면의 시민권을 말한다. 사회권은 앞서의 공민권이나 참정권과 달리 국가에 의한 자원의 배분 및 동원이 수반돼야 하므로, 매우 정책적이고 정치적 사안이 된다.

"오늘날 사회에서 빈곤과 같은 사회적 위험에 안정적이고 형평에 맞게 그리고 적절한 수준으로 대응할 수 있는 역량은 국가만이 가지고 있기" 때문에 사회권의 보장은 국가의 책임과 직결돼 있다. 곧 사회권 보장은 "국가가 개입해 사회보장과 사회복지를 위한 구체적인 법과 정책을 만들고 시행하며 무엇보다도 그를 위한 예산을 확보하는 등 적극적인 역할을 수행할 때에만 가능"(이영환 2004)하다.

이렇게 놓고 보면 수요관리를 통해 완전고용을 촉진하자는 케인스의 경제학적 이론, 베버리지의 빈곤 추방을 위한 사회보험 및 세 가지 전제조건, 그리고 마셜의 시민권 사상 등 세 가지 아이디어가 유기적으로 결합해 복지국가의 이론적 틀이 형성되고 강화된 것이다.

2) 복지국가의 시대

복지국가는 근본적으로 자본주의 체제의 산물이다. 자본주의 체제에서 빚어지는 시장의 실패를 국가가 사회보장제도 등을 통해 교정하는 '현명하게 관리되는 자본주의 시스템'이다.

앞서 말한 세 가지 논거는 각기 다른 역사적 배경과 아이디어에서 배태되고 결합됐지만, 국가 개입에 대해서만은 공통된 인식에 기반하고 있다. 마셜이 말한 사회권을 보호하려면 국가에 의한 자원 배분 및 동원이 수반돼야 하며, 베버리지가 주창한 사회보험은 기업이 운영하는 민영 보험과 달리, 시민의 실업·노후·질병 등 각종 위험에 대처하기 위해 국가가 강제로 운용하는 체계이며, 케인스 경제학의 원리는 시장경제의 실패를 국가가 개입해 수정하는 것이다.

세 아이디어의 공통점에서 보듯 복지국가는 시장에 대한 국가의 개입 또는 이를 포함한 국가의 역할에 대한 사회적 요구를 따른 것이다. 이처럼 국가의 역할은 복지국가를 이해하는 데 주요한 핵심 개념이다. 여기서 국가는 단순히 경제 발전의 촉진자 또는 시장의 규제자만을 의미하는 것이 아니다. 출산·양육·교육·취업·보건·노후 등 시민들이 혼자 힘으로 대처하기 힘든 각종 사회적 위험에 대해 책임지고 해결하도록 하는 정책과 제도의 조합으로서 국가를 말한다. 이것이 바로 복지국가다.

그렇다면 복지국가에서 국가의 구체적인 역할은 무엇인가? 규제를 통해 시민들의 최소한의 인간다운 삶을 보장하는 것이다. 또한 조세제도 및 경제사회 정책 등을 통해, 시장에서 발생한 불평등을 완화하고 소득을 재분배하며, 마지막으로는 자본주의 시장체제에서 시장 또는 기업이 담당할 수 없는 공적인 서비스를 국민에게 보편적으로 제공하는 것이다.

『복지 자본주의의 세 가지 세계』*The Three Worlds of Welfare Capitalism*의 저자인 에스핑-안데르센Gøsta Esping-Andersen은 이를 '탈상품화 기제의 제도화'로 설명했다. 노동 또는 인간을 끊임없이 상품화하는 자본주의의 자유시장경제 체제에서 나타나는 각종 위험으로부터 인간과 사회를 보호하기 위해 국가가 탈상품화를 통해 일정한 역할을 수행해야 한다고 보며, 그것이 복지국가라는 견해다.

복지국가는 이런 세 가지 역할을 맡기 위해 사회보장 측면에서만 보면 대체로 다음과 같은 정책을 시행한다. 하나가 사회보험이다. 사회보험은 시민들이 각기 일정의 보험료를 갹출해 질병·재해·실업·은퇴 등의 상황이 발생해 일정 소득을 올릴 수 없을 때 사회적으로 보장해 주는 방법이다.

두 번째로 언급할 정책은 공공 부조(공적 부조)다. 이는 복지국가의 주요한 지도 원리 가운데 하나인 "국가는 최소한의 인간다운 생활을 보장해야 한다."라는 이념과 맞닿아 있다. 헌법 제34조인 "모든 국민은 인간다운 생활을 할 권리를 가지며 국가는 사회보장, 사회복지의 증진에 노력할 의무를 진다."라는 것과도 맥을 같이한다. 빈곤 퇴치를 목표로 하는 만큼 그 수혜자 또는 수급권자도 주로 빈곤 계층이다.

과거 생활 보호 제도나, 오늘의 국민 기초 생활 보장 제도 등이 대표적인 형태다. 소득과 재산이 일정 수준 이하인 65세 이상 노인 70퍼센트에게 지원하는 기초 노령 연금 역시 공공 부조의 성격을 지니고 있고, 이 밖에도 중증 장애인 활동 서비스, 영유아 보육 지원 제도, 저소득층 학생을 위한 급식비 지원 제도도 마찬가지다.

복지국가의 세 번째 핵심 정책은 교육, 보건·의료, 주거, 영양 등의 서비스를 모든 국민을 대상으로 제공하는 이른바 사회 서비스이다. 의무교육은 대표적인 교육 영역의 사회 서비스이며, 흔히 바우처 사업이라고 알려진 여러 사업들이 이런 서비스에 해당한다.

3) 복지국가의 위기와 재편

제2차 세계대전 이후 서구 자본주의 국가들은 복지국가의 시대를 열었다. 복지 지출은 비약적으로 늘었고, 복지 프로그램들의 포괄 범위와 대상 역시 크게 확대됐다. 영국의 경우, 제2차 세계대전 중 베버리지 보고서가 출간(1942년)된 이래, 보편적인 초·중등 무상교육에 관한 법안이 전시 연립정부에서 통과됐으며, 1945년 노동당 정부 집권 이후에는 베버리지의 국민 보험 플랜이 법제화되고 국민보건서비스가 입법화되는 등 근대적 의미의 복지국가가 수립되었다.

오늘날 보편적 복지국가의 상징으로 평가받는 스웨덴에서도 제2차 세계대전 이전인 1938년부터 사회복지위원회 보고서를 기반으로 복지 개혁이 이뤄졌고, 전후인 1946년 연금 개혁을 시작으로 해서 1949년 산업재해 보상법, 1954년 아동 수당법과 주택수당법, 1955년 질병보험법이 통과되는 등 근대적 복지국가를 수립했다. 1950년 9년제 의무교육을 실시하고, 1955년 무상 의료 서비스 도입 등이 이어지는 한편, 1960년대 이후에도 지속적인 복지 개혁이 이뤄졌다. 그러나 복지국가는 1970년대 들어 심각한 도전을 받는다. 표면적으로는 1973년 오일쇼크로 불리는 석유 위기가 큰 요인이었다. 이로 인해 고도성장이 끝나고 스태그플레이션이 나타나면서 복지국가는 위기와 비판에 직면한다.

사실 복지국가에 대한 비판은 복지국가가 성립된 이래 계속해 제기되어 왔다. 1950년대에는 공공경제학자들이 주된 비판자였는데, 이들은 복지국가가 공공 지출을 증가시켜 결국 시장을 질식시킬 것이라고 했다. 하지만 이 시기에 시장은 질식되기는커녕 고도성장을 지속했다. 1960년대에는 좌파들이 복지국가를 비판했다. 그들은 복지국가가 평등사회를 이룬다고 했는데, 현실은 그렇지 못할 뿐만 아니라 불평등만 계속 심화돼 왔다는 점을 지적했다. 그러나 이들도 사회보장제도를 통해 많은 시민들이 최소한의 생존권을 보장받았고, 기회의 평등이 확대되었으며, 절대적 빈곤이 해소되었던 복지국가의 순기능만큼은 인정하지 않을 수 없었다.

1970년대의 복지국가 비판은 그전까지의 양상과는 달랐다. 마치 복지국가의 종언을 주장하듯 거셌고, 복지국가 위기론으로 발전했다. 복지국가가 고실업과 스태그플레이션의 범인으로 지목됐고, 복지국가가 성장을 둔화하고 정부에 과부하를 가져온다는 비판이 쏟아졌다. 복지국가를 낳았던 국가 개입주의 또한 비난의 대상이 되면서, 복지국가 축소론과 함께 해체론까지 대두됐다. 그리고 시장의 자율성 확대와 노동시장의 유연화가 대안으로 부상했다.

신자유주의라는 이데올로기가 세계 곳곳으로 확산됐는데, 이는 단순히 주장에 그치지 않고, 영국과 미국 등 각국에서 반복지 정부가 들어서는 결과로 이어졌다. 영국에서는 마거릿 대처, 미국에서는 로널드 레이건이 등장한 것이다. 신자유주의는 이른바 세계적 현상이 되었다.

이렇듯 복지국가의 위기 또는 재편은 단순히 오일쇼크나 일시적 스태그플레이션에서 비롯되었다기보다는 새로운 사회경제적 환경에 따른 것이었다. 1970년대 중반 이후 서구 복지 자본주의는 일반적으로 탈산업화, 인구 및 가족 구조의 변화, 세계화에 공통적으로 직면했다. 이런 현상과 흐름은 기존의 완전고용을 전제로 한 케인스-베버리지의 복지국가를 뒤흔들기에 충분했다.

1970년대 중반 이래 선진국들은 산업구조의 변화, 즉 제조업에서 서비스업으로의 중심 이동을 경험했다. 흔히 제조업은 비교적 동질적이고 조직적인 일자리를 제공하는 데 비해, 서비스업은 소수의 고임금 일자리와 다수의 저임금 일자리를 창출하는 경향을 보인다. 이는 이들 국가에서 실업률 증가로 이어졌다. 탈산업화로 지칭되는, 서비스업의 팽창과 저소득 일자리의 양산 및 경쟁력 약화는 소득 양극화를 가져온 동시에 복지국가의 재정적 위기를 낳는 요인이 되었다.

선진 복지국가의 위기를 심화한 또 다른 요인은 앞서 말한 인구 및 가족 구조의 변화다. 저출산·고령화 현상이다. 세계 주요 각국의 노인 인구 비율은 대체로 15퍼센트 안팎까지 치솟은 반면, 출산율은 급격히 하락했다. OECD 소속 주요 국가의 평균 합계 출산율은 1970년대 2.8에 가까웠는데, 2000년대 초에는 1.6으로 하락했다. 이런 상황은 사회보장제도와 복지 재정을 크게 위협했다. 가령 1980년에 청장년층 네다섯 명이 한 명의 노인을 부양했다면, 앞으로는 두 명 안팎의 청장년층이 한 명의 노인을 부양해야 한다는 것이다.

복지국가를 압박한 또 하나의 요인은 세계화다. 1990년 전후로 본격화한 세계화는 복지국가의 지속성을 위협하는 외적 요인이었다. 세계화가 가져온 경제 환경은 일국적 차원의 주권을 위협했고, 일국적 차원의 사회정책 또한 한계를 드러냈다. 세계화는 전반적으로 기존 복지국가의 경제사회 시스템에 부정적인 영향을 끼쳤는데, 자본에 대한 국가의 의존성을 높인 점이 가장 컸다. 세계화는 자본과 시장의 힘을 강화해, 국민국가의 자율성과 재량권을 약화하는 동시에 노동의 대응력 또한 무력화했다.

복지국가를 둘러싼 이 같은 흐름은 갓 복지국가의 문턱에 들어서서 선진 복지국가를 꿈꾸는 우리에게 매우 어려운 도전에 직면하도록 하고 있다. 세계적으로 복지국가들이 위기와 재편을 경험하고 있는 가운데 우리 나름의 복지국가를 형성하고 그 토대를 쌓아야 하는 부조화스러운 마찰적 상황에 놓여 있기 때문이다. 그 결과 국가 재정을 둘러싸고 치열한 논의가 이어지고, 선진화와 양극화 축소를 동시에 이뤄야 하거나, 세계화와 지방화에 동시에 적응해야 하거나, 구사회적 위험에 대비해 사회보장제도를 튼튼히 구축하는 동시에 신사회적 위험에 대처하는 방책을 함께 세워야 하는 이른바 이중의 과제를 해결해야 하는 딜레마에 직면한 것이다.

4) 한국적 복지국가 만들기 전략

복지국가 만들기에서 가장 중요한 대목은 전략, 전술이다. 그중에서도 전략은 복지국가 도정의 필수적 조건이다. 복지 강국이라고 평가받는 스웨덴 복지국가의 형성 과정을 보면 전략의 중요성을 확인할 수 있다. 미야모토 타로(2003)는 "스웨덴 복지국가, 혹은 스웨덴 모델을 탄생시킨 것은 현실 정치와 전략"이라면서, 스웨덴 복지국가의 형성 과정을 "좋게 얘기하면 극적이고 나쁘게 얘기하면 교활한 계략으로 가득 찬 홍정의 연속"이라고 표현한다. 복지국가를 실현하기까지 여러 질곡이 있었으나 "갖가지 수단을 최대한 이용해 이념을 현실화하려는 강인한 의지가 존재했다는 점, 더욱이 그것을 가능하게 한 정치적 역량이 있었다는 점을 주의 깊게 보아야" 한다는 것이다. 그에 따르면 복지국가 스웨덴은 전략적인 사고의 산물이었다.

그는 "스웨덴 모델에서 배울 점은 개개의 정책이나 제도보다 그 시스템을 탄생시킨 전략의 존재"라면서, "우리가 복지국가와 관련해 주목해야 할 것은 따라서 경제공황, 인구문제의 위기, 산업구조의 전환에 따른 화이트칼라 계층의 대두 등 많은 선진 복지국가들이 직면한 문제에 대해 어떤 이념과 전략을 가지고 대응"했는가에 있다고 지적한다. 복지국가 담론은 이제 복지국가라는 당위를 넘어 전략의 단계로 진입해야 한다. 그렇다면 지금 한국의 복지국가 세력은 어떤 전략을 갖고 있는가? 이 물음에 대한 답이 있는가?

복지국가는 총체적 국가 운영 전략이자 더 나은 사회를 위한 대안이다. 복지국가 전략과 관련해 가장 우선적으로 고려해야 할 사항은 주체다. 비전과 정책, 프로그램을 추진하기 위해서는 주체가 있어야 하고 주체가 힘을 행사할 수 있어야 한다. 누가 복지국가 시대를 열 것인가? 어떻게 그 주체를 형성시킬 것인가? 주체는 철저히 현실적 산물일 수밖에 없으며, 그 역동적 표현이 복지 동맹이다. 그렇다면 어떻게 주체를 형성할 것인가?

복지국가 담론에 대한 대중적 목소리에 비해 복지국가 지지 세력이 확장되고 조직화·연대화가 이루어지기까지는 아직 갈 길이 멀다. 정당들이 복지국가를 강령에 내걸었다고 해서 복지국가 정당이라고 할 수는 없다. 노동자, 농민, 도시 빈민, 영세 자영업자 등 서민 대중이나 이들이 속한 대중운동 단체가 복지국가 만들기의 적극적 주체가 되어야 한다. 하지만 그렇지 못하고 있다. 이들을 대변하는 정당 또한 명실 공히 복지 정당이 되어야 하지만 이 또한 그렇지 못하고 있다.

복지국가 전략과 관련해 한 가지 유의할 사항이 있다. 구체적인 실행 프로그램의 개발이다. 복지국가는 결국 정책을 통해 제 모습을 온전히 드러낸다. 사회복지 정책만이 아니다, 일자리, 보육과 교육, 의료, 주거, 노후 등 민생 5대 불안 문제 해결을 위한 정책 목표와 실행 로드맵이 나와야 한다. 더불어 노동자, 농민, 도시 빈민, 영세 자영업자 등 각 계층별로 사회권을 보장하는 정책 목표 또한 수립되어야 하며, 그 실현을 위한 세부 실행 전략이 마련돼야 한다.

정책과 관련해 주시해야 할 대목은 한국이 개방적 통상 국가라는 점이다. 한국은 OECD 국가 중 무역의존도가 2003년 기준 5위에 이르는 개방경제 국가다. 이는 경제의 국제경쟁력이 매우 중요하며 이를 위해 많은 자원이 투입돼야 한다는 것을 뜻한다. 그러기에 GDP에서 차지하는 제조업 비중이 매우 높아 2003년 기준 OECD 국가 중 3위에 해당한다. 이런 상황에서 지속 성장을 하기 위해서는 어떤 성장 전략이 필요하며 이는 복지·노동정책과 어떤 연관성을 가져야 할 것인가?

복지·보건·노동정책 등 각 사회정책이 분리되어서는 안 된다. 사회정책 간의 연계는 물론 나아가 사회정책과 경제정책이 통합적 틀에서 함께 고려되고 연동돼 정책 패키지가 제대로 짜여야 한다는 점이 중요하다.

또한 복지국가 전략은 정책과 정치에 대한 통합적 이해 속에서 고민되어야 한다. 정책은 정치제도에 따라 이뤄지는, 목적이 분명한 행위다. 정치제도는 정책을 통해 사회를 형성한다. 정책은 특정 사회문제를 해결하기 위한 여러 노력과 관련이 있고, 정치는 갈등 및 선택과 관련이 있다. 정책은 결국 정치를 통해 실현될 수 있다. 따라서 양자의 상호작용과 메커니즘에 대한 깊은 이해가 필요하다. 이런 면에서 연합 정치에 대한 깊은 이해 또한 절실하다.

복지국가 건설을 위해 고민할 대목은 이 밖에도 많다. 강한 반대 세력들이 있기 때문이다. 고세훈(2003)은 "비민주적인 기업 지배 구조, 성장 지상주의적인 의식과 관행, 기업별로 분권화된 노조 조직" 등을 말한다. 실질적으로는 반복지 경향을 갖고 있는 경제 관료, 재벌, 우리 사회에 강고한 뿌리를 내리고 있는 토착 세력 등 이른바 기득권 세력의 거센 저항을 극복하지 않고서는 복지국가를 생각할 수가 없다. 어떻게 반복지의 덫을 극복하고, 복지국가에 대한 정치적 지지를 확보할 것인가?

좋은 복지는 돈 없이는 불가능하다는 점도 인식해야 한다. 사회정책은 재원을 필요로 한다. 재원 없는 계획은 장밋빛 청사진에 불과하다. 현재 우리나라의 복지 지출 규모는 GDP 대비 9퍼센트 수준이다. OECD 평균 수준인 19퍼센트에 견주면 매우 낮다. 2020년에 OECD의 평균 수준에 근접하려면 적어도 2017년까지는 대략 GDP의 13~14퍼센트에는 도달해야 한다. 이에 필요한 돈을 어떻게 마련할 것인가? 조세 지출 구조의 조정과 혁신, 또는 조세 인프라의 개선 그리고 최상위 1퍼센트에 매기는 부자 증세 도입 등 종합적인 재원 마련 전략이 수립돼야 한다.

4. 나가며

복지국가는 정치적 기획물이다. 고세훈(2012)은 결국 복지는 민주주의의 문제라고 본다. "시장을 지배하는 계급(자본)에 대한 노동의 상쇄력을 얼마나 정치적으로 제도화하느냐에 따라 복지국가가 좌우된다."라고 말한다. 정치체제로서 민주주의는 결국 집단과 집단, 계급과 계급 간의 상쇄력 문제라고 볼 때, 복지국가는 기실 정치의 문제인 것이다. 복지국가는 자본주의의 결함을 교정하는 정치적 장치다. 자본주의가 낳는 필연적인 시장의 실패, 예컨대 대량 실업과 빈곤, 양극화 등은 시장에서 밀려난 수많은 사회적 약자를 양산한다. 이런 문제를 시장으로 해결하기란 현실적으로 어렵다. 시장 밖에서 정치를 통해 교정하지 않으면 안 된다.

복지국가의 필수적인 요건은 실상 넉넉한 성장에 있는 것이 아니라, 자본과 시장을 견제하는 정치적 힘에 있다. 그것이야말로 필요조건이자 충분조건이다. 시장에서 탈락한 실업자를 보호하고, 이들이 재기할 수 있게 하려면 정치가 정책을 통해 국가로 하여금 이 같은 역할을 하도록 제도화해야 한다. 재벌의 약탈적 지배가 일어나지 않도록 적절히 규제하고 다수의 중소기업이 그 지배에서 벗어나 창조적인 기업 활동을 할 수 있게 하는 것, 이 모두가 복지국가의 역할이자 제도여야 할 것이다. 시장의 민주화, 이른바 경제민주화 또한 복지국가의 과제이자 복지국가의 요건이다.

복지국가는 우리 사회가 반드시 가야 할 길이다. 한 사회의 미래 비전을 찾는 일은 매우 중요하다. 어떤 복지국가를 누가 어떻게 만들 것인가? 미래 비전을 구체적인 삶의 현실로 만드는 일은 언제나 험난하고 복잡했다. 그럼에도 그 출발점은 구체적인 전략과 방법에 대해 고민하고 수정해 가기를 멈추지 않는 데 있다. 이 책을 통해 그런 논의의 장을 마련할 수 있기를 기대한다.

참고문헌

고세훈. 2003.『국가와 복지』, 아연출판부.

_____. 2012. “정치, 민주주의 그리고 복지.” 한겨레사회정책스쿨 제3기 강좌 자료집.

김용하 외. 2011.『지속 가능한 한국형 복지 체제 모색을 위한 선진 복지국가 경험의 비교연구』. 한국보건사회연구원.

미야모토 타로. 2003.『복지국가의 전략』. 임성근 옮김. 논형.

신광영. 2012. “현대 한국의 복지 정치와 복지 담론.”『경제와 사회』 통권 95호.

이영환. 2004. 한국사회와 복지정책』. 나눔의 집.

이정우. 2010.『불평등의 경제학』. 후마니타스.

이창곤. 2010a.『어떤 복지국가에서 살고 싶은가』. 밈.

_____. 2010b.『진보와 보수 미래를 논하다』. 밈.

이태수. 2011.『왜 복지국가인가』. 이학사.

_____. 2012. “2013년 체제와 복지국가.” 한겨레사회정책스쿨 제3기 강좌 자료집.

이혜경. 2012. “20세기 복지체제의 변화.” 한겨레사회정책스쿨 제3기 강좌 자료집.

『연합뉴스』. 2009/08/27. “이정우 ‘한국에 뒤떨어진 시장만능주의 활보’.”

『한겨레』. 2012/01/10. “차기 정부, 양극화 먼저 해소해 복지·민주 강화를.” http://www.hani.co.kr/arti/society/society_general/514152.html

_____. 2012/02/22. “‘MB 노믹스’ 기획자 곽승준 ‘성장우선 4년, 낙수효과 없었다’.” http://www.hani.co.kr/arti/economy/economy_general/520304.html

_____. 2012/05/15. “서울시민 느끼는 삶, 아직 개발도상국 수준.” http://www.hani.co.kr/arti/society/rights/532959.html

2장

어떤 복지국가인가

복지 담론의 이데올로기적 성격

신동면

1. 들어가며

최근 한국 정치에서 유력 정치인과 정당들이 앞다투어 복지국가 건설을 주장하는 것을 보면서 영국의 역사 사회학자 마셜(Marshall 1975)이 지적한 시민권의 발전을 떠올린다. 마셜이 시민권 발전의 최종 단계라고 했던 사회권의 실현, 즉 모든 국민들이 인간다운 삶을 영위할 수 있는 권리가 과연 한국에서도 실현될 수 있을까? 2012년 12월에 실시되었던 대통령 선거에서 예상대로 복지 공약은 가장 중요한 선거 쟁점이 되었다. 새누리당의 박근혜 후보와 민주당의 문재인 후보는 복지 공약을 통해 국민의 지지를 얻고자 했고, 두 후보 모두 복지 확대를 내세웠다. 특히 박근혜 후보는 그간 새누리당의 당론이었던 선별적 복지를 뛰어넘어 65세 이상 모든 노인들에게 기초 노령연금을 제공하고, 0~5세 영

● 이 연구는 한국연구재단이 지원하는 한림국제대학원대학교 SSK 대안거버넌스연구사업팀의 후원을 받아 이루어졌음(NRF-2010-330-B00041).

유아 보육료 전액을 지원하고, 대학교 반값 등록금을 지원하고, 4대 중증 질환에 대한 무상 진료를 실시하겠다는 등의 보편주의 복지 공약을 앞세웠다. 보편주의 복지 공약 수혈로 선거에서 승리한 박근혜 정부는 출범 후 향후 5년간 130조 원의 재원을 추가로 마련해 복지를 확대하겠다고 밝힌 바 있다. 그러나 제한된 복지 재원과 불확실한 재원 조달 대책으로 인해 복지 공약의 시행 여부를 지켜봐야 할 것이다. 당장 박근혜 정부는 65세 이상의 모든 노인들에게 20만 원의 기초 노령연금을 제공하겠다던 선거 공약을 없던 일로 할 태세이다. 박근혜 정부가 복지 분야에서 다시 본연의 정치적 이데올로기와 지지자들의 정치적 태도를 충실히 따르려 하고 있다. 박근혜 대통령이 새누리당의 대통령 후보가 되기 이전에 복지와 관련해 주장해 왔던 내용들을 고려한다면 이런 복지 공약 후퇴는 이상한 일도 아니다.

주지하는 바와 같이, 제2차 세계대전 이후 복지국가의 길로 접어들었던 서구 국가들이 '복지국가'라고 불린다고는 하나, 복지국가를 구성하는 핵심 제도인 사회보장제도의 내용과 성격이 국가별로 다르고, 복지 제공자로서 국가 역할 또한 상이하다(Esping-Andersen 1990). 국가마다 다른 복지국가 성격은 시간이 흐름에 따라 변해 왔다. 복지국가의 성격과 관련해 렌(Wren 2000)은 복지국가의 분배 정치 과정에서 집권 세력의 정치적 이데올로기와 지지자들의 정치적 태도에 주목한다. 그녀는 평등한 분배의 바람직성과 시장경제에서 국가 개입의 필요성에 대한 견해와 태도를 중심으로 정치적 이데올로기를 신자유주의, 기독교 민주주의, 사회민주주의로 구분하고, 이에 따라 서로 다른 복지국가를 발전시켜 왔다고 주장한다(Wren 2000). 사실, 부정적이든 호의적이든 간에 복지국가에 대한 견해는 과학적인 증거와 이데올로기가 융합되어 형성된다. 그리고 복지국가에 대한 이데올로기는 복지 정책에 대한 결정뿐만 아니라 과학적 증거를 해석하는 데도 영향을 미친다(George and Wilding 1981). 따라서 사회복지 혹은 복지국가에 대해 이데올로기적 특성을 규명하는 것은 향후 복지국가의 발전 방향을 예견하는 데 도움을 줄 것이다. 이런 맥락에서 슈미트(Schmidt 2008)는 추론 제도주의discursive institutionalism라는 개념을 제시하며, 정책 결정 과정에서 아이디어ideas와 담론discourse이 정책 선택에 영향을 끼친다는 것을 강조한다. 담론은 정치적 판단과 행동을 특정 방향으로 이끄는 제도화된 의미 구조이다. 정치 영역에서 담론은 정치인과 대중 사이에 이루어지는 의사소통적 기능을 수행함으로써, 특정 정책의 필요성과 적합성에 대한 아이디어를 제시하고 심의하고 정당화하는 역할을 담당한다(Schmidt 2008, 309). 그러므로 복지 담론은 소득재분배의 바람직성과 국가의 시장 개입의 필요성에 대한 정치적 이데올로기와 지지자들의 정치적 태도를 내포한다.

따라서 대통령 선거 과정에서 보편주의 복지를 수혈한 것처럼 보이지만, 박근혜 정부의 복지 정책은 사회복지에 대한 집권 세력의 정치적 이데올로기와 지지자들의 정치적 태도를 넘어서지 못한다. 그렇다면 박근혜 정부의 복지 정책을 이끄는 복지 담론은 어떤 내용으로 구성되어 있으며, 정치 이데올로기적 성격은 무엇인가? 19대 대통령 선거 전까지 한국의 복지 논쟁을 이끌었던 정당들의 대표적 복지 담론은 새누리당의 '박근혜 복지'와 민주당의 '3+1 보편적 복지 정책'을 들 수 있다. 일반적으로 정당의 복지 담론에는, 지지 세력을 이루는 사회 연합이 사회복지에 대해 가지고 있는 가치와 선호가 반영되며, 이를 바탕으로 복지 공급을 둘러싼 국가·시장·가족 등 각 주체들의 역할과 책임을 정한다. 그리고 영국의 페이비언협회Fabian Society를 표방해 결성된 복지국가소사이어티의 '역동적 복지국가론'을, 비제도권을 대표하는 복지 담론으로 꼽을 수 있다.

이 글에서는 '박근혜 복지', 민주당의 '3+1 보편적 복지', 그리고 복지국가소사이어티의 '역동적 복지국가론'을 중심으로 각각의 이데올로기적 성격을 평가하고자 한다. 먼저, 복지 담론의 이데올로기적 성격을 파악하는 데 필요한 평가 기준을 제시하기 위해 신자유주의, 사회민주주의, 제3의 길을 중심으로 사회복지 담론의 이데올로기적 특성에 대해 논의한다. 둘째로, 복지 논쟁을 이끄는 대표적 복지 담론인 '박근혜 복지', 민주당의 '3+1 보편적 복지 정책', 복지국가소사이어티의 '역동적 복지국가론'의 내용과 이데올로기적 성격을 평가한다. 끝으로 최근 제기된 복지 담론이 갖고 있는 한계를 지적하며 복지 담론의 발전 방향에 대해 논의하고자 한다.

2. 복지국가 이데올로기

복지국가 이데올로기는 연구자에 따라 다양하게 분류된다. 조지와 윌딩(George and Wilding 1981)은 반反집합주의, 소극적 집합주의, 페이비언 사회주의, 마르크스주의로 구분하며, 에스핑-안데르센(Esping-Andersen 1990)은 자유주의, 조합주의, 사회민주주의로 구분하고, 렌(Wren 2000)은 신자유주의, 기독교 민주주의, 사회민주주의로 구분한다. 이 글에서는 탈산업사회에 들어선 이후 복지국가가 추구해 온 대표적 이데올로기인 신자유주의, 사회민주주의, 제3의 길에 대해 논의한다. 각각의 이데올로기는 자유, 평등, 정부의 시장 개입, 복지국가의 역할 등에 대해 견해를 달리하며 처방 또한 다르다.

1) 신자유주의

신자유주의는 고전적 자유주의에 뿌리를 박고 있다. 스미스Adam Smith, 리카도David Ricardo, 스마일스Samuel Smiles, 스펜서Herbert Spencer 등 고전적 자유주의자들이 강조한 자유, 자유 시장, 최소 국가, 개인 책임, 자조 등은 신자유주의에서 추구하는 핵심적 가치들이다. 이런 고전적 자유주의의 토대 위에서 신자유주의자들은, 20세기 들어 발전한 케인스주의적 개입주의 복지국가에 대해 강력히 반대한다. 신자유주의자들은 제2차 세계대전 이후 국민생활 최저선을 확립하기 위해 발전한 개입주의 복지국가가 국가 집합주의의 실패를 보여 줄 뿐이라고 단언한다.

가령 신자유주의를 주장하는 대표적 경제학자인 프리드먼Milton Friedman(Friedman 1962)은 자본주의사회에서 정부 역할이 축소되어야 한다고 주장하고, 그 대신 개인과 시장의 역할을 강조한다. 개인의 타고난 창의성과 추진력은 시장에서 개인이 자유롭게 경쟁할 수 있을 때 발현된다는 것이다. 그에 따르면, 경제 침체기에 수요를 유지하기 위해 정부가 강력한 시장 개입을 추진하는 케인스주의 경제정책은 인플레이션을 가져올 뿐이다. 시장에서 정부는 화폐 공급을 확대하거나 축소하는 조치를 통해 통화량을 조절하는 역할 정도만 해야 한다. 그리고 정부는 조세와 지출 수준을 가능한 한 낮게 유지해 시장 결과를 왜곡하지 말아야 한다고 주장한다.

하이에크Friedrich A. von Hayek는 경제학적 논의를 넘어 신자유주의를 정치철학으로 발전시켰다. 그의 신자유주의 정치철학은 자유 시장과 최소 국가를 토대로 하고, 이에 더해 고전적 자유주의자들이 신봉했던 개인의 자유를 강조한다. 하이에크(Hayek 1960, 12)는 소극적 자유negative liberty를 주장하는데, 이는 그에게 자유란 "다른 사람의 독단적인 명령이 없는 상태"independence of the arbitrary will of another를 의미하기 때문이다. 개인은 자신이 원하지 않는 결정과 행동을 강요받지 않을 때 자유롭다는 것이다. 스미스와 마찬가지로 하이에크가 지지할 수 있는 강제력은 개인들이 다른 사람들의 행동과 선택을 독단적으로 제한하지 못하도록 공정한 법률 체계에 근거해 행사되는 최소 국가의 강제력이다.

신자유주의자들에 따르면, 소극적 자유 상태에서 개인행동은 사적 문제이므로 국가가 이를 침해해서는 안 된다. 자유 시장 체계는 사회주의 혹은 케인스주의 복지국가와 같은 집합주의 체계에 비해 더 효율적이고, 덜 강제적인 자연적·자발적 사회경제 질서를 창출한다. 이들은 개입주의적 복지국가가 자유 시장이 산출하는 자연적 질서를 깨는 괴물이라고 본다. 대규모 공공 관료제를 통해 사회 서비스를 국가가 독점적으로 제공하는 복지국가는 민간 영역, 즉 시장 부문과 자발적 부문의 서비스 공급을 축소해 소비자의 선택을 제한한다. 그 결과, 복지국가는 불가피하게 개인의 자유를 침해하게 된다고 본다(Seldon 1987; Minford 1991).

또한 신자유주의자들에 따르면, 복지 관료제의 공무원들은 임금과 권한이 자신이 속한 조직이 관리하는 예산의 규모와 상관성이 있기 때문에 예산을 극대화하는 데 관심을 쏟는다. 정치인들도 복지 서비스 확대에 유권자들이 긍정적으로 반응할 것이라고 믿기 때문에 공무원들의 예산 극대화 전략에 발을 맞추게 된다. 그러나 정치인들은 유권자들의 표를 의식해야 하므로 복지 재원을 확보하기 위해 증세하는 데는 부정적이다. 그 결과, 복지 관료제의 예산 극대화 전략으로 인해 초래된 복지 서비스의 과대 공급은 불가피하게 공공 부문의 재정 적자와 예산 위기로 이어진다. 복지국가의 이 같은 정부 실패는 시장 실패보다 더 심각한 문제를 낳는다는 것이다(Niskanen 1971; Wolf 1988).

그리고 신자유주의자들은 포괄적 공공복지 체계를 유지하기 위해 조세 부담을 높이는 데 반대한다. 높은 세금 부담은 개인의 경제활동 동기를 떨어뜨리고, 기업이 위험 수용적 투자 활동을 꺼리게 하며, 세금 징수 비용 또한 만만치 않게 소요된다. 미국의 대표적 신자유주의 사회정책학자 머레이(Murray 1984)는, 국가가 사회 서비스를 독점적으로 공급하기 때문에 저소득 가족은 자신들이 필요로 하는 복지 재화 및 서비스를 선택할 수 없고, 그 재원에 소요되는 예산을 결정할 수 없기 때문에 복지 의존과 책임성 약화를 가져오게 되었다고 주장한다. 그리고 국가가 제공하는 과도한 복지 급여는 저소득 노동자의 근로 동기를 떨어뜨리고 도덕적 해이를 가져와 시장의 효율성을 저해한다는 것이다.

제솝Bob Jessop이 지적한 것처럼, 신자유주의자들은 지금까지 과도하게 확대된 복지국가를 축소해야 한다고 주장한다. 국가 주도의 소득 이전 정책을 과감하게 축소하고, 시장에서 실패한 자에 대한 소득 보장은 가능한 한 최소화하고 근로에 대한 대가로서의 소득 보장, 즉 근로 연계 복지workfare를 수립해야 한다는 것이다(Jessop 1994). 또한 복지국가에 의한 서비스 공급을 민영화해 개인의 선택 기회를 넓히고, 개인이 제공받는 서비스에 대해 본인 부담금을 지불하게 해야 한다고 주장한다(Ruggles and O'Higgins 1987). 국가가 제공해야 하는 서비스는 가난한 사람들을 위한 최소한의 사회 안전망을 확보하는 데 국한되어야 한다. 특히 저소득층을 위한 복지 급여가 근로 동기를 떨어뜨리지 않고 사회 안전망으로 기능하도록 저임금에 대한 보조금 형식으로 급여를 제공해 근로 동기를 유지하는, 이른바 '부負의 소득세' 방식을 선호한다. 그래서 고비용이 소요되는 기존의 자산 조사 방식 포괄 급여를 부의 소득세로 대체해야 한다고 주장한다. 의료와 교육 서비스는 바우처 방식을 택해, 수혜자들이 자신이 원하는 서비스 기관을 선택해 서비스를 받을 수 있게 하고 서비스 비용을 바우처로 지불하도록 한다. 그리하여 국가 복지 축소에 따른 예산 절감액을 개인에게 조세 감면의 형태로 돌려줘서 개인이 필요로 하는 서비스를 스스로 선택하도록 해야 파레토 최적과 경제적 효율성이 달성되는 분배를 이룰 수 있다고 주장한다.

2) 사회민주주의

프랑스에서 닻을 올린 사회주의적 민주주의 그룹은 민주주의 발달 과정에서 혁명적 민주주의를 합법적 민주주의로 바꿔 놓음으로써 개량 사회주의의 물길을 열었다고 평가된다(박호성 2005). 사회주의적 민주주의 용어가 프랑스에서 특정 당파를 지칭하기 위해 사용되었던 데서 알 수 있듯이 사회민주주의는 체계적 이론이나 사상에 근거해 발전한 것이 아니었다. 이 점에서 갬블과 라이트(Gamble and Wright 1999, 2)는 사회민주주의는 특정 정당이나 역사적 프로그램, 혹은 일관된 가치 체계를 지칭하지 않는다고 본다. 사회민주주의는 사회정의를 실현하고 불평등을 감소시키기 위해 자본주의 사회경제제도에 대한 지속적인 개혁을 추구하는 정당, 정부, 또는 국가를 일컫는 용어로 광범하게 사용되어야 한다고 본다. 사실 사회민주주의라는 명칭을 사용하지만, 사회민주주의 정당들마다 추구하는 기본 이념과 노선에는 차이가 있다. 그러므로 사회민주주의에 대한 체계적 이론이나 사상 체계가 아니라 최소한의 공통점을 찾아내는 데 만족할 수밖에 없다. 캐슬먼Mark Kesselman이 사회민주주의의 일반적 특성이라고 밝힌 내용들은 사회민주주의에 대한 최소한의 합의 사항들을 보여 준다(박호성 2005, 84에서 재인용). 첫째, 자본주의경제를 수용하지만, 국가는 자본주의경제의 불균형 발전을 저지하기 위해 적극적으로 시장에 개입해야 한다. 둘째, 경제성장, 고임금, 가격 안정, 완전 고용을 달성하기 위해 케인스주의 개입 정책을 사용한다. 셋째, 국가는 경제적 잉여를 누진적 조세체계를 통해 징수하고 복지 계획, 사회보장을 통해 재분배한다. 넷째, 노동자들이 중앙 집권화된 노동조합에 가입되어 있고, 노동조합과 사회민주당은 조직적으로 연계되어 있다. 이런 특징들은 사회주의의 목표를 민주적·합법적·평화적·점진적 변화를 통해 달성하고자 했던 베른슈타인Eduard Bernstein의 수정주의 주장에서도 확인할 수 있다. 그는 사회민주주의의 특징으로 사회주의와 민주주의의 불가분성, 자유주의 유산의 적극적 수용, 사회 구성원 간의 연대, 자본주의의 진화론적 변형, 의회주의 및 개량주의 등을 꼽고 있다.

그러므로 사회민주주의가 추구하는 국가 유형은 고전적 자유주의에서 말하는 야경국가와는 다른 사회적 국가이다. 사회적 국가는 더 많은 자유와 사회정의를 위해 국가가 사적 영역에 적극적으로 개입할 것을 주장한다. 구체적으로 국가는 사회적 기본권, 특히 노동할 권리, 교육받을 권리, 충분한 의료 혜택을 받을 권리, 사회보장을 받을 권리 등을 보장하며, 완전고용 실현, 공정한 소득분배, 시민권 확대 등을 위해 노력해야 한다(박호성 2005, 120). 사회민주주의는 공정한 사회질서의 건설을 방해하지 않는 한 생산수단에 대한 사적 소유가 보호받고 장려되어야 한다고 본다. 동시에, 모든 국민이 비인간적 예속과 착취가 없는 자유로운 삶을 영위할 수 있도록 경제 세력에 대한 민주적 통제가 허용되어야 한다고 주장한다. 국가는 자유 시장 체계에서 경제 세력을 통제하기 위해 조세정책을 통한 국가 개입을 강화하고, 노동자의 공동 결정권을 확립하며, 소득 및 재산 분배를 공정하게 하고, 필요한 경우 생산 수단을 공유화할 수 있다. 이와 같이 사회민주주의는 시장경제나 통제적 계획경제 어느 것도 절대화하지 않는 혼합 경제 체제를 지향한다는 점에서 자본주의·공산주의와 구분되는 제3의 길로 불린다(박호성 2005; Giddens 1998).

사회민주주의에서 추구하는 사회적 국가는 복지국가의 수립으로 나타났다. 사회민주주의 국가들도 서로 다른 사회복지 제도를 발전시켜 왔음에도, 기본적으로 자본주의 체제의 불평등을 완화하고 사회연대를 지향한다는 공통점을 지녔기에 사회적 결과는 상당히 유사하다 에스핑-안데르센(Esping-Andersen 1990)의 설명에 따르면, 사회민주주의 복지 체제는 시민권을 보장하는 포괄적·보편적 복지 서비스를 제공해 복지의 탈상품화decommodification 정도가 높고, 이에 따라 사회복지 제공에서 민간 부문, 비영리 부문, 자발적 부문이 상대적으로 덜 발달되어 있다는 특징을 지닌다. 그러나 사회민주주의 복지국가는 세계화와 탈산업화의 변화에 직면해 끊임없이 자기 변화를 시도해 왔다. 다음에서 살펴보는 '제3의 길'도 사회민주주의의 변화이다.

3) 제3의 길

제3의 길이 처음으로 사용된 것은 자본주의 체제, 공산주의 체제와 대비되는 혼합경제의 특성을 지닌 사회민주주의 체제를 지칭하기 위해서였다. 그러나 제2차 세계대전 이후 사회민주주의 정당이 집권한 국가들에서 복지국가가 발전하면서 제3의 길이라는 용어는 현실 정치에서 자취를 감추었다. 그러다가 1990년대 중반 이후 영국에서 다시 이 용어가 본격적으로 사용되었다. 1997년 집권에 성공한 영국의 블레어 노동당 정부(1997~2007년)는 기존 노동당과는 다른 정책 전환을 주장하며 제3의 길이라는 용어를 본격적으로 사용했다.

제3의 길에 이론적 토대를 제공한 것으로 알려진 기든스Anthony Giddens(Giddens 1998)에 따르면, 제3의 길은 전통적 구사회민주주의 및 신자유주의와 구분되는 새로운 길이며, 그 본질상 현대화된 신사회민주주의라고 주장한다. 그는 제3의 길 정치가 추구하는 핵심 이념은 구사회민주주의자들과 마찬가지로 사회정의에 있다고 밝혔다. 사회정의를 위한 평등과 개인의 자유가 충돌할 수 있지만, 평등주의적 장치들은 개인의 자유 영역을 확대한다고 본다. 그러므로 자유는 행동의 자율성(적극적 자유)을 의미하므로 이를 위해 사회적 개입이 필수적이라고 주장하는 구사회민주주의자들과 의견을 같이한다.

그런데 제3의 길에서는 구사회민주주의자들과 달리 집합주의를 포기하고, 개인과 공동체 간의 새로운 관계와 개인의 권리와 의무에 대한 재정의가 필요하다고 주장한다. "책임 없이 권리 없다."라는 것은 제3의 길 정치의 핵심 기조이다. 정부는 취약 계층뿐만 아니라 모든 시민의 권리를 위해 책임을 진다. 다만 구사회민주주의에서는 집합주의에 기초해 정부가 개인의 권리를 무조건적으로 보장할 것을 주장했다면, 제3의 길 정치에서는 개인주의를 수용해 개인의 권리는 개인의 의무를 수반한다고 보는 데 차이가 있다. 예컨대, 실업 급여를 수급하는 실업자들은 구직 활동에 종사하는 의무를 이행해야 하고, 정부는 실업자들이 적극적으로 구직 활동에 참여하도록 복지 체제를 수립해야 한다. "책임 없이 권리 없다."라는 윤리적 명제는 복지 수급자뿐만 아니라 모든 시민들이 지켜야 할 원칙이다(Giddens 1998, 65-66).

기든스는 제3의 길 정치를 구현하는 국가 유형으로서, 전통적 복지국가를 대체하는 사회 투자 국가를 주장한다. 그는 세계화 시대에도 국가는 여전히 평등과 민주주의를 증진할 의무를 지니며, 그것은 이전의 복지국가와는 다른 새로운 형태의 복지국가, 즉 사회 투자 국가로의 전환을 요구한다고 주장한다. 사회 투자 국가에서 국가는 소득 보장을 직접적으로 제공하는 대신, 되도록 모든 영역에서 인적 자본 투자에 집중함으로써 복지가 갖는 생산적 성격을 극대화해야 한다. 복지국가의 자리를 사회 투자 국가로 대체하고 적극적 복지사회의 맥락에서 복지국가를 운영해야 한다(Giddens 1998, 117). 제3의 길 정치를 표방한 영국의 신노동당 정부가 추진한 사회 투자 국가의 특성은 다음과 같다.

① 세금과 지출 대신 사회투자 담론, ② 인적 자본 및 사회자본에 투자: 아동과 지역사회를 강조, ③ 아동은 미래의 시민이자 노동자로 우선적 관심의 대상, ④ 성인의 사회적 시민권은 노동의무에 상응해 부여, ⑤ 평등을 증진하기 위한 소득재분배보다 사회적 포섭을 확대하기 위한 기회를 증진, ⑥ 사회정책과 경제정책을 통합하되, 후자의 명백한 우위를 강조, ⑦ 표적화된 자산 조사를 수반한 프로그램을 선호(Lister 2002, 160).

따라서 신노동당 정부가 추진한 사회 투자 국가는 전통적 복지국가를 대체하기 위한 정치적 선택이었다. 사회보장제도 개혁을 시도하면서 내세운 목표인 '복지에서 일자리로'는 과거 노동당과 이념적 지향이 다르다는 것을 보여 주는 정치 슬로건이었다. 신노동당에서 복지는 '의존'을 야기하며, 근로는 '독립'을 가져온다고 이분법적으로 사고했다(Kay 1998, 135). "모든 사람에게 사회보장을 제공한다."라는 베버리지의 보편주의 원칙에서 벗어나 "일할 수 없는 사람에게만 사회보장을 제공한다."라는 선별주의 원칙을 강화하는 쪽으로 사회보장제도를 재편했다. 근로능력이 있는 복지 수급자는 핵심적 개혁 대상이 되었고, 이들을 위해 소득 보장보다 노동시장 사업이 중심이 되었다. 그리하여 영국의 보편주의적 복지 체계가 선별주의적 복지를 강조하는 미국식 복지 체계로 급속히 수렴해 갔다. 신노동당 정부는 과거 보수당 대처 정부와 마찬가지로 사회복지가 노동 윤리와 가족 간 유대라는 바람직한 가치를 약화시켜 오히려 사회문제를 야기한다고 간주했던 것이다(Walker 1998; Peck 2001).

이런 이유로 제3의 길이 현대화된 신사회민주주의가 아니라 본질적으로 신자유주의의 수용일 뿐이라는 비판이 일었다. 전통적 사회민주주의 시각에서 볼 때, 제3의 길은 사회복지와 관련해 세 가지 점에서 사회민주주의자들과 분명한 차이를 보인다. 첫째, 사회복지를 제공하는 데 있어 민간 부문의 역할을 중요하게 생각하고, 소비자·생산자 등의 시장 용어를 즐겨 사용한다. 둘째, 소득과 재산의 불평등에 대처하기보다는 기회의 불평등이라는 장벽을 제거하는 데 초점을 둔다. 셋째, 노동시장에서 일하는 시민을 '좋은 시민'이라고 강조한다. 이런 태도는 노동에 대한 대가를 지불받지 못하는 가족 내 보호와 자발적 활동을 필연적으로 약화시킨다. 칸티용(Cantillon 2011)은 유럽연합 국가에서 사회 투자 국가의 역설을 강조하며, 제3의 길에서 추진한 사회 투자 국가는 서비스 부문에서 질 나쁜 일자리를 증대해 고용을 늘렸지만, 그 혜택이 취업자가 있는 가구에 추가 고용 형태로 집중되었을 뿐 취업자가 없는 가구에는 혜택이 미치지 못해, 상대 빈곤율을 낮추는 데는 실패했다고 지적한다. 결국, 제3의 길 정치를 표방하며 사회 투자 국가라는 구호 아래 사회경제 정책의 변화를 시도했던 유럽 사민당들은 혹독한 대가를 치러야 했다.

지난 몇 해 동안 거의 모든 유럽 국가들에서 사회민주주의 정당들은 선거에서 참패를 경험했다. 2009년 독일 사민당이 역사적으로 최하 득표율인 23퍼센트를 기록한 데 이어, 영국의 노동당이 보수당에 정권을 넘겨주었고, 스웨덴의 사민당도 선거에서 연거푸 패배해 1932년 집권 이후 처음으로 연속 실권하는 곤경에 처했다. 선거 결과는 물론, 제3의 길 정치를 추진했던 사민당에 불만을 가진 노동자들이 사민당 지지 대열에서 이탈했기 때문이다. 제3의 길, 신중도, 경쟁력 강화 등을 내세웠지만, 사민당이 사실은 신자유주의를 수용해 시장 논리에 굴복했기 때문에 위기에 빠졌다는 자성적 평가가 지배적이었다(이삼열 2011). 유럽의 사민당들은 이제 제3의 길 정치에서 벗어나 더 좋은 사회를 만들기 위한 방안들을 찾고 있다. 공정한 경제, 안정된 일자리, 지속 가능한 발전, 자본주의 개혁, 정당 조직의 민주화를 위한 대안들이 탐색되고 있다.

지금까지 살펴본 바와 같이 신자유주의, 사회민주주의, 제3의 길은 자유, 평등, 사회와 국가, 정부 역할, 복지국가, 사회정책 등에 대한 견해와 태도가 서로 다르다.

3. 최근의 복지 담론에 대한 평가

1) 박근혜 복지

박근혜 정부의 복지 담론은 19대 대통령 선거가 시행되기 2년 전인 2010년으로 거슬러 올라가 그 실체를 찾을 수 있다. 당시 여당의 유력한 대통령 후보였던 박근혜 의원은 2010년 12월 20일에 "사회보장기본법 전부 개정을 위한 공청회"를 통해 복지 구상을 밝히고, 2011년 11월 1일 "국민 중심의 한국형 고용 복지 모형 구축" 세미나를 통해 복지 논쟁에 본격적으로 뛰어들었다. 두 차례에 걸친 세미나에서 발표된 논문들은 학자들이 작성한 것들이지만, '박근혜 복지'(이 글에서도 편의상 '박근혜 복지'로 부른다)로 불리며 관심을 끌었고 새누리당의 복지 담론에 직접적인 영향을 미치고 있다. 박근혜 복지의 기본 구상은 2010년 12월 20일에 개최된 공청회에서 박근혜 의원의 인사말에 잘 나와 있다.

> …… 한국형 복지 모델의 핵심은 선제적·예방적이고, 지속 가능하며 국민에게 실질적 도움이 되는 통합 복지 시스템이다. 모든 국민이 일상에서 체감할 수 있도록 틀을 바꾸는 것이다. 기초적인 삶에 대한 두려움 없이 죽을 때까지 안전한

삶을 살 수 있는 사회 인프라이다. 선별적 복지냐, 보편적 복지냐 하는 이분법의 문제가 아니라 상황에 따라 둘이 함께 가야 한다. 전 국민에게 각자 평생 단계마다 꼭 필요한 것을 맞춤형으로 지원해야 한다. 사회복지는 경제와 사회의 큰 틀과 함께 가야 한다. 고령화 시대와 함께 복지 확대기에 정책의 틀을 잘 짜서 복지 지출이 부담이 아니라 선제적 투자가 되게 해야 한다. 성장과 복지가 선순환되는 새로운 모델을 만들어 가고 싶다. 복지 패러다임이 구시대적 소득 보장 중심에서 소득과 사회 서비스가 균형적으로 보장되는 미래 선진형으로 전환되어야 하고, 흩어지고 다원화된 복지 정책들이 효율적·효과적으로 새롭게 통합되어야 한다.

박근혜 복지의 기본 구상을 안상훈(2010)의 글을 통해 좀 더 자세히 살펴보면, 한국형 복지국가 건설을 위해 기존의 '비용 발생형 소득 보장 국가'에서 벗어나 새로운 '사회 투자형 생활 보장 국가'로의 변화를 주장한다. 생활 보장 국가란 예방적 프로그램을 중심으로 인적 자본을 선제적으로 향상함으로써 기회 평등을 추구하는 동시에 경제성장에도 친화적인 복지국가라고 한다. 생활 보장 국가를 수립하기 위해, 전 국민을 대상으로 균형적인 생애 주기별 복지 수혜를 지향하며, 사후적·소극적인 소득 보장 중심에서 예방적·적극적인 사회 서비스 중심으로 전환하고, 사회복지를 제공하는 데서는 국가가 시장 대체자 역할에서 벗어나 공적 영역과 사적 영역 사이에서 역할을 분담해 균형을 창출하고, 규제자보다는 통합 관리자로서 역할을 강화할 것임을 밝혔다.

박근혜 복지에서 주창되는 새로운 사회 투자형 생활 보장 국가는 최근 유럽 복지국가들에서 진행되었던 복지 개혁의 흐름을 반영한다. 생활 보장 국가의 원칙들은 세계화와 탈산업화의 변화가 야기하는 새로운 사회적 위험에 대처하기 위한 복지국가의 대응이라는 점에서 앞서 논의한 제3의 길에서 주장하는 복지국가 유형과 유사한 특성을 지닌다. 그리고 복지와 성장의 선순환을 강조하고 있다는 점에서 단순한 사회보장 제도의 개혁에 머물지 않는 국가 발전의 비전을 담고 있다. 이 점에서 박근혜 복지의 내용은 과거 노무현 정부의 "사회비전 2030 : 선진 복지국가를 위한 비전과 전략"(정책기획위원회 2006)에 담겨 있는 새로운 사회정책 방향과 무척 닮았다는 평가들이 많다.1)

이 때문에 노무현 정부의 "사회비전 2030"에 대해 비판적 태도를 취했던 사람들은 사회 투자형 생활 보장 국가에 대해서도 마찬가지 입장을 견지한다. 이를테면 한국 사회의 문제가 구사회 위험과 신사회 위험이 혼재되어 있는 상황에서 생활 보장 국가로 이전하기에 앞서 소득 보장 국가를 확립할 필요가 있다는 비판이다(김원섭 2010; 김연명 2011). 한국 사회는 여전히 구사회 문제가 핵심적인 문제라는 것이다. 경제 위기 이후 급격하게 늘어났던 절대 빈곤율과 상대 빈곤율은 2000년대 들어 감소하다가 2000년대 중반 이후 지속적으로 증가하고 있다. 그리고 비정규직이 사회보험에서 배제되는 현실은 오래된 사회문제이다. 따라서 사회보장제도의 우선 과제는 소득 보장의 사각지대를 해소하는 것이다. 사회 서비스 강화를 강조하면서 자칫 소득 보장의 광범위한 사각지대라는 복지국가의 결함을 방치해서는 안 된다. 적절한 소득 보장 제도라는 기반이 마련되고, 그 위에 사회 서비스 제도가 더해질 때 생애 주기별

---

1) 참여정부에서 "사회비전 2030"을 만드는 데 관여한 김용익 전 사회정책수석에 따르면, 양극화와 고령화, 구사회 문제와 신사회 문제, 낙후된 복지 수준에 대한 문제 인식, 사회보장과 사회 서비스의 조화, 맞춤형 복지, 선제적 투자로서의 복지, 인적 자본에 대한 투자로서의 복지, 경제와 복지의 선순환 등은 모두 '노무현 복지'의 구상과 정확히 같은 것이다. 차이가 있다면, '좋은 복지국가'라는 말 대신에 참여정부는 '책임지는 정부'라는 말을 사용했고, '박근혜 복지'가 '소득 보장+서비스 보장'의 패키지를 '생활보장'으로 이름 지은 것 정도이다.

맞춤형 복지도 효과를 발휘할 수 있다. 새로운 사회 투자형 생활 보장 국가를 구성하는 제도에 대해 구체적으로 언급하지 않는다는 비판도 빠지지 않았다. 생활 보장 국가에서 '일반적 생활보장'과 '범주적 생활보장'을 구성하는 프로그램이 무엇인지, 국가가 얼마나 소득 보장과 사회 서비스를 제공할지, 보편주의를 실현하기 위한 점진적 전략을 어떻게 추진할지 등을 밝히지 않았다. 이런 점들을 고려할 때, 2010년 12월에 발표된 새로운 사회 투자형 생활 보장 국가는 복지 패러다임 수준의 언급에 그쳤고 구체적 프로그램에 대해 다루지 않았다는 한계가 있었다.

2011년 11월 1일 발표된 한국형 고용 복지 모형은 박근혜 복지의 구체적 내용을 제시하고 있다는 점에서 진일보한 것이다. 고용 복지 모형에서는 한국형 복지국가를 건설하기 위해 우선적으로 추진할 과제를 구체적으로 밝히고 있다. 한국형 고용 복지 모형에서는 고용과 복지를 연계해 근로 의욕을 제고하고 탈수급·자립을 촉진하며, 저소득층 및 중산층의 빈곤을 예방해 모든 국민의 자아실현 및 행복을 추구한다는 비전을 제시한다(안종범 2011). 고용 복지 모델의 목적은 두 가지로 제시되고 있다. 첫째, 맞춤형 빈곤 정책(급여체계)의 개편과 함께 탈수급·탈빈곤 유인 및 실질적 일자리 지원을 극대화하는 최적 정책 조합을 구성한다. 둘째, 기초 생활 보장 급여체계를 개편하고, 부처 간 칸막이를 해소해 서로 연계할 뿐만 아니라 수요자인 국민 중심으로 재편하는 방향으로 고용과 복지 서비스 연계 및 전달 체계의 개편을 추진한다. 고용과 복지의 연계 추진 방향은 다음에 열거한 다섯 가지 방향으로 추진할 것임을 밝히고 있다(안종범 2011, 7).

첫째, 절대 빈곤 해소와 기초 생활 보장은 국가 책임으로, 불합리한 제도의 개선을 통해 복지 사각지대를 우선적으로 해소해 간다. 둘째, 누구나 열심히 일을 하면 빈곤에 빠지지 않도록 근로 장려 세제EITC와 사회보험료 지원 등 근로 연계형 급여를 대폭 확대해 간다. 셋째, 맞춤형 급여체계를 통해 다양한 서비스를 지원함으로써, 탈수급해 일하는 것이 유리하도록 한다. 넷째, 근로 능력자에 대해서는 자립할 수 있는 기회를 보장하고, 실질적으로 자립할 때까지 다양한 서비스를 제공한다. 다섯째, 고용·복지·교육을 연계해 빈곤에서 벗어나 자립을 지원할 수 있도록 국민의 입장에서 부처 간의 칸막이를 허물고, 전달 체계를 개혁함으로써 정책 실효성을 최대화한다.

고용과 복지의 연계성을 높이기 위한 추진 방향을 살펴보면, 근로 능력이 있는 공공 부조 수급자에 집중되어 있다. 현행 국민 기초 생활 보장 제도는 낮은 최저생계비 수준, 부양 의무자 기준, 재산의 소득 환산율 등으로 인해 기초 보장의 사각지대를 광범위하게 양산한다는 문제점이 지적되어 왔다. 그리고 국민 기초 생활 보장 제도는 수급자로 선정되면 생계 급여와 함께 의료 급여, 주거 급여, 교육 급여 등을 일괄 수급하는 통합 급여 체계 방식을 따르고, 생계 급여액이 가구의 최저생계비와 소득 인정액 간의 차이로 결정되기 때문에 근로 능력이 있는 수급자의 탈수급을 저해한다고 비판받아 왔다. 이런 사정들을 고려할 때, 고용복지 모형이 근로 능력을 지닌 공공 부조 수급자와 근로 빈곤층에 초점을 맞춰 방향 설정된 것은 적절하다. 아울러 근로 빈곤층의 근로 동기를 높이기 위해 현행 근로 장려 세제를 개편해 적용 범위를 확대하고 급여를 인상하려는 대안과 저소득 취약 계층의 사회보험료를 지원하는 조치들은 사회보험의 사각지대를 해소하는 데 기여할 것으로 평가된다.

또한 저소득 취약 계층을 위한 맞춤형 고용 서비스 정책이 부처 간에 중복 시행되는 문제를 적시하고 있다. 재정 일자리 사업이 고용노동부뿐만 아니라 여성가족부, 보건복지부, 통일부와 국방부를 비롯해 보훈처와 지방자치단체 등에서도 서로 다양한 기준을 통해 추진되어 오면서 정부 재정이 중복 지출되는 등 낭비되고 있다는 지적이 끊이지 않았다. 이런 문제들에 대응해 부처 간 칸막이를 없애고 사업을 통합적으로 조정할 수 있도록 전달 체계 개편을 모색하는 것이 필요하다. 또한 현행 고용 서비스의 질이 낮아 구직자나 기업의 입장에서도 실제적인 도움이 되지 못하는 현실도 주목하고 있다. 이 문제에 대처하기 위해 노동자의 삶의 주기를 고려하고, 대상자별로 세분화된 다양한 종류의 고용 서비스 프로그램을 제시했는데, 적절한 재원 투입과 전달 체계만 잘 갖춘다면 효과를 거둘 수 있을 것이다.

그러나 한국형 고용 복지 모형에서 정책 대상이 일부 계층으로 한정되어 있기 때문에 국민들의 보편적 복지 요구에 부응하지 못할 가능성이 크다. 고용 복지 모형에서 발표된 정책들은 바람직한 점이 많음에도, 정책 대상이 대부분 취약 계층과 차상위 계층에 국한되어 있다는 한계도 분명하다. 박근혜 복지가 근본적으로는 취약 계층만을 대상으로 하는 선별적 복지 노선에서 크게 벗어나지 않고 있기 때문이다. 보편주의 복지국가가 모든 국민들에게 보육, 교육, 고용, 의료, 주거, 노후 소득 보장과 노인 돌봄 등 삶의 부담을 덜어 주는 복지를 국가가 제공하는 것과는 매우 다른 모습이다. 또한 고용 복지 모형에서는 현재 870만 명에 이를 것으로 추정되는 비정규직에 대한 고용 안정성을 보장하는 등 구조적인 문제를 해결할 방안이나, 최저임금을 인상해 다수의 저소득 노동자들에게 소득을 보장하는 등의 근본적인 해결 방안에 대해서는 전혀 언급하지 않는다.

2) 민주당의 '3+1 보편적 복지 정책'

민주당은 2010년 한 해 동안 복지 정책과 관련한 당론에서 중요한 변화를 경험했다. 2010년 초반 뉴민주당 플랜에서 발표된 민주당의 복지 정책 방향은 '사회 투자형 복지국가'였다. 뉴민주당 플랜에서는 "우리가 추구하려는 복지 모델은 낡은 서구 모델이 아니라 복지에 대한 투자가 경제성장에 기여할 수 있는 사회 투자형 복지국가"라고 못 박고 있다. 그리고 "일자리를 창출하고 성장의 잠재력을 키우는 사회정책에 투자함으로써 복지에 대한 지출이 소모적인지 않다는 것을 보여 주고, 성장과 분배 간의 논쟁에 종지부를 찍으려고 한다."(민주당 2010, 2)라고 밝히고 있다. 뉴민주당 플랜에서는 전통적 복지국가에서 주로 사용해 왔던 소득 보장과 사회 지출이라는 용어 대신에 인적 자원과 사회 투자라는 용어를 사용한다.

뉴민주당 플랜이 발표된 이후, 민주당은 진보 진영으로부터 많은 비판을 받았다. 빈곤과 사회 양극화라는 당면한 사회문제에 효과적으로 대처하기 위해서는 소득재분배 기능을 담당하는 사회보장제도의 개혁이 우선 과제로 포함되어야 했다는 것이다. 사회보장의 사각지대가 광범하게 존재해 사회권 실현이라는 헌법적 권리가 보장되지 못하는 현실에서 국가가 인적 자원 개발을 위한 투자에 집중해 기회의 평등을 확대하는 것으로는 부족하다. 한국의 복지국가 건설 과정에서 빈곤을 최소화하고 모든 국민의 기본 생활을 보장하는 것이 효과적 사회 투자 전략을 위한 전제 조건이 되어야 한다는 지적이 많았다.

더욱이, 경기도 교육감의 무상 급식 정책과 2010년 6·2 지방선거 과정에서 무상 급식, 무상 보육, 대학생 반값 등록금이 정책 의제가 되었고, 무상 의료가 '건강보험 하나로' 운동 등 시민운동의 노력으로 사회적 관심을 끈 바 있다. 이런 정치사회적 상황에서 보편적 복지가 주요 의제로 부상했고, 뉴민주당 플랜에서 밝힌 사회 투자형 복지국가는 보편적 복지 요구를 담아내기에 부족하다는 자성의 목소리가 높아졌다.

결정적으로, 2010년 12월 20일 당시 유력한 대선 주자였던 박근혜 의원이 맞춤형 생활 보장 국가를 통해 한국형 복지국가를 수립하겠다는 발표를 보면서, 민주당은 복지 경쟁에서 한나라당에게 밀릴 수 있다는 위기의식을 갖게 되었다. 민주당의 사회 투자형 복지국가가 박근혜 복지와 차별성을 갖기 어려워진 상황에서 민주당은 복지 경쟁을 위해 뉴민주당 플랜에 담겨 있던 사회 투자형 복지국가 주장을 접게 되었다.

결국 민주당은 2011년 1월 6일 무상 의료를, 1월 13일 무상 보육과 대학생 반값 등록금 실현을 발표하며 '보편적 복지 3+1'을 당론으로 채택하고, 당의 강령에 보편적 복지국가 건설을 처음으로 포함했다.[2] 그리고 보편적 복지의 비전과 철학을 당내에서 충분히 논의해 정립하기에 앞서 민주당은 서둘러 '보편적 복지 3+1' 방안을 발표했다. 세부 내용은 다음과 같다.

첫째, 건강보험의 보장성 강화(무상 의료)이다. 건강보험의 보장성을 2015년까지 입원 환자의 90퍼센트, 외래 환자의 60~70퍼센트 수준으로 확대하고, 건강보험의 본인 부담 상한액을 연간 1백만 원(현행 개인별 2백만~4백만 원)으로 인하한다는 것이다. 모든 의료 서비스를 보험 급여화하며, 입원 기간에 소득을 보전해 주는 상병수당을 도입하고, 의료 급여의 적용 범위를 차상위 계층까지 확대하고, 진료비 총액 계약제, 포괄수가제, 주치의 제도를 도입하며, 지자체의 공공 의료 기관 설립을 유도해

---

2) 민주당 정강 22 "일자리 중심의 보편적 복지국가 : 우리는 국민 모두 존엄성을 보장받고 살 수 있도록 기본 소득을 보장하고 의료, 보육, 교육, 노인 요양 등 보편적 사회 서비스를 확대한다. 서민과 중산층의 인간다운 삶의 기반을 제공하여 기회의 평등을 보장한다. 우리는 빈곤의 예방과 탈출 전략으로 교육, 고용, 소득 보장, 보건, 주거 등의 프로그램을 통합하여 실질적 빈곤 대책을 제공한다. 빈곤 아동에 대한 우선적인 지원과 빈곤 계층의 건강하고 문화적인 생활을 보장한다."

공공성을 강화하고, 정부의 건강보험 지원금을 30퍼센트로 확대하는 등의 조치를 취하기로 했다.

둘째, 무상 보육의 실시이다. 향후 5년간 단계적으로 만 5세 이하 아동이 어린이집·유치원을 이용하는 비용을 전액 지원하고, 시설 미이용 아동의 부모에게 양육 지원 수당을 지원할 계획이다.

셋째, 무상 급식의 실시이다. 2011년부터 초·중등학교 무상 급식을 전면 실시해 친환경 지역 우수 농산물을 식재료로 공급하고, 2013년까지 광역·기초 지방자치단체에 '학교급식지원센터'를 설치해 지역 친환경 우수 농산물 식재료를 공급하는 거점 물류 센터를 운영하기로 했다.

넷째, 대학생 반값 등록금 실현이다. 국가 장학금을 확대 지급해 기초 수급자와 소득 1분위 가구의 대학생은 등록금 전액, 소득 2~4분위는 50퍼센트, 소득 5분위까지 30퍼센트의 장학금을 지원하기로 했다. 그리고 지방 국립대생에게는 소득 4분위까지 등록금 전액을 지원하기로 했다. 아울러 학자금 대출 제도를 보완해 대출 금리를 3퍼센트대로 인하하고, 신청 자격도 C학점 이상으로 완화하기로 했다. 또한 등록금 인상 상한제를 도입해 인상률을 물가 상승률 이내로 제한하기로 했고, 정부의 고등교육 재정 지원을 확대하기로 했다.

'보편적 복지 3+1' 방안이 발표된 이후 민주당은 '보편적 복지 재원 조달 방안 기획단'을 구성했다. 그리고 2011년 1월 30일에 "3+1 보편적 복지 정책 소요 재원 조달 방안"을 발표했고, 발표 자료에 민주당이 추구하는 보편적 복지의 비전과 철학을 포함했다(민주당 2011/01/30). 민주당이 추구하는 보편적 복지는 국가 운영의 좌표와 방향성을 제시하는 국정의 기본 철학으로서 국가 역할을 대전환하는 것이라고 했다. 즉 보편적 복지는 성장 일변도 패러다임에서 벗어나 21세기형 인적 자본에 투자함으로써 성장과 복지가 선순환하고 자유와 인권이 보장되는 '창조형 복지국가' 건설을 위한 실천적 정책 목표임을 밝혔다. 보편적 복지는 다음과 같은 특징을 지닌다고 설명한다.

첫째, 일부 저소득층에 대한 선별적·시혜적 복지를 넘어 국민 모두에게 인간다운 생활을 보장하기 위해 국가가 의료·보육·교육·주거 등 보편적 복지 서비스를 제공하는 것이며, 보편적 복지가 국민의 권리이고 국가의 의무임을 명확히 한다. 둘째, 보편적 복지는 성장 정책이고 일자리 창출 정책으로 경제 선순환의 출발점이다. 보편적 복지는 중산층·서민 가계의 실질 가처분소득을 증가시켜 소비의 증가를 가져오고, 이에 따라 내수 확충 및 투자 촉진, 성장률 제고를 이루어 국가 재정을 확충하고, 다시 보편적 복지가 증대되는 선순환을 낳는 지속 가능한 성장 정책이라는 것이다. 셋째, 보편적 복지는 과거 20세기 산업사회형 물적 자본 위주의 투자에서 벗어나 21세기 지식·정보사회형 인적·사회적 자본에 투자하는 등 국가 투자 전략의 패러다임을 대전환하는 것이다. 넷째, 보편적 복지는 유럽 국가의 보편적 복지나 영미 국가의 선택적 복지 제도를 그대로 도입하는 것이 아니고 그들의 운영 경험을 거울삼아 시행착오를 줄이고 우리 실정에 맞는 창의적 모델을 만들어 가는 것이다.

그런데 보편적 복지의 비전과 철학에서 밝힌 내용들을 보면, 2010년 뉴민주당 플랜에 담겨 있던 사회 투자형 복지국가의 주요 내용이 그대로 사용되었음을 알 수 있다. 교육·보육·의료 등 인적 자본 위주의 투자, 소비적 지출 대신 투자적 지출, 일자리 창출 정책 중심의 생산적 복지, 복지병에 시달리는 유럽 국가형도 영미 국가형도 아닌 창조형 복지국가 등의 표현은 사회 투자형 복지국가에서 강조되었던 내용들이다. 민주당의 창조형 복지국가는 뉴민주당 플랜에 포함되었던 사회 투자형 복지국가에 '3무(무상 의료, 무상 보육, 무상 급식) 1반(반값 대학 등록금) 정책'을 얹혀 놓은 모습이다. 따라서 뉴민주당 플랜의 사회 투자형 복지국가가 인적 자본에 대한 투자를 강조해 소득 보장에 대해 비교적 관심을 적게 기울인다는 비판은 여전히 유효하다. 민주당이 추구하는 독자적인 복지국가 발전 전략이 정립되지 않는다면, 지금까지 보여 준 바와 같이 '3무 1반 보편적 복지'를 위한 재정 확보 방안과 보편주의를 둘러싼 이데올로기 논쟁에 파묻혀 사회보장을 강화하기 위한 구체적인 정책 대안에 소홀할 수 있다.

민주당의 보편적 복지 비전과 철학에서는 국민 모두의 기본 소득을 보장하겠다고 하지만, 정작 보편적 복지를 확립하기 위한 주요 정책은 보육·의료·급식 등 사회 서비스에 초점을 맞추고 있다. 그러나 현재 한국 사회보장제도가 안고 있는 가장 큰 문제는 소득 보장의 사각지대가 광범위하게 존재한다는 것이다. 비정규직 노동자와 영세 자영업자의 과반수가 소득 유지를 위한 1차 사회 안전망인 사회보험의 혜택에서 배제되어 있다. 2009년 비정규직 노동자의 고용 보험 가입률은 51.9퍼센트, 건강보험 가입률은 49.7퍼센트, 국민연금 가입률은 46.8퍼센트에 머물러 있다. 비정규직은 사회보험에 가입되어 있다고 해도 고용이 불안정하고 소득수준이 낮은 탓에 현실적으로 급여를 받지 못하거나 급여 수준이 낮다. 비정규직은 시장 임금에서 소외되고, 소득 재분배를 위한 사회 임금에서도 소외되는 '이중 소외' 상태에 놓여 있다. 한국의 복지 체제는 정규직과 비정규직 노동자 간의 지위 차별status segmentation을 낳고 있다.

그리고 공공 부조가 초래하는 사회 계층화stratification 효과도 빼놓을 수 없다. 국민 기초 생활 보장 제도에서는 낮은 최저생계비 규정 때문에 수급자가 되지 못하는 차상위 빈곤층이 광범위하게 존재하며, 최저생계비 규정을 충족해도 부양 의무자 기준과 재산 환산 기준 등으로 인해 빈곤층의 수혜율은 50퍼센트 수준에 그치고 있다. 2009년 현재 정부 발표에 따르면, 국민 기초 생활 보장 제도의 사각지대에 놓여 있는 인구가 전체 인구의 8.4퍼센트에 해당하는 410만 명에 이른다. 공공 부조는 자산 조사 요건과 부양 의무자 조건을 동시에 충족해 수급자로 선정된 공공 부조 수급권자와, 공공 부조 수급에서 탈락해 불완전한 저소득 시장 임금으로 근근이 살아가는 비수급 빈곤층을 양산한다. 한국의 복지 체제는 저소득 빈곤층의 이중화dualism를 낳고 있다. 세계화와 탈산업화에 직면해 경제가 성장해도 일자리가 늘지 않고, 일자리가 양극화되며 소득 불평등이 심화되는 현실에서, 한국 복지국가의 선결 과제는 소득 보장의 사각지대를 해소하는 것이어야 한다.

이런 점을 고려한다면, '3무 1반 보편적 복지 정책'이 현 단계 한국 사회보장제도의 우선 과제인지가 의문스럽다. 또한 의료·보육·급식에서 보편주의와 무상 복지는 서로 다른 의미로 사용되어야 함에도 양자가 등치되어 사용되면서 논란을 불러왔다. 엄격히 따지면, 모든 국민이 간접세를 납부한다는 점에서 무상 복지는 논리적으로 모순일 뿐만 아니라, 복지에 대한 시민의 호혜적 의무와 책임을 경시할 수 있고, 필연적으로 재원 문제를 제기하며, 이것이 증세 문제와 연결된다는 점에서 신중하게 사용되어야 한다. 민주당이 '3무 1반 보편적 복지'에 머물러 있는 동안에 '박근혜 복지'를 당론으로 채택한 새누리당과 정부는 복지와 증세를 패키지 전략으로 추진했다. 이명박 정권은 소득 보장의 사각지대를 해소하기 위해 저소득 노동자의 사회보험료 지원을 추진했다. 또한 기초 생활 보장 제도의 사각지대를 해소하기 위해 부양 의무자 기준을 완화했고, 기초 노령연금을 인상하고, 근로 장려 세제를 강화하고, 취업 활동 수당을 신설했으며, 0~5세 무상 보육을 실시하는 등의 조치를 추진했다. 아울러 공공 부문에서 일하는 비정규직 노동자를 정규직(무기 근로자)으로 전환하고, 부자 증세를 위한 소득세 최고 구간을 신설하기도 했다. 반면에 민주당은 '박근혜 복지'와 새누리당에 밀려 구체적 대안을 제시하는 데서 뒤처졌다. 이는 민주당의 '3무 1반 보편적 복지'가 사회서비스에 치우쳐 소득 보장을 위한 구체적 방안을 소홀히 다루는 한계에서 비롯되었다고 해도 과언이 아니다. 결국 민주당은 대통령 선거 과정에서 보편주의 복지를 수혈한 박근혜 후보에게 복지 이슈에서 밀리며 패배했다.

3) 복지국가소사이어티의 '역동적 복지국가'

복지국가소사이어티의 '역동적 복지국가 모델'은 한국 정치에서 복지국가를 전면에 내걸고 복지 연합을 형성할 수 있는 논리와 전략을 제공한다. 복지국가소사이어티는 한국 사회가 안고 있는 사회문제를 신자유주의 경제체제가 가져온 5대 불안(일자리, 보육 및 교육, 주거, 노후, 건강)으로 진단한다. 역동적 복지국가 모델은 존엄·연대·정의의 3대 가치를 추구하며, 이를 위해 보편적 복지, 적극적 복지, 공정한 경제, 혁신적 경제라는 4대 원칙을 내세운다(이상이 2009). 이를 세부적으로 살펴보면 다음과 같다.

첫째, 보편적 복지이다. 보편적 복지는 헌법상의 사회적 권리를 구현하기 위한 것이다. 보편적 복지 체계를 확립하기 위해 모든 사회 구성원이 인간다운 삶을 살 수 있도록 사회적 기본 소득을 보장하는 각종 제도적 장치들(아동 수당, 실업 수당, 상병 급여, 연금 등)을 빈틈없이 법제화하고, 출생부터 사망에 이르는 전 생애 과정에 걸쳐 각종 사회 서비스(건강 및 의료, 보육, 교육, 주거, 고용, 요양 및 복지 관련 서비스)를 보편적으로 제공받도록 제도적 장치를 법제화할 것을 제안한다.

둘째, 적극적 복지이다. 적극적 복지는 국민 개개인에게 균등한 기회를 보장하고, 사회 구성원이 잠재능력을 극대화하기 위해 인적 자본과 사회적 자본을 확대·강화하는 것이다. 맞춤형 특성화 교육 체계를 확립하고, 대상별 능력 계발 복지 체제를 구축하며, 적극적 노동시장 정책과 노동시장의 유연 안정화를 추진할 것을 제안한다.

셋째, 공정한 경제다. 균형·안정·협력의 경제구조를 확립하기 위해서는 기업 지배 구조의 투명화, 공정한 대기업·중소기업 관계, 산업자본에 조응하는 생산적·장기적 금융자본, 금융의 공공성과 중소기업 지원, 협력적 노사 관계 확립과 노동권 신장, 연대적·누진적 조세제도 확립을 요구한다. 이를 위해 민주 정부가 시장과 경제에 강력히 개입해 책임 있는 역할을 담당하는 것이 중요하다.

넷째, 혁신적 경제이다. 지식 기반 경제에서는 창의성·다양성·유연성이 더욱 요구되고 혁신적 중소기업이 중요한 위치를 점한다. 이는 생산 영역의 혁신을 요구하는데, 이때 불가피하게 파생되는 최소한의 구조 조정에 대비한 사회적 대응 체계를 만들어야 한다. 그 요체는 보편주의 원리에 따른 보편적 적극적 복지이다.

이상의 네 가지 원칙들은 유기적으로 연계되어 총체적으로 작동하는 국가 발전 모델이다. 역동적 복지국가 모델은 경제성장 우선주의에 억눌려 지체된 사회적 영역을 국가의 강력한 개입을 통해 대대적으로 확장하고, 전 국민을 대상으로 보편주의 사회정책을 시행하며, 경제정책과 사회정책의 조화와 조정을 도모한다. 또한 보편적 복지국가를 전면에 내세우고 복지를 위한 증세를 주장한다. 따라서 역동적 복지국가에서 추진하는 4대 핵심 영역은 북유럽 보편주의 복지국가의 특성과 일치한다.

그러나 역동적 복지국가론은 그 실현 가능성에서 비판을 면하기 어렵다. 복지국가는 진공 속에서 발전하는 것이 아니다. 복지국가는 자본주의 체제의 유지·발전을 위한 필수적 요소이지만, 복지국가의 모습은 그 나라의 역사·문화적, 사회경제적, 그리고 무엇보다 분배 정치의 산물이다. 따라서 한국의 복지국가 발전 전략을 수립할 때 정치적 실현 가능성, 경제적 부담 가능성, 사회적 수용성 등을 고려해야만 한다. 잘 알려진 바와 같이, 한국의 복지국가는 저발달되었으며, 서구 복지국가에서 국가가 담당하는 역할의 상당 부분을 시장·가족·기업 등이 담당해 왔다. 2005년 한국의 사회복지 지출 수준은 GDP 대비 7.1퍼센트로 스웨덴의 30.1퍼센트에 비해 4분의 1 수준에 머물러 있다. 또한 한국은 조세 부담률과 국민 부담률이 각각 GDP 대비 20.2퍼센트, 25.5퍼센트 수준으로 스웨덴의 36.3퍼센트, 49.5퍼센트와 비교해 크게 낮다(OECD 2010).[3] 단순화하면, 한국이 스웨덴식의 보편적 복지 모델을 유지하기 위해서는 국민들이 지금보다 두 배가량 세금과 사회보험료를 더 부담해야 한다. 역동적 복지국가론에서 밝혔듯이 북유럽의 스웨덴을 선호할 수는 있겠으나, 한국 현실에서 스웨덴 모델은 가능하지 않다. 한국 국민들은 복지 수혜 욕구는 강하지만 복지를 위한 부담에는 매우 인색하며, 정부에 대한 신뢰 또한 강하지 않다는 사실을 주목해야 한다.[4]

역동적 복지국가론에서 주장한 보편적 복지라는 이념과 구호가 복지 담론을 견인한 역할을 인정하지만, 보편적 복지의 이데올로기에 갇혀 선별주의의 중요성을 무시해서는 안 된다(김진석 2010). 아울러 복지국

---

3) 사회복지 지출, 국민 부담률, 조세 부담률에서 OECD 평균은 20.6퍼센트, 26.7퍼센트, 35.8퍼센트이다(OECD 2010).

4) 기획재정부와 보건복지부가 의뢰한 한국리서치 조사(2011년 1월) 자료에 따르면, "저출산·고령화와 관련해 사회적인 지원책을 대폭 늘릴 경우 재원 마련을 위해 추가적인 재정 부담을 할 의향이 있느냐?"라는 질문에 "더 할 의향이 없다."라는 응답이 69.5퍼센트였으며, "더 할 의향이 있다."라는 응답은 30.5퍼센트였다.

가소사이어티에서 주장하는 스칸디나비아식 복지 모델, 특히 스웨덴은 세계화의 변화에 맞추어 사회보장제도와 노동시장을 지속적으로 개혁해 왔다는 점을 기억해야 한다. 그래야만 복지 논쟁을 공허한 이데올로기 대립으로 몰아가지 않을 수 있다.

4. 나가며 : 복지 담론의 발전 방향

최근 한국의 복지 담론들을 이데올로기 측면에서 살펴보면, '박근혜 복지'와 민주당의 '3+1 보편적 복지'는 제3의 길의 아이디어를 적극적으로 차용한다는 것을 알 수 있다. 인적 자본에 대한 투자를 강조하고, 미래의 시민·노동자로서 아동에게 우선적 관심을 두고, 사회적 시민권을 노동의무에 상응해 부여하고, 사회적 평등을 증진하기 위한 소득재분배보다 기회의 평등을 증진하기 위한 교육·보육 등 사회 서비스에 초점을 두며, 성장 친화적인 사회정책을 강조한다는 공통의 특징을 지닌다. '박근혜 복지'와 민주당의 '3+1 보편적 복지'가 모두 영국의 신노동당이 추구했던 사회 투자 국가의 정책 패키지를 채택하고 있음을 알 수 있다. 그러나 두 담론 간에 차이가 없는 것은 아니다. 박근혜 복지가 고용 복지 모델에서 볼 수 있었던 것처럼 아직까지 주로 취약 계층만을 대상으로 하는 선별적 복지 노선에서 크게 벗어나지 않고 있기 때문이다. 보편주의 복지국가에서 모든 국민들에게 인간다운 삶을 영위할 수 있는 실질소득을 보장하며, 의료·교육·보육·고용·주거 등의 사회 서비스를 국가가 제공하는 것과는 다른 모습이다. 이에 비해 민주당의 '3+1 보편적 복지'는 의료·보육·급식에서 무상 서비스와 반값 등록금을 주장하며 보편적 복지 노선을 강조하고 있다. 그럼에도 두 복지 담론 간에는 차이점보다는 유사점이 더 많다. 한편, 역동적 복지국가론은 복지국가소사이어티가 공식적으로 표명한 바와 같이 사회민주주의에 기반하고 있다.

그러나 복지 논쟁은 이데올로기 수준에서만 논의되어서는 안 된다. 슈미트(Schmidt 2008, 310)가 설명한 개념을 빌려 말하자면, 복지 담론은 정책 과정에서 조정적 담론coordinative discourse 역할을 수행해야 한다. 그러기 위해서는 복지 담론이 한국 복지국가의 주관적·객관적 상황을 분석하는 데서 출발해 미래 복지국가의 좌표를 설정하고 구체적인 정책 대안들과 이를 위한 재원 조달 등의 실현 방안들을 포함해야 한다. 오늘날 한국의 복지국가는 시장의 불평등을 효과적으로 완화하지 못하고 있다. 소득 재분배를 통해 사회 통합을 모색해야 하는 사회보장제도가 사각지대로 인해 오히려 사회적 차별을 강화하고 있는 형국이다. 이에 따라 한국의 복지국가는 사회적 갈등을 완화·관리하는 데 취약하고, 사회적 연대를 높이는 방향으로 사회를 재계층화하지 못하고 있다. 복지 담론은 무엇보다도 이 같은 한국의 복지 체제 현실을 인식하는 데서 출발해야 한다. 한국의 복지 담론이 국민들에게 희망과 기대를 심어 주고 정치적 행동을 이끄는 의사소통적 담론으로 기능하기 위해 한국 복지 체제가 안고 있는 당면 문제에서 출발해 그 해결책을 제시할 수 있어야 한다. 한국 복지국가가 안고 있는 소득 보장의 사각지대라는 당면 문제는 사회 서비스를 확대한다고 해서 해결될 수 없다. 모든 국민이 인간답게 살 수 있는 권리(사회권)가 보장되지 못하는 한국 현실에서 교육·일자리·보육 등에 대한 기회의 평등보다도 인간다운 삶을 유지할 수 있는, 국민 기본선을 보장하는, 결과의 평등에 대한 배려가 전제되어야 한다. 실적주의에 바탕을 둔 노동시장에서 경쟁에 패배해 밀려난 노동자들이 겪는 빈곤은 기회의 평등을 추구하는 것만으로 해결되지 않는다. 한국의 복지국가가 더 많은 기회보다 더 높은 정의를 추구하기 위해 소득 보장에 대한 근본적인 개혁 방안이 복지 담론에 포함되어야 한다.

또한 최근의 복지 담론에서 노동의 목소리가 실종되어 있다. 그동안 노동의 요구를 담아낼 수 있는 노동자 정당이 활성화되지 않았고, 서구의 정치체제에서 이루어진 민주적 계급투쟁이 효과적으로 이루어질 수 없었으며, 그 결과 복지국가가 저발전했다(고세훈 2003). 한국의 사회보장제도는 낮은 노동비용을 토대로 비교 우위를 유지하려는 기업의 요구를 수용하면서 형성·발전되었다. 한국 기업이 국제무역 시장에서 누려 왔던, 저임금에 기초한 비교 우위를 떨어뜨려서는 안 된다는 생산 체제의 요구와 함께, 사회보장에 필요한 정부의 재정 부담을 최소화하려는 정부의 태도는 한국 사회보장제도의 발전을 제약하는 주요 요인이었다. 그 결과 사회보험에서 국가의 재정 부담과 책임을 가능한 한 최소화했고, 사회보험의 적용 범위를 기여금 납부 능력과 연계해 선별적으로 도입했으며, 낮은 보험료 부담과 맞물려 낮은 급여를 제공하는 사회보험제도를 형성하게 되었다. 그 결과 한국 복지 체제하에서 국가는 사회복지 공급 측면에서 소득 이전자, 서비스 공급자, 재원 보조자 역할에 소극적이면서, 규제자 역할에만 치중하게 되었다(신동면 2011). 노동의 요구가 실종된 복지 체제는 정규직과 비정규직 노동자 간의 소득 보장 차이를 가져오는 신분의 차별을 낳았고, 노동시장의 1차적 분배 구조를 개선하지도 못했다. 따라서 복지 논쟁에서 노동의 요구를 담아낼 수 있어야 한다는 점이 중요하다. 이를 위한 정치제도 조건을 구비해 가야 한다. 출발은 당연히 비례대표제의 개혁에서부터 시작되어야 한다. 비례대표제의 강화로 구조화된 다당제(좌파, 우파, 중도좌파, 중도 우파)의 발전을 견인해야 한다. 그런 후에 분권형 권력 구조 개편을 추진하는 것이 필요하다. 이런 과정을 거쳐 노동 민감도가 높은 포괄형 연립정부가 구성되어 합의제 민주주의가 정착될 때 노동의 목소를 체계적으로 담아낼 수 있다(최태욱 2013, 77).

끝으로, 복지 담론에서 경제개혁의 문제가 간과되어서는 안 된다. 복지국가는 복지만으로 성취되는 것이 아니며 경제 구조의 변화를 동반해야 한다. 정부가 사회 임금을 통해 재분배를 추구한다 해도, 노동시장의 1차적 분배 구조의 불합리성과 격차를 해소할 수는 없다. 대기업과 중소기업, 정규직과 비정규직 간에 양극화 양상을 보이는 고용과 임금 구조가 개편되어야 하고, 일자리를 창출하지 못하는 성장이 아니라 고용을 창출하는 방향으로 산업 정책이 추진되어야 한다. 자본과 노동 간의 관계가 대결적 관계에서 벗어나 협력적 관계를 형성할 수 있도록 노사관계가 변화되어야 한다. 산업별 노동조합이 발전할 수 있는 제도적 토대와 사회적 합의 체계를 구축할 방안들이 포함되어야 한다. 복지 담론에서 노동시장의 1차적 분배와 정부에 의한 2차적 분배의 변화 방안을 동시에 담아내야 한다. 1차적 분배 구조상의 문제가 해결되지 않는다면 2차적 분배 체계에서 보편적 복지를 강화하기 어려울 뿐만 아니라 지속가능하기 어렵기 때문이다.

참고문헌

고세훈. 2003. 『국가와 복지』. 아연출판부.

김연명. 2011. "한국 복지국가의 진로와 과제." 『계간 광장』 봄호.

김원섭. 2010. "한국형 복지국가 건설 토론문."

김진석. 2010. "복지 담론에 대하여." 『황해문화』 겨울호.

민주당. 2010. "뉴민주당의 약속: 사회복지 보건분야."

_____. 2011/01/13. "'무상 보육', '대학생 반값 등록금' 실현 및 보편적 복지 정책 추진을 위한 재원조달 방안." 정책위원회 보도 자료.

_____. 2011/01/30. "3+1 보편적 복지 정책 소요재원 조달 방안." 민주당 보편적 복지 재원조달 방안 기획단 보도 자료.

_____. 2011/01/06. "실질적 무상의료 실현을 위한 건강보험 보장성 강화 추진." 정책위원회 보도 자료.

박근혜. 2010/12/20. "사회보장기본법 전부개정을 위한 공청회: 한국형 복지국가 건설."

_____. 2011/11/01. "고용·복지 정책세미나: 국민중심의 한국형 고용·복지 모형구축."

박호성. 2005. 『사회민주주의의 역사와 전망』. 책세상.

신동면. 2011. "복지없는 성장." 유종일 엮음. 『박정희의 맨얼굴』. 시사IN북.

안상훈. 2010. "한국형 복지국가의 비젼과 전략." '국회의원 박근혜, 사회보장기본법 전부개정을 위한 공청회 : 한국형 복지국가 건설'(2010/12/20).

안종범. 2011. "고용과 복지를 연계하는 최적 정책조합." '국회의원 박근혜, 고용·복지 정책세미나: 국민중심의 한국형 고용복지 모형 구축'(2011/11/01).

이삼열. 2011. "유럽 사회민주당의 위기와 혁신 과제." FES-Informaton Series.

이상이 엮음. 2009. 『역동적 복지국가의 논리와 전략』. 밈.

이창곤. 2010. 『어떤 복지국가에서 살고 싶은가』. 밈.

정무권. 1999. "국민의 정부의 사회정책: 신자유주의로의 확대? 사회 통합으로의 전환?." 안병영·임혁백 엮음. 『세계화와 신자유주의: 이념, 현실, 대응』. 나남.

정책기획위원회. 2006. "사회비전 2030 : 선진복지국가를 위한 비전과 전략." 대통령자문 정책기획위원회.

최태욱. 2013. "'경쟁력을 위한 사회합의주의' 발전의 정치제도 조건: 네덜란드와 아일랜드, 그리고 한국." '한림국제대학원대 SSK 대안거버넌스연구사업팀, 한국의 사회갈등 문제와 거버넌스 체계의 모색'(2013/04/24, 한겨레신문사).

Cantillon, B. 2011. "The Paradox of the social investment state: growth, employment and poverty in the Lisbon era." *Journal of European Social Policy*. 21(5): 432-449.

Esping-Andersen, G. 1990. *The Three Worlds of Welfare Capitalism*. Princeton: Princeton University Press.

Friedman, M. 1962. *Capitalism and Freedom*. Chicago University Press.

Friedman, M. and R. Friedman. 1980. *Free to Choose: a Personal Statement*. New York: Harcourt Brace Jovanovich.

Gamble, A. and A. Wright. 1999. *The New Social Democracy*. Oxford: Blackwell.

Giddens, A. 1998. *The Third Way: The Renewal of Social Democracy*. London: Polity.

George, V. and P. Wilding. 1981. *Ideology and Social Welfare*. London: Routledge.

Hayek, F. 1960. *The Constitution of Liberty*. London: Routledge.

Jessop, Bob. 1994. "The transition to Post-Fordism to the Schumpeterian Workfare State." in R. Burrows and B. Loader(eds.). *Toward Post-Fordist Welfare State?*. London: Routledge.

Kay, L. 1998. "Evolutionary Politics." *Prospect*. July: 31-35.

Lister, Jane. 2002. "The Third Way's Social Investment." in Jane Lewis and Rebecca Surender(eds.). *Welfare State Change: Towards a Third Way*. Oxford: OUP.

Marshall, T. H. 1975. *Social Policy*. London: Hutchison.

Minford, P. 1991. "The role of the social services: A view from the New Right." M. Loney et al. eds. *The State or the Market: Politics and Welfare in Contemporary Britain*. London: Sage.

Murray, C. 1982. *Losing Ground*. Basic Books.

Niskanen, Jr., William A. 1971. *Bureaucracy and Representative Government*. Chcago: Aldine.

OECD. 2010. *Social Expenditure: Aggregated data 2008/12*.

Peck, J. 2001. *Workfare states*. New York and London: Guilford Press.

Polanyi, K. 1957. *The Great Transformation: The Political Economic Origins of Our Time*. Boston: Beacon Press.

Ruggles, Patricia and O'Higgins. 1987. "Retrenchment and the New Right: A Comparative Analysis of the Impacts of the Thatcher and Reagan Administrations." in Martin Rein, G. Esping-Andersen and L. Rainwater(eds.). *Stagnation and Renewal in Social Policy: The Rise and Fall of Policy Regimes*. Armonk, NY: M.E. Sharpe.

Schmidt, V. A. 2008. "Discursive Institutionalism: The Explanatory Power of Ideas and Discourse." *Annual Review of Political Science*. 11: 303-326.

Seldon, A. 1987. *The New Economics, Study Guide*. No 2. London: Libertarian Alliance.

Walker, R. 1998. "The Americanization of British welfare: a case study of policy transfer." *Focus*. 19: 32-40.

Wolf, Jr., Charles. 1988. *Markets or Governments: Choosing between Imperfect Alternatives*. Cambridge, MA: MIT Press.

Wren, A. 2000. "Distributional Tradeoffs and Partisan Politics in the Postindustrial Economy." Ph.D. Dissertation, Department of Government, Harvard University.

3장

경제민주화와 복지국가

상호 보완성과 추진 전략

유종일

1. 들어가며

최근 한국 사회는 글로벌 금융 위기로 인한 저성장과 신자유주의의 폐해로 인한 양극화가 동시에 진행됨으로써 중산층과 서민의 생활수준과 삶의 질이 저하되고 미래를 위한 인적 자본 투자에 지장을 초래하고 있는 실정이다. 특히 부자 감세와 규제 완화 및 고환율 정책을 중심으로 한 이명박 정부의 고도성장 정책은 재벌 독식 현상을 심화시켜 시장 만능주의 정책에 대한 국민적 반감이 고조되었다. 이런 배경에서 수년 전부터 한국 사회가 지향해야 할 미래상으로 한편으로는 복지국가 담론이 제기되었고 다른 한편으로는 경제민주화 담론이 제기되었으며, 이는 2012년 총선과 대선을 앞두고 정치권에서 급격하게 확산되었다.

복지국가 담론과 경제민주화 담론은 모두 시장 만능주의적 경제사회 정책에 대한 비판과 대안을 담고 있지만 각각이 다루는 정책 영역이나 문제 해결을 위한 접근법은 상이하다. 따라서 흔히 경제민주화와 복지국가는 별개의 독립적인 과제로 제시된다. 하지만 경제민주화 담론이 주로 다루고 있는 경제체제 혹은 생산 체제와 복지국가 담론이 주로 다루고 있는 복지 체제 사이에는 불가분의 관계가 있다. 복지 체제는 소비와 노동력 재생산의 밑바탕이 되고, 인적 자본 형성과 경제활동 유인에 영향을 미침으로써 생산 체제와 긴밀하게 연결되어 있기 때문이다. 따라서 경제민주화와 복지국가 사이의 유기적 관계를 바르게 설정하고 통합적인 사회경제 정책을 설계해야 정책의 적실성을 제고할 수 있다.

이런 관점에서 이 글은 경제민주화 정책과 복지 정책 사이의 연관관계를 규명하고, 경제민주화 담론과 복지국가 담론을 검토한다. 이런 논의를 토대로 경제민주화와 복지국가 사이의 상호 보완성을 밝히고자 한다. 나아가 한국 경제의 구조적 특성이 복지 체제에 관해 어떤 함의를 갖는지를 살펴봄으로써 경제민주화와 복지국가 건설이 어떻게 맞물려 추진되는 것이 바람직할지를 따져 보고자 한다. 기업 생태계에서 나타나는 재벌 독식 현상 및 영세기업과 자영업의 과다 현상, 노동시장의 이중구조와 분절화 등 한국 경제의 구조적 특징을 고려하지 않고서는 지속 가능한 복지 체제를 설계할 수 없기 때문이다.[1] 한편으로는 구조적 제약하에서 소득 보장 및 사회 서비스 프로그램을 현실적으로 설계해야 하고, 다른 한편으로는 구조 개혁을 통해 보편적 복지에 부합하는 경제구조를 만들어 가야 한다. 이런 과정에서 정책의 우선순위와 증세 전략 등 정책 추진의 전략과 방법의 문제가 제기된다. 여기서는 이와 관련해 기본적인 지침이 될 원칙들을 제시하고자 한다.

아래에서는 경제체제와 복지 체제 사이의 연계 관계를 살펴본다. 다

1) 이와 관련한 한 가지 논란거리는 재벌 개혁이다. 복지국가 건설을 위해서는 재벌과의 타협을 먼저 해야 한다는 주장과 오히려 재벌 개혁이 전제가 되어야 한다는 주장이 맞서고 있다. 대표적으로 전자는 장하준·정승일·이종태(2012), 후자는 이병천(2012) 참조.

음으로는 경제민주화와 복지국가 담론을 검토하고 양자 간의 상호 보완성을 규명한다. 그리고 복지국가를 제약하는 한국 경제의 구조적 특성을 살펴본 후, 마지막으로 정책 추진의 원칙과 전략을 논의한다.

2. 경제체제와 복지 체제 사이의 연계성

1) 생산-재생산의 연계 고리

경제 시스템은 생산과 분배와 소비, 그리고 투자와 인적 자본의 축적 및 노동력의 재생산을 포괄하는 시스템이다. 복지 시스템은 이 전 과정에 영향력을 미치지만 직접적으로 관여하는 것은 재분배와 소비, 그리고 인적 자본의 축적 및 노동력의 재생산이다.

복지 시스템은 경제활동의 결과로 발생하는 일차적 소득분배와 개인의 가처분소득 사이에 차이를 발생시킨다. 현금 및 현물급여로 구매력을 증가시키며, 또한 복지 재원을 위한 조세나 사회보장 부담금 부과로 인한 소득의 감소도 있다. 이런 소득 혹은 구매력의 증가와 감소는 각 개인에게 상이하게 작용해 소득의 재분배를 이루게 된다. 이런 재분배는 소비수준에 직접적인 영향을 미친다. 그리고 소비 중에서 의식주, 건강과 의료, 보육, 여가와 문화 소비 등은 노동력의 재생산으로 이어지며, 교육과 훈련은 인적 자본을 증가시킨다. 이로써 다시 생산에 투입되는 생산요소가 재생산되고 증가하는 것이다. 이렇게 보면 복지 시스템은 경제순환의 일부분을 이루며, 경제순환이 잘 이루어지도록 경제 시스템을 보완하는 역할을 하는 것으로 볼 수 있다.[2)]

2) 복지와 공정 및 효율

복지 시스템은 경제의 공정성과 효율성에 상당한 영향을 미치며, 경제성장에도 상당한 함의를 지닌다. 복지는 무조건 공정성을 제고한다거나 효율과 성장에는 악영향을 미친다거나 하는 식의 주장은 편견에 불과하며, 복지 시스템의 설계에 따라 그 영향은 달라진다.

경제의 공정성은 경쟁의 사전 단계와 경쟁 과정, 그리고 경쟁 이후의 단계로 나누어 볼 수 있다. 경쟁의 공정성은 순수한 경제 시스템에 의해 결정되지만 경쟁의 사전 단계와 사후 단계에서의 공정성은 복지 시스템이 좌우한다. 경쟁의 사전 단계란 경쟁을 준비하는 과정이다. 신체의 발달과 지식 및 숙련의 획득을 위해 누구나 동일한 기회와 자원을 보장받는 것이 가장 공정하다고 할 수 있을 것이다. 예를 들어, 롤스John Rawls의 정의론에 의하면 공직자를 선발하는 데 모두에게 공평하게 기회를 보장하는 것뿐만 아니라 선발 기준에 맞추어 준비하는 것도 누구나 원하면 할 수 있어야 공정하다는 것이다. 교육에서 가정환경의 영향을 완전히 배제하는 것은 불가능하지만 양질의 공교육을 국가가 보편적으로 제공함으로써 상당한 수준의 공정성을 실현하려는 것이 복지국가의 이상이다. 특히 조기교육이 아동의 향후 지적 발달에 큰 영향을 미치는 것으로 나타남에 따라 조기교육을 의무화하고, 보육 지원을 확대하는 것이 최근의 경향이다. 고등교육이나 직업교육의 경우에는 본인의 의사와 능력에 의해 공정한 선발 기준에 따라 교육을 받을 수 있도록 하면 된다. 어떤 경우에도 가정환경에 의해 교육 기회가 크게 영향을 받지 않

---

2) 이런 시각이 지나치게 경제 중심주의로 느껴진다면 거꾸로 경제의 궁극적인 목표는 개인과 사회의 복지 수준을 향상시키는 데 있다는 점을 상기할 필요가 있다.

그림 3-1 | 부모의 월소득에 따른 자녀의 대학 진학 분포율 (단위 : %)

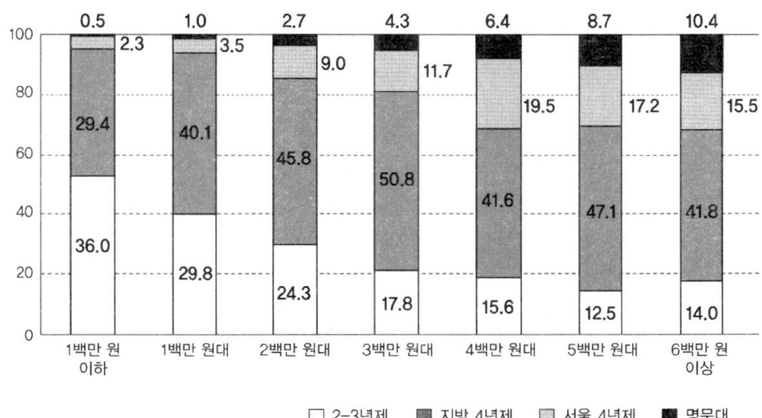

자료 : KEDI(2006).

도록 해야 한다.

우리나라의 경우 교육 불평등이 매우 심각하다(〈그림 3-1〉). 한편으로는 서열화 교육과 입시 경쟁이, 다른 한편으로는 공교육의 부실이 사교육을 부추기고 있으며, 실제로 사교육이 대학 입학에 상당한 영향을 미치고 있다. 특히 영어의 경우 부유층과 빈곤층 사이의 사교육비 격차와 점수 격차가 매우 큰 것으로 나타나고 있다(김희삼 2011). 대학 진학 이후에도 교육 기회의 불평등은 심각하다. 절대액으로 세계 2위 수준이며 소득 대비로는 압도적 1위인 비싼 등록금 때문이다. 취업난이 심화됨에 따라 대학 졸업 이후에도 이른바 스펙 경쟁이 일어나고 있으며, 이는 불평등을 가중시키고 있다.

복지는 또한 경쟁의 사후 단계에서 경제의 공정성을 담보하는 데도 역할을 한다. 이는 곧 경쟁에서 실패한 자들에게 재기의 기회를 제공하는 것을 말한다. 복지의 이런 측면을 사회 안전망이라고 한다. 경쟁에서

한 번 실패했다고 영원히 낙오자로 만드는 것은 매우 불공정한 일이다. '운칠기삼'運七技三이라는 말도 있듯이 시장경제에서 성공과 실패에는 능력과 노력 이외에 운도 많이 작용하기 때문이다.[3] 우리나라의 경우 부실한 사회 안전망 때문에 절망의 나락으로 떨어지는 이들이 많다. OECD 1위의 자살률이 그 한 결과다. 최근 부쩍 이슈가 되고 있는 반사회적 강력 범죄도 마찬가지다.

복지 시스템은 세 가지 경로를 통해 경제의 효율성에도 영향을 미친다. 하나는 바로 공정성이다. 공정할수록 효율적이다. 능력과 노력이 아닌 집안 배경이나 운에 따라 성패가 결정된다면 그만큼 능력을 개발하고 노력을 기울일 이유가 없어지기 때문이다. 두 번째 경로는 복지 혜택의 제공에 따른 근로 유인의 감소나 특정 서비스의 과소비 등 경제적 유인을 왜곡하는 효과에 의해 효율성이 저하되는 것이다. 지나치게 후한 실업수당이 구직 활동을 게을리하도록 유도한다든지 의료보험 때문에 과잉 진료를 하게 된다든지 등의 경우가 여기에 해당한다. 복지 정책을 설계할 때 이런 문제를 최소화하기 위해 다양한 제도적 장치를 강구하는 것이 일반적이다. 마지막으로 복지는 재원을 필요로 하기 때문에 조세 부담을 증가시키고, 조세 부과에 따른 사중 손실deadweight loss을 초래한다.

복지 시스템이 효율성에 미치는 영향은 이렇게 복합적이어서 그 방향을 이론적으로 단정할 수는 없다. 가급적 공정성 제고 효과는 극대화하고 유인 왜곡 효과는 최소화하는 방향으로 구체적인 정책 설계를 하는 것이 중요하다.

---

3) 최근 『뉴욕타임스』에 실린 칼럼에 이를 뒷받침하는 흥미로운 연구가 소개된 바 있다(Frank 2012).

3) 복지와 경제성장

복지 시스템이 경제성장에 미치는 영향도 크게 세 가지 경로로 나누어 볼 수 있다. 첫째는 효율성 경로다. 효율성이 높을수록 기존의 자원이 잘 활용되어 경제성장에 도움이 될 것이다. 이른바 '복지병'이라는 말은 복지 시스템이 초래하는 비효율이 커서 경제성장에 악영향을 미치는 현상을 지칭한다. 두 번째 경로는 인적 자본 축적의 성장 효과이다. 인적 자본 투자는 전형적으로 '시장의 실패'가 일어나는 영역이다. 돈이 없어서 효율적인 투자를 하지 못하는 경우가 빈발한다는 것이다. 따라서 복지 시스템이 건강과 의료, 보육과 교육 및 직업훈련 등의 사회화를 통해 인적 자본 축적에 기여하는 만큼 성장률을 제고하는 효과를 나타낸다. 마지막으로 복지는 안정적인 유효수요를 형성하는 데 도움을 준다. '자동 안정화' 기능을 통해 경기변동을 완화해 줌으로써 투자를 촉진하는 효과가 있고, 소득분배를 개선해 소비성향이 높은 저소득층의 소득을 높임으로써 소비 수요를 제고하는 효과가 있다.

이와 같이 복지는 경제성장에 도움이 되는 측면과 경제성장을 저해하는 측면을 모두 지니기에 성장에 대한 효과를 이론적으로 단정할 수 없다. 역시 복지 정책을 얼마나 효율적으로 잘 설계하느냐에 따라 최종적인 결과는 달라질 것이다. 실제로 복지 지출이 경제성장에 미치는 영향에 관한 실증 연구들은 대체로 특별한 영향이 없는 것으로 결론을 내리고 있다(Mares 2010). 애킨슨(Atkinson 1999)이 복지국가의 규모와 GDP 성장률과의 관계를 규명한 기존 연구들을 추적해 종합한 〈표 3-1〉은 이런 사실을 잘 보여 준다.

시장경제를 신봉하는 경제학자들이 복지가 클수록 경제성장이 부진할 것이라는 선입견을 가지고 이런 가설을 데이터에서 확인하고자 수없

표 3-1 | 복지 수준과 경제성장의 관계

연구	분석 대상 자료의 범위	분석 대상 기간	분석 대상 국가	영향*
Landau(1985)	시계열/횡단면 통합	1952~76년	OECD 16개국(일본 포함)	통계적 의미 없음
Korpi(1985)	시계열/횡단면 혼합	1950~73년	OECD 17개국(일본 제외)	0.9% 하락
Weede(1986)	시계열/횡단면 통합	1960~82년	OECD 19개국(일본 포함)	1% 상승
McCallum and Blais(1987)	시계열/횡단면 통합	1960~83년	OECD 17개국(일본 포함)	0.5% 하락
Castles and Dowrick(1990)	시계열/횡단면 통합	1960~85년	OECD 18개국 (일본 포함 또는 제외)	0.3~0.4% 하락
Weede(1991)	시계열/횡단면 통합	1960~85년	OECD 19개국(일본 포함)	0.5% 상승
Sala-i-Martin(1992)	횡단면	1970~85년	전 세계 74개국	0.6% 하락
Nordstrom(1992)	횡단면	1977~89년	OECD 14개국 (일본 포함 또는 제외)	0.6% 상승
Hansson and Henrekson(1994)	국가 간/산업 간 횡단면	1970~87년	OECD 14개국(일본 포함)	통계적 의미 없음
Persson and Tabellini(1994)	횡단면	1960~85년	OECD 13개국(일본 포함)	0.3% 상승

주 : * 사회 복지 지출 5%p 감축이 경제성장률에 미치는 영향.
자료 : Atkinson(1999, 〈Table 2.1〉).

이 시도했지만 대부분 그 가설을 포기할 수밖에 없었던 것이다. 대부분의 복지국가들이 효율성 감소를 최소화하는 방향으로 복지 정책이나 조세정책을 설계하기에 복지의 성장 촉진 효과가 이를 충분히 상쇄하기 때문이다(Lindert 2004). 잘 설계된 복지 정책은 오히려 성장률을 제고할 수 있다는 연구 결과도 있다(Perotti 1996).

4) 경제체제와 복지 체제 사이의 조응 관계

앞서 살펴본 바와 같이 경제체제와 복지 체제는 긴밀하게 연관되어 있기 때문에 양 체제 사이에 최소한 양립 가능성이 요구되며 흔히 제도적 보완성이 존재한다(Amable 2003). '자본주의 다양성'varieties of capitalism, VOC 논의에서는 노사 관계, 금융 제도, 기업 지배 구조, 숙련 체제, 혁신 체제 등 다양한 경제 제도가 상호 보완적 관계를 형성한다는 것을 강조한다(Hall and Soskice 2001). 한 제도의 효율성은 다른 제도들에 의해 결정되기 때문이다. 최근에는 이런 논리를 자연스럽게 복지 체제에까지 적용해 경제체제의 다양한 제도적 특성들이 복지 체제의 형성에 어떤 영향을 주었는지를 밝히는 연구가 활발하다.[4] 이들은 생산 레짐을 구성하는 다양한 제도들이 복지 체제와 맺는 연관성을 밝히는 데 관심을 둔다.

일례로 숙련 형성 체제와 복지 체제의 연관 관계를 들 수 있다. 고용보호, 고용 보험, 소득 보장, 적극적 노동시장 정책 등 노동자에 대한 사회적 보호가 강하면 노동자는 기업 특수적인firm-specific 숙련에 투자할 유인이 커진다(Estevez-Abe et al. 2001). 이에 따라 기업의 경쟁력이 향상되는데 세계화에도 불구하고 강력한 복지 체제들이 유지되고 있는 것은 아마도 이 때문일 것이다. 우리나라의 사례로는 민주화 이후 노조가 사회보장을 확대하는 데 나서지 않고 임금 인상과 기업 복지 확대에 치중한 이유를 기업별 노조로 파편화되어 있는 노동의 조직화 양식에서 찾는 양재진(2004)의 연구가 있다.

생산 레짐과 복지 체제 간의 제도적 보완성을 주장하는 생산 레짐 이론은 에스핑-안데르센의 복지 체제 유형론이 지닌 한계를 보완하고 있다. 즉 복지 체제의 발전 과정에서 생산 체계와의 연관 관계 그리고 복지 제도의 형성과 유지에 대한 자본가들의 이해와 역할을 고려함으로써 복지 체제의 발전 메커니즘을 좀 더 체계적으로 이해할 수 있도록 도와준다(정무권 2007). 하지만 생산 레짐과 복지 체제 간의 제도적 보완성은 그 관계가 체계적이라기보다는 아직까지 단순히 부분적 적합의 개연성을 보여 주는 데 그치고 있는 실정이다(안재흥 2004). 신동면(2009)은 제도적 보완성과는 조금 다른 각도에서 생산 레짐과 복지 체제 사이에 선택적 친화성elective affinity이 존재한다고 주장한다. 생산 레짐과 복지 체제

4) 이런 연구로는 Mares(2001), Crouch(2005), Estevez-Abe et al.(2001), Iversen(2005), Streeck and Thelen(2005) 등을 꼽을 수 있다.

를 구성하는 제도적 요소들이 공히 정부 정책의 영향을 받으며 형성되기 때문이다.

이런 논의를 포괄적으로 종합하면 경제체제의 특성과 복지 체제의 특성 사이에 일정한 조응 관계가 성립한다는 것이다(Iversen 2005). 자본주의 다양성 논의를 따라 시장경제 체제를 조정시장경제coordinated market economy, CME와 자유시장경제liberal market economy, LME로 구분해 보면 보편주의적 복지와 자유시장경제는 양립 가능하지 않다. 자유시장경제에서는 복지 서비스도 대부분 시장에 맡기기 때문에 자유시장경제하의 복지는 잔여적 복지가 된다. 당연히 보편적 복지는 조정시장경제와 공존한다.

3. 경제민주화 담론과 복지국가 담론

1) 경제민주화 담론과 그 유형

우선 경제민주화에 관한 개념 정립부터 시작해야 한다. 경제민주화는 시대의 화두가 되었지만 이에 관해 학문적으로 합의된 개념이 있지는 않기 때문이다. 서구의 대표적인 관련 논의로는 토니Richard H. Tawney의 평등론과 달Robert A. Dahl의 경제민주주의론이 있다. 토니는 민주주의와 자본주의를 함께 정착·유지시키기 위해서는 금권정치를 타파하고 평등한 사회를 건설해야 한다고 주장하면서, 영국의 경험에 입각해 경제민주화의 3대 축으로 ① 복지와 누진세를 통한 재분배, ② 노동조합 활성화와 산업 입법, ③ 공공 기관 및 협동조합의 영역 확대를 꼽았다(토니 1982). 달은 진정한 경제민주주의는 협동적 소유와 기업 내부의 민주주의를 구현하는 노동자 자주 관리 기업 시스템을 구축해야 이루어진다고 보았다(Dahl 1985). 토니가 경제민주화의 역사적 경험을 중시했다면, 달은 경제민주화의 이상을 그린 것이다.

한국에서도 경제민주화 논의가 제법 있었는데, 대체로 토니의 전통을 따르고 있다. 대다수 논자들이 노동권의 신장과 복지 및 분배 정의를 경제민주화의 주된 내용으로 보는 것은 토니와 유사하나, 추가적으로 개발독재하의 관치 경제 청산과 금융 자율화 등을 통한 민간 주도 시장 기능 활성화를 강조하는 흐름(변형윤 1992; 장세진 1993; 전철환 2002)과 재벌 개혁을 강조하는 흐름(강철규 외 1992; 윤진호·유철규 2000; 홍종학 2010; 유종일 2011)이 있다. 두 가지 추가적인 과제가 모두 박정희 개발독재의 유제를 극복하는 것임은 한국의 특수한 역사적 상황을 반영한 것이다. IMF 위기를 전후한 과정에서는 관치 청산과 시장 개혁이 부각되었고, 2008년 글로벌 금융 위기로 신자유주의가 퇴조한 이후로는 시장의 민주적 통제와 재벌 개혁이 강조되고 있다. 이 두 흐름과는 별도로 민간 주도와 시장 기능을 중시하는 흐름에 명시적으로 반대하면서 산업민주주의를 강조하는 의견도 존재한다(장상환 2001).

최근 정치권을 중심으로 한 경제민주화 논의가 재벌 개혁 이슈에 집중되어 있는 것은 최근 경제 상황의 특수성을 반영한 것이고, 앞서 살펴본 역사적 흐름에 의하면 노동권 강화와 복지 및 재분배 역시 경제민주화의 핵심적인 과제로 꼽혀 왔음을 알 수 있다. 이런 역사적 맥락을 고려하면서 현재 한국에서 제기되고 있는 경제민주화 담론을 유형화한다면 대략 다음의 세 가지 유형으로 구분할 수 있다.

- **보수적 자유주의 담론** 박정희 개발독재 이래 관치 경제 청산과 민간 주도 및 시장 기능 강화를 주된 내용으로 하는 경제민주화 담론으로서, 김대중 정부의 민주주의와 시장경제 병행 발전론으로 표현

되고 이후 전개된 시장 개혁 정책으로 일정하게 구현되었다. 공정 경쟁과 더불어 시장 확대와 경쟁 강화를 강조하는 김대호 등의 주장이나, 구조의 문제는 외면한 채 공정 경쟁만을 강조하는 새누리당 경제민주화 정책이 여기에 속한다고 볼 수 있다.

- **진보적 자유주의 담론** 시장 기능 강화와 동시에 시장에 대한 보완과 민주적 통제를 중시하고, 정치적 자유에 경제적 자유를 종속시키는 것이 진보적 자유주의 전통이다. 이 담론에서는 재벌 개혁과 노동권 강화, 공공성 확보 등이 주요 어젠다가 된다. 시장경제를 기본으로 하지만 정치적 자유를 우선시한다는 점에서 지배 구조 개혁에 적극적인 입장을 취한다.
- **사회주의 성향의 경제민주화론** 자본주의 극복에 초점을 두는 것으로서 반시장주의 경향을 보이는 입장이다.

경제민주화란 경제에 대한 '민주적 통제'를 말하는데, 무엇을 위한 통제인지, 지향하는 가치가 무엇인지에 관해서는 견해가 다양할 수 있다. 시장의 자유와 효율을 중시하는 견해도 있고(이승훈 2012), 공생을 지향해야 한다는 견해도 있다(김형기 2012). 앞서 구분한 세 가지 담론을 이런 기준에서 보자면 보수적 자유주의 담론은 자유와 기회균등을 지향하는 것이고, 진보적 자유주의 담론은 자유와 함께 실질적인 기회 평등을 지향하는 것이며, 사회주의적 담론은 결과의 평등을 지향하는 것이라고 규정할 수 있다.

필자의 경우는 진보적 자유주의 전통에 입각해 자유에 기초한 시장경제에 바탕을 두되 최대한 경제적 평등을 추구하는 것, 혹은 자유를 가급적 평등하게 누릴 수 있도록 하는 것을 경제민주화의 근본적인 개념으로 규정한다(유종일 2011). 그리고 경제적 평등에 관해 기회의 평등, 참여의 평등, 분배의 평등이라는 세 가지 차원에서 접근한다. 기회의 평등은 인적 자본 축적 여건의 평등과 공정한 시장구조를, 참여의 평등은 작업장, 기업, 지역사회 및 정부의 경제적 의사 결정에 대한 민주적 참여의 권리를, 그리고 분배의 평등은 자산, 인적 자본, 시장 소득, 가처분소득 등에서 분배의 평등을 의미한다. 이런 세 차원의 평등은 각각 공정 경쟁, 참여 경제, 분배 정의를 목표로 제시한다.[5)]

공정 경쟁은 시장경제의 기본이다. 이는 출발선에서의 평등과 완전 경쟁을 요구한다. 하지만 현실 경제에서 완전경쟁은 존재하지 않으며 최대한 그에 가깝게 할 수밖에 없다. 특권과 특혜를 청산하고, 독점과 과점을 규제하고, 보편적인 시장 접근권을 보장하는 것이 기본이다. 그래도 시장이 경쟁적으로 작동하지 않는 경우에는 교섭력의 균형을 이루도록 노력해야 한다. 예를 들면 원청 대기업과 하청 중소기업 사이에, 또는 자본과 노동 사이에 교섭력이 균형을 이루기 위해 다양한 제도적 장치를 마련하는 것이다.

참여 경제란 흔히 주주 자본주의shareholder capitalism와 대비해 얘기하는 이해관계자 자본주의stakeholder capitalism를 더욱 확장한 개념이다. 이해관계자 자본주의란 기업 지배 구조에서 주주뿐만 아니라 종업원·소비자·지역사회 등 모든 이해관계자의 이익과 관점이 기업의 의사 결정에 반

5) 헌법 제119조 2항은 경제민주화의 요체를 다음과 같이 축약해 표현하고 있다. "국가는 균형 있는 국민경제의 성장 및 안정과 적정한 소득의 분배를 유지하고, 시장의 지배와 경제력의 남용을 방지하며, 경제주체 간의 조화를 통한 경제의 민주화를 위해 경제에 관한 규제와 조정을 할 수 있다." 여기서 "적정한 소득의 분배"는 곧 분배 정의를 지향하는 것이고, "시장의 지배와 경제력의 남용을 방지"하는 것은 공정 경쟁을 말하며, "경제주체 간의 조화"는 참여 경제를 의미하는 것으로 해석할 수 있다. "균형 있는 국민경제의 성장과 안정"은 경제민주화의 결과다. 공정 경쟁, 참여 경제, 분배 정의에 관해 본문에서 이어지는 설명은 유종일(2011)에서 발췌했다.

영되는 것을 의미한다. 참여 경제는 기업 지배 구조에 국한하지 않고 더 좁게는 작업장 차원에서, 더 넓게는 지역사회와 정부의 경제적 의사 결정에서 민주적 참여를 보장하고 고취하는 것을 의미한다. 또한 참여 경제는 이윤 추구를 목적으로 하는 자본주의적 기업뿐만 아니라 공기업과 협동조합, 노동자 소유 기업과 사회적 기업 등 다양한 형태의 기업이 활성화되어 자유롭고 공정한 경쟁을 하는 시장경제이다.

분배 정의는 시장에서의 일차적인 소득분배를 고르게 하는 것과 재분배에 의해 가처분소득의 분배를 고르게 하는 것을 모두 포함한다. 시장 소득의 분배를 고르게 하기 위해서는 인적 자본에 대한 사회적 투자와 함께 공정한 시장 질서를 확립할 필요가 있다. 특히 노동시장과 금융시장에서의 차별이 없어야 한다. 그리고 인적 자본에 대한 사회적 투자와 사회보험 등을 통한 소득 보장, 그리고 사회 서비스의 제공 등 복지를 통해 적절한 재분배를 달성해야 한다.

2) 복지국가 담론과 그 유형

민주화 이후에 복지 지출이 증가하기 시작하고 김대중 정부가 생산적 복지를 주창했으나, 복지의 확대를 넘어서는 복지국가 담론이 본격적으로 제기된 것은 최근의 일이다. 참여정부 시기에 사회 투자 국가 담론이 서서히 제기되었고, 이것이 "사회비전 2030"으로 제시되기도 했으나 정책적으로는 별다른 진전이 없었다. 이후 복지국가소사이어티의 역동적 복지국가론과 민주당의 보편적 복지론, 박근혜의 맞춤형 복지국가론 등이 제기되었고, 이제는 가히 복지국가 백가쟁명의 시대가 되었다.

최근 한국의 복지국가 담론은 다음의 세 가지 유형으로 구분해 볼 수 있다.

- **사회 투자 국가 담론** 생산적 복지론, 참여정부의 "사회비전 2030", 박근혜의 맞춤형 복지 등을 관통하는 흐름으로서 노동시장 참여를 돕기 위한 사회 서비스를 제공하는 데 초점을 맞추고 있다. 학계에서는 서울대학교 산학협력단(2007)과 임채원(2007) 등이 대표적이다. 사회 투자 국가론은 빈곤층을 넘어 전 국민 대상으로 수혜 그룹을 확대한다는 점에서 보편적 복지론과 유사하지만, 현금 이전 중심에서 사회 서비스 중심으로 전환, 소득 보장에서 활성화 보장으로 전환, 시장 대체적인 국가 역할에서 공사 역할 분담의 균형을 강조한다는 점에서 보편적 복지론에 비해 시장 친화적이다.
- **보편적 복지 담론** 사회 서비스뿐만 아니라 소득 보장의 중요성을 강조하고, 인적 자본 투자 측면뿐만 아니라 보편적 인권으로서 복지를 강조한다. 보편적 복지는 시혜로서의 복지가 아닌 권리로서의 복지, 저소득층에 국한된 잔여적 복지가 아닌 전 국민을 복지의 주체이자 대상으로 하는 포괄적 복지를 의미한다. 흔히 '5대 불안'이라고 불리는 일자리 불안, 보육 및 교육 불안, 주거 불안, 노후 불안, 건강 및 의료 불안을 해소하기 위한 보편주의적 복지 프로그램을 제안하고 있으며, 국가의 역할을 강조한다(이상이 2010; 김연명 2011; 이태수 2011).
- **자유주의적 복지 담론** 자유주의적 혹은 잔여적 복지론은 막대한 재정 소요가 발생할 보편적 복지를 반대하고, 보육·교육·의료 등 분야별 정책의 정상화와 빈곤층에 초점을 둔 복지 정책을 주장한다(송원근·안종범·고영선 2011). 재계를 비롯한 보수 진영에서 잔여적 복지를 주장한다.

최근 복지국가를 둘러싼 논쟁은 보편주의와 선별주의에 관한 논쟁이 주를 이루고 있다. 예를 들어 이태수(2011)는 적자생존 법칙에 기초해 개인의 경제적 자유를 중시하는 선별주의 복지국가와, 시장의 경쟁이 발생시킨 폐해로부터 인간의 숭고한 권리를 확실히 보장하자는 보편주의 복지국가를 대조하고 보편적 복지가 필요한 이유를 열거한다. 중산층이라고 해서 생활상의 위기로부터 예외일 수 없다는 점, 빈곤 계층만을 선별해 지원하는 것은 행정적 비용도 크고 낙인 효과 때문에 정책 효과가 반감된다는 점, 선별적 복지는 '받는 자'와 '주는 자'로 사회를 양분한다는 점, 그리고 보편적 복지는 예방적·사전적 대응책이라는 측면에서 비용 효과적이라는 점을 들고 있다.

그러나 선별주의는 보편주의에 반대되는 개념이 아니며, 보편적 인권으로서의 복지를 추구하는 데서 특정 프로그램의 경우에 어떤 기준을 세울지의 문제일 따름이다. 필자도 이 점을 누차 강조한 바 있으며, 윤홍식(2011)은 이 문제를 다음과 같이 정리하고 있다. 모든 사람들에게 무조건 급여를 다 주는 복지 정책은 존재하지 않으며, 복지 정책은 대부분 인구사회학적 특성, 기여도, 자산과 소득 등 세 가지 선별 기제를 가진다. 복지 대상자를 선별하는 데 인구사회학적 특성이나 기여 여부가 기준이 된다면 이는 일반적으로 보편주의 원리가 적용되는 것으로 간주하며, 반면에 자산과 소득이 기준이 된다면 이를 잔여주의 복지 정책이라고 하는 것이다. 윤홍식(2011)은 잔여주의 복지 제도 자체가 불필요한 것은 아니지만 어디까지나 보편주의 제도를 보완하는 데 머물러야지 이를 대체해서는 안 된다고 주장한다.

3) 경제민주화와 보편적 복지의 상호 보완성

경제민주화 담론과 복지국가 담론마다 세 가지 유형이 존재하므로 이론적으로는 아홉 가지의 경제-복지 체제 조합을 상정할 수 있다. 그러나 앞 절에서 살펴본 바와 같이 경제체제와 복지 체제의 연계성 때문에 상호 모순적인 조합은 성립하기 어렵고 지속되는 것은 불가능하다. 일정하게 양자 사이에 상호 보완적인 일관성을 지닌 경제-복지 체제 조합만이 현실적인 대안이 된다. 이것이 곧 경제체제와 복지 체제 사이의 선택적 친화성이다. 이런 관점에서 보면 경제민주화 담론에서 보수적 자유주의는 잔여적 복지 혹은 사회 투자 국가론과 결합될 수 있다. 진보적 자유주의나 사회주의적 경제민주화 담론은 보편적 복지와 결합하는 것이 자연스럽다. 그런데 보수적 자유주의 경제민주화와 잔여적 복지의 조합으로는 우리 사회 최대의 문제인 양극화를 극복할 수 없기 때문에 이는 적절한 대안이 아니다. 또한 사회주의적 대안이 성립하는 것도 상정하기 어렵기 때문에 우리의 관심은 진보적 자유주의 경제민주화와 보편적 복지의 결합이다. 이 양자 사이의 상호 보완성을 좀 더 구체적으로 살펴보기로 한다.

진보적 자유주의에 입각한 경제민주화에서 핵심적인 목표 혹은 가치를 공정 경쟁, 참여 경제, 분배 정의로 설정할 수 있음은 앞서 설명한 바와 같다. 그런데 이 각각의 목표를 실현하는 데는 보편주의적 복지국가의 기능이 긴요하다. 즉 복지국가가 경제민주화를 실현하는 수단이 된다는 것이다. 이미 앞 절에서 언급한 바와 같이 공정한 경쟁을 위해서는 좁은 의미의 시장 경쟁 과정 자체뿐만 아니라 경쟁을 준비하는 단계와 경쟁 이후 단계에서의 공정성까지도 요구하는바, 이는 바로 복지가 담당해야 할 기능인 것이다. 가급적 출발선에서의 평등을 달성하기 위해, 그리고 경쟁의 낙오자에게 새로운 도전의 기회를 주기 위해 복지가 필요하다는 것이다. 보육과 교육, 건강과 의료, 사회 안전망 등이 여기에 해당한다.

분배 정의를 이룩하기 위한 재분배도 누진적 조세와 더불어 복지를 수단으로 활용한다. 앞서 언급한 넓은 의미의 공정 경쟁을 보장하기 위한 복지 정책도 재분배 기능을 하지만, 공정 경쟁과는 무관하게 분배 정의 차원에서 이루어지는 재분배도 있다. 중증 장애인이나 은퇴자처럼 노동시장에서 이탈해 있고 경쟁에 뛰어들 의사나 능력이 없는 경우에도 분배 정의는 이들에게 인간적인 생활을 영위할 수 있는 소득과 서비스를 제공할 것을 요구한다. 기초 생활 보장 제도도 공정 경쟁보다는 분배 정의를 위한 수단이다. 참여 경제도 복지와 무관하지 않다. 복지가 참여 경제의 수단이 되는 것은 아닐지라도, 참여 경제 확대의 중요한 영역으로 부각되고 있다. 최근 사회 서비스의 생산과 공급에 사회적 기업이나 마을 기업 등의 역할이 확대되고 있기 때문이다. 의료생활협동조합 등 협동조합 운동도 이런 역할을 수행한다.

보편적 복지가 경제민주화를 요구한다는 것은 경제민주화가 보편적 복지를 요구한다는 것처럼 자명한 것은 아니다. 하지만 이 역시 매우 중요한 사실이다.

보편적 복지론자 일각에서는 노동시장의 이중구조를 극복해야 보편적 복지가 가능하다는 점을 강조하고 있다(서울사회경제연구소 2011; 은수미 2012). 이상이(2010)의 경우 복지와 경제의 연계성에 주목해 보편적 복지를 실현하기 위해서는 '공정한 경제'를 이룩해야 하며, 이를 위해 노동조합의 협상력 제고와 대기업과 중소기업 간의 균형 발전 등이 필요하다는 주장을 전개한다. 경제체제와 복지 체제의 연계성을 본격적으로 다룬 논자로는 정준호(2012)가 숙련 형성 체제를 중심으로 우리나라의 생산-복지 체제를 분석하고 있고, 이병천(2012)은 지속 가능한 복지국가를 위해 복지 체제와 선순환할 수 있는 발전 체제를 모색하고 있다. 특히 이병천은 재벌 독식과 수출 주도의 현 발전 체제가 중소기업을 수탈하고 노동자, 영세 자영업자, 실업자의 희생과 고통을 초래하는 '배제적 이중화'를 낳고 있으며 이런 '정글 자본주의'는 복지국가와 양립할 수 없다고 주장한다. 그는 강력한 재벌 개혁의 토대 위에 보편적 금융 접근권 보장, 협동조합 등 사회적 경제와 덴마크식 유연 안전성 모델 등을 결합한 '참여 자본주의'를 건설할 것을 제안한다.

이와 같이 일부 보편적 복지론자들은 경제민주화의 필요성을 인식하고 있다. 하지만 정반대로 스웨덴식의 강력한 보편적 복지국가 건설을 주장하면서 이를 위해 경제민주화, 특히 재벌 개혁은 절대 금물이라는 주장도 제기되었다(장하준·정승일·이종태 2012). 재벌 개혁은 자칫 해외 투기 자본에게 재벌 기업들의 경영권을 넘겨 투자를 위축하고 고용 안정을 해칠 것이라는 주장이다. 오히려 재벌의 경영권을 보장하면서 고용과 투자 등 재벌에게서 협조와 양보를 받아 내는 것이 복지국가 건설의 지름길이라는 것이다. 그러나 이는 매우 왜곡된 주장이다. 우선 재벌 개혁은 총수의 전제적 지배 체제를 개혁하고 공정 경쟁을 하도록 규제를 강화하는 것인데, 이것이 꼭 외국 투기 자본의 지배로 이어진다는 법은 없다. 민영화 이후 총수가 없이 운영되는 POSCO나 KT, 민영화된 은행들을 보면 정부의 부당한 영향력이 작용할지언정 외국 투기 자본의 지배 하에 들어가지는 않았다. 외국 투기 자본이 걱정이라면 그에 대한 규제는 따로 강화하면 될 것이다. 그리고 지배주주가 누가 되든 노동자 경영참가나 집중 투표제 등을 통한 내부 견제, 징벌적 배상제나 집단소송제 등에 의한 외부 견제를 강화해 책임 경영을 유도하는 제도적 장치를 강화해야 할 것이다. 무엇보다도 재벌 개혁이 필요한 것은 재벌에 의한 경제력 집중이 양극화의 주범이기 때문이다. 재벌에 의존하는 성장을 통해 양극화를 해소한다는 것은 환상이다. 재벌의 성장 자체가 양극화를 심화하는 방식으로 이루어지고 있기 때문이다.

4. 복지국가를 제약하는 한국 경제의 구조적 특성

1) 재벌 독식 경제

앞서 양극화를 낳는 주된 원인이 재벌에 의한 경제력 집중이라고 언급한 바 있다. 학계에서는 흔히 세계화와 같은 경제 여건의 변화나 정보화와 같은 기술 변화를 양극화의 원인으로 지목하고는 하지만, 이런 가설은 매우 제한적인 타당성밖에 없다. 유사한 변화에 직면해서도 나라마다 제도와 정책의 차이로 말미암아 소득분배의 변화가 다르게 나타나기 때문이다(Atkinson 2000). 또한 세계화나 정보화가 극소수 최상위층에게 부가 집중되는 것을 설명할 수도 없다(Krugman 2007). 양극화의 원인과 관련해서는 구조적이고 정치경제학적인 원인 규명이 필요하다. 미국의 경우 월가와 대기업들의 금권에 기반을 둔 기업 정치corporatocracy가 양극화의 원인으로 손꼽히고 있다(Noah 2010). 우리나라의 경우 주범은 재벌 독식 경제다.

외환 위기 이후 구조 조정으로 재벌의 경제력 집중이 상당히 완화되었으나 최근에 다시 심화되어 이제는 외환 위기 이전 최고 수준을 넘어섰다. 상위 재벌들이 차지하는 자산·매출·투자 비중 등이 사상 최고 수준에 달했고, 계열사 수가 급증하고 있다(김상조 2012). 그런데 재벌의 성장이 낙수 효과를 일으키지 못하는 데는 세 가지 중요한 이유가 있다. 첫째, 재벌 대기업들은 막대한 이익을 남기면서도 고용 확대를 주저하고 오히려 정리 해고를 자행한 후 아웃소싱과 사내 하청이나 파견 등을 활용함으로써 비정규직 남용을 주도하고 있다.[6] 둘째, 하도급 기업에 대해 납품 단가 후려치기, 기술 빼앗기 등 불공정 거래를 일삼으며, 이익의 공유를 거부하고 있다. 그 결과 〈그림 3-2〉에서 보는 것처럼 대기

그림 3-2 | 대기업·중소기업 간 임금 및 생산성 격차

① 대기업과 중소기업 간 1인당 급여 배율 추이 (중소기업=1.00; 단위 : 배)

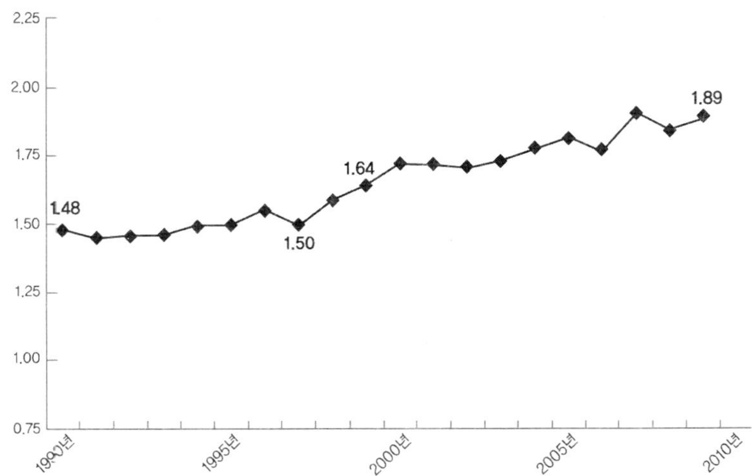

주 : 여기 에서 중소기업은 통계적 일관성 유지를 위해 10~299인으로 정의.
자료 : 통계청, "광공업통계조사보고서." 김주훈(2012/04/30)에서 재인용.

② 중소기업 생산성 격차 (대기업=100%; 단위 : %)

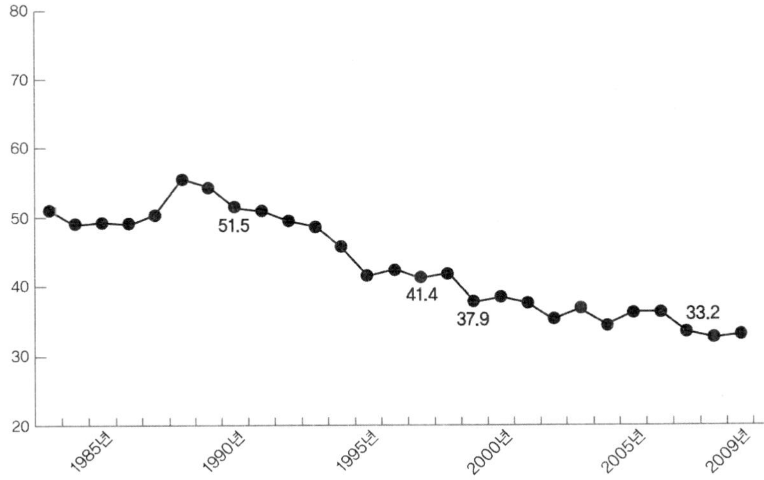

주 : 여기에서 중소기업은 통계적 일관성 유지를 위해 10~299인으로 정의.
자료 : 통계청, "광공업통계조사보고서." 김주훈(2012/04/30)에서 재인용.

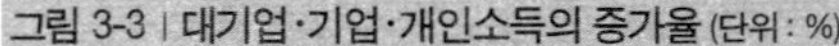

그림 3-3 | 대기업·기업·개인소득의 증가율 (단위 : %)

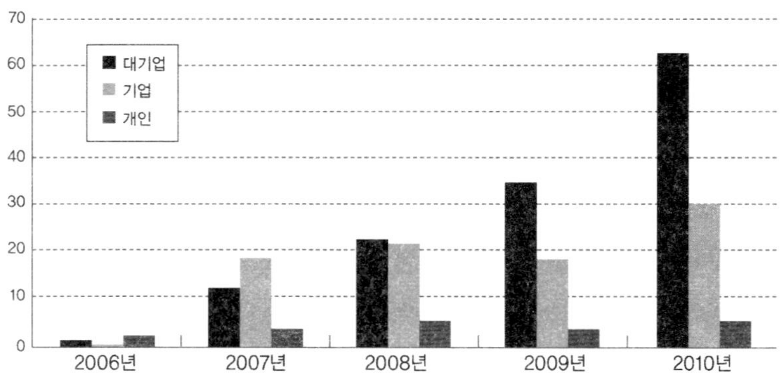

자료 : 대기업(공정거래위원회의 상호 출자 제한 기업집단; 자료 : 공정위);
기업·개인(국민계정 처분가능소득 기준; 자료 : 한국은행 경제통계시스템).

업과 중소기업 사이의 생산성 격차와 임금격차가 극단적으로 크고 지속적으로 확대되고 있다. 셋째, 중소기업 영역과 심지어는 골목 상권까지도 마구 침투하는 재벌의 무한 영토 확장 정책으로 중소기업과 중소 상인이 밀려나고 있다.

이렇게 낙수 효과가 사라지면서 재벌 대기업은 빠르게 성장하는데 민생 경제는 기어가는 양상이 전개되었다. 〈그림 3-3〉이 이를 단적으로 보여 주고 있다. 2008년 이후 개인소득의 증가율은 5퍼센트 내외를 기

6) 고용구조가 열악해진 중요 이유 중 하나가 바로 사내 하청이다. 대기업이 직접 고용을 회피하고 사내 하청을 활용하면서 대기업 고용은 줄고 영세기업 고용은 증가하는 현상이 벌어진다는 것이다. 재벌 그룹 계열사들이 이런 경향을 주도하고 있다. 대표적인 예로 현대모비스 울산 공장의 원청(정규직) 노동자는 478명에 그친 반면, 사내 하청 노동자는 1,137명으로 전체 노동자 중 사내 하청 비율이 70.4퍼센트나 됐다. 현대중공업 그룹 계열사인 현대삼호중공업(58.2퍼센트), 삼성 그룹의 삼성중공업(57퍼센트), 현대차 그룹의 현대하이스코 순천 공장(56퍼센트), 삼성 그룹의 제일모직 여수 공장(54.9퍼센트) 등도 사내 하청의 비율이 극도로 높다. 재벌의 이런 고용 행태는 노동시장의 양극화를 초래하는 중요한 요인이 되고 있다(유종일 2011).

록한 데 반해 기업소득은 20퍼센트 내외로 증가했고, 특히 대기업의 당기순이익은 2009년과 2010년에 각각 30퍼센트와 60퍼센트를 상회하는 엄청난 폭증세를 보였다.

소득 양극화의 주원인을 재벌 독식에서 찾는 것은 경제구조에 관한 질적인 분석에 기초한 것으로서 이병천(2012)의 '배제적 이중화' 가설과 일치한다. 경제학에서 양극화의 원인을 분석할 때 흔히 사용하는 통계적 기법으로는 이런 구조적 분석을 할 수 없다. 경제 환경, 기술, 정책 변수를 설명 변수로 검증해 볼 뿐이다. 하지만 이런 통계적 분석을 통해서도 이 글의 가설을 간접적으로 뒷받침할 수 있다. 예를 들어 유경준(2012)은 1990년대 초반 이후 양극화가 일어난 핵심 원인을 급격한 서비스화에서 찾고 있다. 제조업 고용 증가가 갑자기 멈추고 서비스 고용이 급격히 늘기 시작한 것이다. 그런데 이 과정을 주도한 것이 바로 재벌 대기업이었다. 민주화 이후 강력해진 노동조합에 대응해 자동화 투자, 아웃소싱 등으로 고용 회피 전략을 추구했던 것이다(유종일 2012).

2) 노동시장 분절화와 자영업 과잉

양극화 현상은 노동시장 분절화와 긴밀하게 연결되어 있다. 앞서 본 것처럼 대기업과 중소기업 사이의 임금격차가 날로 커지고 있을 뿐만 아니라, 정규직과 비정규직 사이의 임금격차도 증가하고 있다. 한국노동연구원 자료에 의하면 2004년에 정규직 대비 65퍼센트였던 비정규직 임금은 점차 하락해 2010년에는 54.8퍼센트에 불과했다. 중소기업의 경우에는 사실 모두가 낮은 임금을 받기 때문에 정규직과 비정규직 사이의 차가 크지 않다. 따라서 크게 보아 대기업 정규직 노동자와 여타 노동자로 노동시장이 분절되어 있는 것이다. 노동조합 조직률에서도 이

표 3-2 | 기업 규모별 임금노동자 변화 (단위 : %)

기업 규모	1993년	2009년
1~4인	28.3	29.0
5~9인	9.0	12.2
10~49인	21.1	24.1
50~99인	8.5	10.1
1백~299인	10.5	10.9
3백~999인	9.0	7.6
1천 인 이상	13.6	6.1

자료 : 통계청 사업체 조사 자료(2010).

런 분절화가 두드러진다. 2010년 시점에서 전체 노동자의 75.4퍼센트를 차지하는 종업원 1백인 미만 중소기업 노동자의 경우 조직률이 불과 1.5퍼센트였는데, 이는 3백인 이상 대기업의 조직률 42.4퍼센트와 매우 대조적이다(2010년 통계청 경제활동인구조사 부가 조사). 고용 형태별로도 정규직은 조직률이 16.3퍼센트이고 비정규직은 불과 3.1퍼센트였다.

임금과 근로조건의 현저한 격차, 조직률의 현저한 격차와 더불어 분절화를 완성하는 요소는 진입 장벽이다. 한번 비정규직이 되면 이것이 마치 낙인처럼 되어서 정규직 시장에 진입하기가 매우 어렵다. OECD 국가들의 경우 임시 노동자가 2년 이내에 상용직으로 이동한 비율이 34~71퍼센트에 이르는 데 반해, 우리나라의 경우 비정규직이 4년 이내에 정규직으로 재취업되거나 전환된 경우가 9퍼센트에 불과하다고 한다(이시균·윤진호 2007).

더구나 대기업 정규직으로 대변되는 '좋은 일자리'는 점점 줄어들고 있는 것이 현실이다. 〈표 3-2〉에서 보는 바와 같이 전체 고용에서 종업원 1천 인 이상인 기업의 고용 비중은 1993년에서 2009년 사이에 13.6퍼센트에서 6.1퍼센트로 반토막이 났다. 일반적으로 대기업의 기준인 3백 인 이상 기업으로 보면 동 기간 중 고용 비중이 22.6퍼센트에서 13.7

그림 3-4 | 각국 저임금노동자 비율 (2007~09년; 단위 : %)

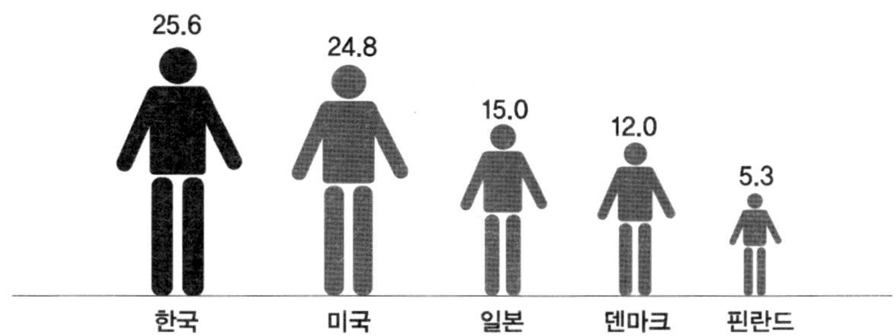

주 : 저임금은 중위 임금의 3분의 2 이하.
자료 : ILO 글로벌 임금 보고서(2010~11).

퍼센트로 줄어들었다. 반면에 49인 이하의 영세기업은 고용 비중이 58.4퍼센트에서 65.3퍼센트로 증가했다. 선진국에 비해 대기업과 중견 기업의 비중이 현저히 낮고 영세기업의 비중이 매우 높은데, 이런 구조적 문제가 점점 더 악화하고 있는 것이다. 이런 현상이 대기업이 수익성이 낮고 어려움을 겪는 반면, 영세기업은 잘나가기 때문에 일어난 것이 아님은 분명하다. 앞서 언급한 것처럼 대기업이 고용 회피 전략을 구사하고 정리 해고를 단행하면서 이를 대체하기 위해 아웃소싱과 사내 하청 등을 활용하기 때문에 빚어진 현상이다.

노동시장의 이중 구조화와 좋은 일자리의 감소는 저임금노동자의 증가와 영세 자영업자의 과잉을 초래했다. 그 결과 〈그림 3-4〉에서 보는 바와 같이 저임금노동자 비중이 25.6퍼센트나 되어 OECD 주요국 중 가장 높은 실정이다(ILO 2011). 자영업 비중이 경제 발전 수준에 비해 비정상적으로 높다. 통계청과 국제노동기구ILO에 따르면 2006년 기준 자영업자 비중은 취업자 대비 33.6퍼센트로 OECD 회원국 중 가장 높았다. 노르웨이(7.1퍼센트)·미국(7.4퍼센트)·일본(10.2퍼센트)·독일(11.2퍼센트) 등뿐만 아니라 심지어 우리보다 1인당 국민소득이 낮은 멕시코(28.3퍼센트)·터키(29.8퍼센트)·그리스(30.1퍼센트)보다도 높았다. 자영업자와 함께 이들 사업장에서 일하는 무급 가족 종사자를 포함하면 우리나라는 전체 취업자 중 40퍼센트가량이 자영업에 종사하는 것으로 나타났다(『연합뉴스』 2008/09/16). 이렇게 자영업이 과잉 팽창하다 보니 영세 자영업자들이 몰락해 빈곤층으로 전락하는 것이 현실이다. 영세 자영업 집중 업종에 대한 최근 조사(정진욱 2012)에 의하면 연매출 2천만 원 미만인 한계 업소의 비율은 다음과 같다. 이용업(88.7퍼센트), 세탁업(62.3퍼센트), 미용업(48.4퍼센트), 피부미용업(38.1퍼센트), 숙박업(29.2퍼센트), 목욕업(17.1퍼센트). 자영업 과잉은 양극화를 촉진해 복지국가 건설의 장애물이 되기도 하지만 정확한 소득을 파악하기 어렵게 해 복지 정책을 실시하는 데 난관을 초래하기도 한다.

노동시장 이중 구조화의 이면에는 대기업의 고용 회피 전략과 함께 숙련 체제의 특성이 존재한다. 한국의 산업 발전은 숙련 절약적인 조립형 산업화 경로를 택했으며, 이런 경향은 2000년대 이후 더욱 두드러졌다. 그 결과 광범위한 중간 숙련 수요의 감소, 숙련 절약형 생산방식으로 인한 고숙련 업그레이드의 비전 상실, 이에 따른 상시적인 구조 조정과 소득 격차의 심화 등이 발생했고, 이에 따라 관계 특수적 숙련 형성이 잘되지 않고 있다고 한다(정준호 2012). 또한 숙련 절약적인 조립형 산업화 경로는 고도의 완제품을 생산할 수 있는 대기업과, 기술 수준이 낮은 부품·소재를 생산하는 중소기업이 공존하는 이중구조를 만들어 냈다(핫또리 타미오 2007). 그러나 부가가치가 높은 핵심 부품과 소재 분야에서는 아직도 일본과 구미의 선진국들에 의존하고 있는 형편이다.

5. 경제사회 개혁 정책 추진 전략

경제민주화와 복지국가 건설을 포괄하는 경제사회 개혁 정책을 추진하는 데서 정책적 우선순위를 따져 봐야 한다. 한국 경제의 지속적 양극화 경향을 수정하지 못하면 보편적 복지국가는 재정적·정치적으로 지속 가능하지 않을 것이며, 따라서 경제민주화 정책 없이 보편적 복지국가를 실현하기는 불가능할 것이다. 다른 한편, 경제민주화 정책은 복지 정책처럼 즉각적으로 정책 효과가 나타나는 것도 아니고 정책 추진 과정에서 예기치 않은 복병이 나타날 수 있기 때문에 경제민주화를 완성하고 난 후에 복지국가를 건설한다는 것은 어불성설이다. 따라서 경제민주화와 보편적 복지국가는 동시에 추진되어야 마땅하다. 그러나 구체적인 개별 정책 과제와 관련해서는 모든 것을 한 번에 할 수 없으므로 우선순위를 정해야 한다.

이와 관련해 세 가지 원칙을 제시하고 그 의미를 논하고자 한다. 첫째 원칙은 양극화 극복 우선의 원칙이다. 둘째 원칙은 중장기적 재정 건전성의 원칙이고, 셋째 원칙은 정치적 지지 확대의 원칙이다.

1) 양극화 극복 우선의 원칙

양극화 극복에 일정한 진전이 없이는 복지국가는 연목구어가 되고 말 것이다. 양극화 경향이 지속된다고 할 때 복지를 확대해 이를 반전시키는 것은 어렵기 때문이다. 만약 시장의 양극화 경향을 방치한 채로 복지를 확대해 이에 대처하고자 한다면 이런 정책은 매우 비효율적일 것이다.[7] 경제의 공정성을 제고하는 것은 효율성도 동시에 제고하는 길이 되는 반면, 아무래도 재분배는 경제에 부담을 줄 가능성이 많다. 복지나

재분배가 효율성과 성장에 도움을 줄 가능성도 얼마든지 있지만 그 규모나 팽창 속도가 과도하면 얘기는 달라진다. 경제가 양극화를 가속화하는 상태에서 이를 반전시킬 정도의 복지와 재분배를 실시한다는 것은 재정에 엄청난 부담을 초래할 것이다. 따라서 경제민주화 없는 복지국가 추진은 결국 양극화도 막지 못하고 복지의 결과마저 부실해질 가능성이 농후하다.

이런 유추는 복지 확대를 추구한 민주 정부 10년간의 경험에서도 확인된다. 우리나라에서 산재보험·의료보험 등의 복지 프로그램이 도입되기 시작한 것은 박정희 시대였고, 그 이후에도 국민연금과 고용 보험이 도입되는 등 점진적으로 확대되었지만 그 규모는 미미한 수준에 머물렀다. 본격적으로 복지가 확대된 것은 김대중 정부 시기였다. 1997년 발생한 외환 위기를 극복하는 과정에서 김대중 정부는 기존의 4대 보험을 대폭 확충하고 〈국민기초생활 보장법〉을 제정했다. 이후 노무현 정부도 사회복지 예산을 확대하는 노력을 경주했다. 그러나 민주 정부 10년간의 복지 확대는 상당한 한계를 노정했다. 증가하는 소득 불평등을 억제하지 못했으며, 복지국가도 초보적인 수준에 머물렀다.

〈그림 3-5〉는 1990년부터 2010년까지 우리나라 도시 근로자 가구의 시장 소득과 가처분소득의 지니계수 및 재분배에 의한 소득분배 개선율[8]을 보여 주고 있다. 1997년 외환 위기 이후 지니계수가 일시적으로 급등하는 현상과, 위기를 극복한 후 2000년부터 완만하지만 지속적

7) 이런 면에서 필자는 참여정부의 "사회비전 2030"에 대해 "경제구조가 양극화를 확대 재생산하고 있는데 이를 방치하고 사후 약방문 식으로 재분배와 복지 확대로 대처하고자 하는 것은 매우 비효율적인 정책"이라고 비판한 바 있다(유종일 2006).

8) $\text{소득분배 개선율} = \frac{\text{시장소득 지니계수} - \text{가처분소득 지니계수}}{\text{시장소득 지니계수}} \times 100$

그림 3-5 | 지니계수 추이 (시장 및 가처분소득, 개선율)

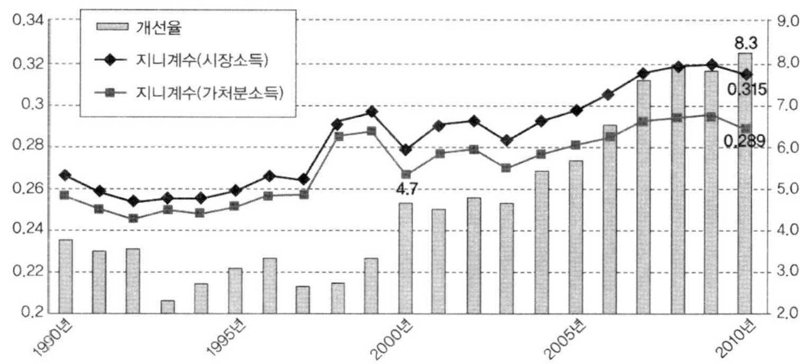

주 : 실제 소득 불평등을 과소평가하는 통계이나, 시계열상 추이는 실제와 큰 차이가 없을 것으로 추정된다(『한겨레』 2013/06/18).

자료 : 통계청.

으로 상승하는 현상이 나타나고 있음을 알 수 있다. 한편 재분배의 효과성을 측정하는 소득분배 개선율은 지극히 미미한 수준에 있다가 김대중 정부 시기에 한 번 상승하고 노무현 정부 시기에 다시 상승한 것을 알 수 있다. 이는 복지를 중시한 민주 정부 10년의 성과이다. 개선율의 상승은 곧 시장 소득 지니계수와 가처분소득 지니계수의 차이가 더 벌어졌다는 것인데, 그럼에도 민주 정부 10년간 가처분소득 지니계수의 지속적 상승을 저지하지는 못했다. 경제민주화에 실패한 탓에 시장 소득 지니계수의 상승 속도가 빨랐기 때문이다. 또한 복지가 확대되는 데도 한계가 뚜렷했다. 광범한 사각지대와 낮은 급여 수준이라는 문제를 해결하지 못했고, 복지국가는 초보적인 수준을 넘어서지 못했다. 따라서 비록 소득분배 개선율이 상승했다고는 하나 여전히 10퍼센트에도 이르지 못해 40퍼센트를 상회하는 OECD 평균에 크게 못 미치고 있다.

사실 양극화가 복지국가의 결정적인 장애물이라는 인식은 아직도 우리 사회에서는 생소하다.[9] 복지를 확대해 양극화를 극복해야 한다는 논리가 널리 퍼져 있기 때문이다. 이는 잔여적 복지론자 혹은 자유주의 복지론자들에게 국한된 것이 아니고 참여정부의 복지 정책을 뒷받침했던 사회 투자 국가론자들도 공유하는 인식이다. 심지어 보편적 복지를 주장하면서도 양극화를 초래하는 경제구조의 개혁이 보편적 복지국가 건설의 전제라는 점을 이해하지 못하는 경우가 허다하다. 분배의 개선과 재분배의 개선을 별도의 독립적 과제로 보기 때문이다. 그러나 국제비교 연구에서는 시장 소득이 불평등하게 분배될수록 재분배도 잘 이루어지지 않고, 시장 소득이 평등할수록 재분배도 잘된다는 것이 확립된 정설이다(Lindert 1996; Moene and Wallerstein 2001).[10] 단적인 예가 스웨덴과 미국이다.

양극화의 심화가 복지국가 발달을 저해하는 까닭에는 두 가지 중요한 측면이 있다. 하나는 좌파 정부와 노동조합의 역할이다. 좌파 정부나 강력한 노동조합은 노동시장을 평등화하는 역할과 재분배를 강화하는 역할을 동시에 하지만 좌파 정치 세력이나 노동조합이 약할 경우에는 노동시장의 불평등도 막지 못하고 재분배도 별로 하지 못한다는 것이다(Bradley et al. 2003). 우리나라의 경우가 후자의 좋은 예다. 다른 한 측면은 경제가 양극화되면 복지와 재분배에 관한 국민들의 태도도 함께 양극화된다는 것이다(Alemán and Torres-Reyna 2011). 양극화가 깊어지면 불가피하게 과세 대상 그룹과 수혜 대상 그룹이 갈라진다. 중산층이 줄어들고 저소득층과 부유층이 확대되는데, 저소득층은 조세 부담 능력은 없고 각종 지원을 더욱 필요로 하기 때문이다. 이는 결국 조세를 집중 부담하는 부유층의 조세 저항을 낳게 되며, 따라서 복지의 규모를 확대

---

9) 은수미(2012)가 예외적으로 이 점을 강조한다.

10) 이를 '로빈후드 역설'(Robin Hood paradox)이라고 부르기도 한다.

할 수 없게 된다. 물론 부유층에 조세를 집중하고 저소득층에 혜택을 집중하면 단위 지출당 재분배의 효율성은 높지만 조세 저항으로 인해 복지 규모가 제한되기 때문에 재분배도 제한적으로 이루어진다는 것이다. 이른바 '재분배의 역설'paradox of redistribution이 일어나는 것이다(Korpi and Palme 1998). 반면에 중산층이 두터워 이들이 조세도 부담하고 복지 혜택도 받게 되는 보편적 복지를 실시하면 폭넓은 정치적 지지를 기반으로 복지 규모를 확대할 수 있기 때문에 결과적으로 더 많은 재분배를 이루게 된다.

2) 중장기적 재정 건전성의 원칙

최근 구미 선진국들이 처한 재정 위기를 보면 새삼 재정 건전성의 중요성을 깨닫게 된다. 물론 리카도의 '동등성 정리'가 주장하는 것처럼 국가 채무의 누적이 곧 미래 조세 부담을 예측한 소비 수요 저하로 이어지는 것은 아니며, 보수 논객들의 주장처럼 국가파산의 위험을 내포하는 것도 아니다. 발권력이 있는 주권국가의 경우 파산의 위험은 실제적으로 존재하지 않는다. 다만 이자 상환 부담이 증가함에 따라 조세 증가가 불가피하고 이에 따른 사중 손실만이 문제일 따름이다. 그러나 국가 채무의 상당 부분이 대외 채무일 때는 얘기가 달라진다. 소규모 개방경제의 경우 해외투자자들과 채권자들의 신뢰를 상실하면 자금 이탈과 함께 환율과 금리가 폭등해 심각한 금융 위기를 초래할 수 있다. 따라서 중장기적으로 재정 건전성을 유지하는 것은 경제 안정을 위해 매우 중요하다.[11)]

하지만 단기적으로 균형재정을 유지할 필요는 없다. 2008년 글로벌 금융 위기가 발발한 이후 각국의 경제성장을 보더라도 재정 정책의 효과성은 충분히 입증되고 있다(Corden 2009). 특히 최근 그리스 등 남부 유럽 국가들의 경우에서 보듯이, 경기가 하강해 세수가 감소할 때 재정 건전성을 회복하겠다고 정부 지출을 감축하면 경기하강과 세수 감소를 더욱 악화해 재정 문제가 심화될 수 있다. 따라서 단기적으로는 경기 안정화를 위해 재정을 과감하고도 탄력적으로 운용할 필요가 있다. 즉 경기하강 시에는 과감하게 적자재정을 편성하고, 호경기 시에는 중장기적 재정 건전성을 위해 흑자를 내서 정부 채무를 축소하거나 적어도 부채 증가율을 경제성장률 아래로 낮추어 소득 대비 부채 비율을 감축하는 것이 바람직하다.

이런 재정 원칙은 복지국가 건설에 적절하게 활용할 수 있다. 경기하강 시에 지출을 적극적으로 확대해 복지 확충과 경기 부양 효과를 동시에 도모하고, 경기회복 시에는 조세를 인상해 재원을 확보하는 방법이다.[12] 국민들로 하여금 복지의 혜택을 먼저 체감하도록 하고 난 후에, 그것도 소득이 증가하고 경기가 활성화되는 국면에서 증세를 실시한다면 조세 저항은 크지 않을 것이다.

이런 방법을 활용한다고 하더라도 복지 확대와 증세를 한없이 추진할 수는 없는 노릇이다. 조세 부담률이 과도하게 높아지지 않도록 해야 하고, 따라서 한정된 복지 재원을 효율적으로 사용하려는 노력도 중요하다. 이와 관련해 두 가지 유의할 점이 있다. 하나는 전달 체계의 문제다. 현재 지방정부에 이양된 전통적 공급자 지원 방식과, 중앙정부가 관

---

11) 재정 건전성과 재정 정책에 관한 논의는 유종일(2012/12/27) 참고.

12) 레이건·부시 등의 미국 보수 행정부들은 이와 정반대의 전략을 사용했다. 우선 감세를 통한 경기 부양을 시도해 재정 적자를 초래한 후에 균형재정을 위한 지출 축소를 실시해 '작은 정부'를 만들려는 전략이다. 그러나 지출 축소를 쉽게 이루지 못해, 결과적으로 대규모 재정 적자를 벗어나지 못했다.

리하는 수요자 지원 방식(전자 바우처 사업)이 혼재되어 발생하는 혼란과 무책임성 등의 문제를 해결해야 하며, 개인이나 영리 조직이 진입해 서비스 공급이 부실해지는 문제를 극복하기 위해 국가 수준에서 최저 서비스 기준을 제정해 관리·감독을 실시해야 한다. 또한 구축 초기 단계에 있는 사회복지 통합 관리 시스템을 내실화해 통합 관리와 원스톱 서비스를 제공할 수 있도록 해야 한다(노기성 2011).

효율적 복지를 위해 유의해야 할 또 하나의 문제는 근로 유인에 관한 문제다. 복지 제도의 중심이 되어 있는 국민 기초 생활 보장 제도에 이 같은 문제가 있다. 수급자와 비수급자 사이에 혜택이 현격하게 차이가 나기 때문에 수급자들의 근로 유인이 미약한 것이다. 이 문제는 수급자들의 의존성을 키워 빈곤 탈출을 어렵게 하고, 복지에 대한 중산층의 부정적 인식을 유발할 가능성이 있다. 자활 사업 등으로 이를 해결하고자 노력하고 있지만 더 근본적인 대책이 필요하다(구인회 2005). 근로 장려 세제를 전면적으로 실시하는 것도 하나의 대안이 될 수 있을 것이다. 근본적으로는 보편적인 사회보장과 사회보험이 내실화되어 중산층에게도 충분한 혜택이 가게 함으로써 수급자와 비수급자 사이의 혜택 차이를 줄일 수 있어야 한다.

3) 정치적 지지 확대의 원칙

경제민주화 정책이나 복지 정책은 논란이 많을뿐더러 이를 반대하는 세력도 강고하게 존재한다. 특히 서구에서는 이런 경제사회 개혁이 노동조합의 힘을 바탕으로 추진되었으나, 우리나라의 경우 노동조합의 조직률이 10퍼센트에 불과하고 힘이 미약한 탓에 개혁 추진 동력이 취약하다(고세훈 2012). 따라서 경제민주화와 복지국가에 관심이 있는 시민

사회나 각종 이익집단들의 연대를 구축하는 경제민주화 동맹이 필요하다(유종일 2011). 여기서 진보적 정당이 구심 역할을 해주는 것이 중요한데, 이를 위해서는 정책의 추진 과정에서 개혁에 대한 정치적 지지가 확대되고 공고화될 수 있도록 고려할 필요가 있다. 예를 들어, 재벌 개혁과 관련해 만인의 공분을 자아내는 일감 몰아주기나 골목 상권 문제를 먼저 이슈화하는 것이 좋을 것이다. 복지 정책에서 비교적 적은 예산 투입으로 많은 국민에게 혜택을 실감하게 할 수 있는 학교 무상 급식이 이슈로 부각되었던 것도 훌륭한 사례 중 하나이다.

정치적 지지 확대의 원칙과 관련해 가장 중요한 것은 경제민주화를 통한 양극화 극복이 복지국가 정책에 우선한다는 것이다. 다시 말해 복지국가 건설의 최대 장애물이라고 할 수 있는 양극화 문제를 우선 일정하게 해결해야 한다는 것이다. 그렇지 못할 경우 상당한 규모의 보편적 증세는 불가능하고, 부유층 증세만으로는 보편적 복지를 위한 재원을 마련할 수 없을 것이며 그나마도 조세 저항과 포퓰리즘 논란에 맞닥뜨릴 것이다. 급속한 고령화로 인한 복지 재정 수요의 급팽창을 고려한다면 더욱더 경제민주화를 통해 보편적 증세의 기반을 만들어야 할 것이다. 그렇다고 경제민주화의 완성 이후로 복지국가 건설을 미루자는 것은 아니다. 앞 절에서 논의한 바와 같은 양극화를 심화시키는 핵심적인 요인들을 공략해 양극화 경향을 반전시키는 것이 선결 과제라는 것이다. 재벌 규제 강화와 중소기업 및 중소 상인 보호, 노동권 강화와 산별 교섭 구조 확대 및 비정규직 차별 해소 등을 추진함과 아울러, 일자리 창출 및 중소기업 경쟁력 강화 정책을 추진하는 것이 우선적인 정책 과제이다.

이는 곧 2단계 증세 전략을 의미한다. 현재 복지 재원 마련을 위한 증세 전략과 관련해 부자 증세론과 보편적 증세론이 첨예하게 대립하고 있다. 많은 복지학자들이 보편적 증세론을 주장하고 있는 것이 사실이다. 대표적으로 윤홍식(2011)은 다음과 같이 주장한다. "보편주의 복지는 부자가 가진 것을 뺏어서 국민들에게 나누어 준다는 개념이 아니라, 우리가 낸 것을 다시 돌려받는다는 개념이다. 그러니 보편주의 복지를 위해서는 좀 더 많은 사람들이 세금을 부담해야 한다. 일부만이 세금을 내는 자산세와 법인세보다는 [과세 범위를 넓힌 누진적] 개인 소득세, 소비세, 사회보장세가 더 보편적인 재원이 될 수 있기 때문이다. 다시 말해, 복지 수급자와 세금을 내는 사람이 일치해야 한다는 것이 보편주의 복지의 핵심 원리다."

그러나 복지국가 지지 세력의 취약성을 고려할 때 정치적 지지 확대의 원칙은 중요하다. 이 원칙을 따르자면 우선 제1단계로서 부자 증세를 추진하고, 양극화 극복에서 일정한 성과를 낸 이후 제2단계로 보편적 증세를 추진하는 것이 바람직할 것이다. 제1단계에서는 부자 증세만으로는 재원을 확대하는 데 한계가 있으므로 복지 정책의 우선순위를 잘 정해 추진해야 할 것이다.

정치적 지지 확대의 원칙에 입각하면 정책의 우선순위에 관한 몇 가지 사항을 유추할 수 있다. 예를 들어 이미 국민적 공감대가 강하게 형성되어 있는 분야부터 우선 추진하고 국민적 이해가 부족한 정책을 나중에 추진하는 것, 그리고 경기 상황이 좋을 때 일시적 충격이 예상되는 정책을 실시하고 좋지 않을 때는 가급적 충격이 없는 정책들을 실시하는 것 등이다. 중장기적으로는 중소기업과 중견 기업을 육성하고 협동조합 등 사회적 경제를 활성화해 기업 생태계를 건강하게 만들어야 경제민주화와 복지국가에 대한 지지 기반을 확고하게 구축할 수 있을 것이다.

6. 나가며

이 글에서는 최근 한국 사회의 화두가 되어 있으며 가히 시대정신이라고 할 수 있는 경제민주화 담론과 복지국가 담론을 검토하고, 양자 사이의 관계를 규명했다. 그리고 경제체제와 복지 체제의 상호 보완성을 확보한 통합적 사회경제 정책을 추진하기 위한 원칙과 전략을 논했다. 이 글의 주장을 요약하면 다음과 같다.

첫째, 경제체제와 복지 체제는 생산-재생산의 연계 고리로 묶여 있어서 복지 체제가 경제체제의 공정·효율·성장 등과 관련해 중요한 영향을 미치며, 양 체제 사이에는 제도적 보완성과 조응 관계가 존재한다.

둘째, 경제민주화 담론에는 보수적 자유주의, 진보적 자유주의, 사회주의적 담론이 존재하고, 복지국가 담론에는 사회 투자 국가론, 보편적 복지론, 잔여적 복지론 등이 존재한다. 경제체제와 복지 체제의 선택적 친화성에 의해 이들 간의 양립 가능한 조합은 한정된다. 보수적 자유주의는 잔여적 복지 혹은 사회 투자 국가론과 결합이 가능하다. 진보적 자유주의나 사회주의적 경제민주화 담론은 보편적 복지와 결합할 수 있다.

셋째, 보수적 자유주의 경제민주화와 잔여적 복지의 조합으로는 우리 사회 최대의 문제인 양극화를 전혀 극복할 수 없기 때문에 이는 적절한 대안이 아니다. 또한 사회주의적 대안이 성립하는 것도 상정하기 어렵기 때문에 최선의 대안은 진보적 자유주의 경제민주화와 보편적 복지의 결합이다.

넷째, 보편적 복지는 진보적 자유주의 경제민주화의 일부이며 또한 경제민주화는 보편주의적 복지국가의 전제이다. 양자 사이에는 강력한 상호 보완성이 존재한다.

다섯째, 재벌 독식 구조와 노동시장의 이중 구조화는 양극화를 추동하고 복지국가의 발달을 저해하는 가장 핵심적인 한국 경제의 구조적 특성이다. 이를 개혁하는 것이 경제민주화의 핵심 정책이다.

여섯째, 경제민주화와 복지 확대는 병행해 추진할 과제이지만 구체적인 개별 정책들 사이의 우선순위는 전략적으로 결정해야 한다. 이와 관련해 다음의 세 가지 원칙에 입각해 전략을 도출할 필요가 있다. 제1원칙은 양극화 극복 우선의 원칙이다. 복지를 통해 양극화를 극복한다는 것은 잘못된 생각이고, 우선 양극화 경향을 돌려놓아야 지속 가능한 복지국가를 건설할 수 있다. 로빈 후드의 역설과 재분배의 역설이 이를 말해 준다. 제2원칙은 중장기적 재정 건전성의 원칙이다. 예를 들어 경기하강 시에 지출을 적극적으로 확대해 복지 확충과 경기 부양 효과를 동시에 도모하고, 경기회복 시에는 조세를 인상해 재원을 확보한다. 제3원칙은 정치적 지지 확대의 원칙이다. 예를 들어 복지 재원 마련을 위해 제1단계로서 부자 증세를 추진하고, 양극화 극복에서 일정한 성과를 낸 이후 제2단계로 보편적 증세를 추진하는 것이 좋은 방법이다.

마지막으로, 경제민주화 담론이나 복지국가 담론 모두 이제까지는 다양한 정책을 열거하기만 했을 뿐 추진 전략에 대한 체계적인 논의는 거의 없었다. 성공적인 정책 실현을 위해 향후 진전된 연구와 논의가 있어야 할 것이다.

참고문헌

강철규 외 엮음. 1992. 『경제민주화의 길』. 비봉출판사.

고세훈. 2012. "노동 '있는' 복지국가: 논리, 역사, 전망." 조홍식 엮음. 『대한민국, 복지국가의 길을 묻다』. 이매진.

구인회. 2005. "국민기초생활보장 제도의 근로유인효과 개선방안." 『사회보장연구』 21권.

김상조. 2012. 『종횡무진 한국경제』. 오마이북.

김연명. 2011. "한국 복지국가의 진로와 과제." 『계간광장』 제10호.

김연명 외. 2011. 『대한민국복지 : 7가지 거짓과 진실』. 두리미디어.

김주훈. 2012/04/30. "대기업과 중소기업 간 양극화에 관한 해석." 『KDI 포커스』 통권 제16호.

김형기. 2012. "경제 민주화, 어떻게 접근할 것인가?." 한국선진화포럼 65차 월례토론회 발표문.

김희삼. 2011. 『영어교육 투자의 형평성과 효율성에 관한 연구』. 한국개발연구원.

노기성 엮음. 2011. 『사회 서비스 정책의 현황과 과제 : 사회복지서비스를 중심으로』. 한국개발연구원.

변형윤. 1992. "경제민주화의 의의와 과제." 강철규 외 엮음. 『경제민주화의 길』. 비봉출판사.

서울대학교 산학협력단. 2007. 『지속 가능한 한국의 복지국가 비전과 전략』. 보건복지부.

서울사회경제연구소 엮음. 2011. 『한국의 빈곤확대와 노동시장구조』. 한울.

송원근·안종범·고영선. 2011. 『지속가능한 복지체계와 재정정책』. 한국경제연구원.

신동면. 2009. "생산레짐과 복지체제의 선택적 친화성에 관한 이론적 검토." 정무권 엮음. 『한국 복지국가 성격논쟁 II』. 인간과복지.

안재흥. 2004. "생산레짐과 복지국가체제 상호연계의 정치: 이론적 논의와 스웨덴 노사관계 사례의 분석." 『한국정치학회보』 38집 5호, 391-416쪽.

양재진. 2004. "한국의 발전주의적 노사 관계와 복지 제도의 기원: 생산 레짐 시각에서 본 1962~1986년의 재해석." 한국정책학회 춘계학술대회 발표논문.

유경준. 2012. "소득양극화 해소를 위해." 『KDI FOCUS』 제15호.

유종일. 2006. "경제구조 개혁론: 양극화 극복을 위한 정책 방향." 『신진보리포트』 봄호.

_____. 2011. 『경제119』. 시사IN북.

_____. 2012. 『유종일의 진보경제학 : 철학, 역사, 그리고 대안』. 모티브북.

윤진호·유철규 엮음. 2000. 『구조 조정의 정치경제학과 21세기 한국 경제』. 풀빛.

윤홍식. 2011. "보편적 복지는 무책임한 퍼주기일까." 김연명 외. 『대한민국 복지 : 7가지 거짓과 진실』. 두리미디어.

이병천. 2012. "정글자본주의에서 참여자본주의로: 이중화의 정치경제와 복지-생산체제 혼합 전략." 조홍식 엮음. 『대한민국, 복지국가의 길을 묻다』. 이매진.

이상이. 2010. 『역동적 복지국가의 논리와 전략』. 밈.

이승훈. 2012. "경제 민주화, 그것은 무엇을 의미하는가?." 한국선진화포럼 65차 월례토론회 발표문.

이시균·윤진호. 2007. "비정규직은 정규직으로 전환할 수 있는가." 『경제발전연구』 제13권 2호.

이태수. 2011. 『왜 복지국가인가』. 이학사.
임채원. 2007. 『사회 투자 국가 : 미래한국의 새로운 길』. 한울.
은수미. 2012. "복지국가, 하나로!: 두 시장과 두 노동을 넘어서는 보편적 복지국가의 길." 조홍식 엮음. 『대한민국, 복지국가의 길을 묻다』. 이매진.
장상환. 2001. "경제민주주의와 삶의 질." 『세계정치경제』 제8호.
장세진. 1993. "경제민주화의 개념에 관한 소고." 서울사회경제연구소 엮음. 『경제연구』 제1호.
장하준·정승일·이종태. 2012. 『무엇을 선택할 것인가』. 부키.
전철환. 2002. 『경제민주화와 위기의 대응철학』. 지식산업사.
정무권. 2007. "복지국가 연구의 최근 동향과 쟁점: 자본주의 다양성 이론과 복지국과 재편 논쟁." 『현대 정치학이론의 발전』.
정준호. 2012. "분배 친화적 성장을 위한 생산-복지 체제와 신산업정책의 모색." 유종일 엮음. 『경제민주화 : 분배 친화적 성장은 가능한가』. 모티브북.
정진우. 2012. 『공중위생수준 제고를 위한 실태 조사 및 제도개선방안 연구』. 보건사회연구원.
조홍식 엮음. 2012. 『대한민국, 복지국가의 길을 묻다』. 이매진.
토니, R. H. 1982. 『평등』. 김종철 옮김. 한길사. [Richard H. Tawney. 1952. *Equality*. Allen & Unwin]
핫또리 타미오[핫토리 타미오]. 2007. 『개발의 경제사회학』. 유석춘·이사리 옮김. 전통과 현대.
홍종학. 2010. "민주적 시장경제의 한국적 모형을 찾아서." 『경제와 사회』 통권 86호.
KEDI. 2006. "교육격차: 가정배경과 학교교육의 영향력 분석." KEDI 연구보고서.

『연합뉴스』. 2008/09/16. "10명중 3명은 자영업 … OECD 최고비중."
『프레시안』. 2012/12/27. "지금은 '적자 재정'이 정답이다." http://www.pressian.com/article/article.asp?article_num=10121226155336
『한겨레』. 2013/06/18. "한국이 스웨덴보다 빈부격차 적다? … 통계청 직원도 못믿는 '지니계수'."

Alemán, José and Oscar Torres-Reyna. 2011. "Solving the Robin Hood Paradox: Inequality, the Median Voter, and Redistribution." APSA 2011 Annual Meeting Paper.
Amable, B. 2003. *The Diversity of Modern Capitalism*. Oxford: Oxford University Press.
Atkinson, A. B. 1999. *The Economic Consequences of Rolling Back the Welfare State*. MIT Press.
______. 2000. "Is Rising Inequality Inevitable? A Critique of Transatlantic Consensus." *WIDER Annual Lectures 3*. Helsinki: WIDER.
Bradley, David et al. 2003. "Distribution and Redistribution in Postindustrial Democracies." *World Politics*. Vol. 55, No. 2.
Castles, Francis G. et al. eds. 2010. *The Oxford Handbook of Welfare State*. Oxford University Press.
Corden, W. Max. 2009. "Ambulance Economics: The Pros and Cons of Fiscal Stimuli."

Policy Insight. 43. Center for Economic Policy Research.

Crouch, C. 2005. *Capitalist Diversity and Change: Recombinant Governance and Institutional Entrepreneurs*. Oxford: Oxford University Press.

Dahl, Robert A. 1985. *A Preface to Economic Democracy*. University of California Press.

Estevez-Abe, Margarita et al. 2001. "Social Protection and the Formation of Skills: A Reinterpretation of the Welfare State." in Peter A. Hall and David Soskice eds. *Varieties of Capitalism: The Institutional Foundations of Comparative Advantage*. Oxford University Press.

Frank, Robert H. 2012. "Luck vs. Skill: Seeking the Secret of Your Success." NYTimes.com, August 4.

Hall, Peter A. and David Soskice eds. 2001. *Varieties of Capitalism: The Institutional Foundations of Comparative Advantage*. Oxford University Press.

ILO. 2011. *World of Work Report 2011: Making Markets Work for Jobs*. International Institute for Labour Studies.

Iversen, Torben. 2005. *Capitalism, Democracy, and Welfare*. Cambridge University Press.

_____. 2010. "Democracy and Capitalism." in Francis G. Castles et al. eds. *The Oxford Handbook of Welfare State*. Oxford University Press.

Korpi, Walter and Joakim Palme. 1998. "The Paradox of Redistribution and Strategies of Equality: Welfare State Institutions, Inequality, and Poverty in the Western Countries." *American Sociological Review*. Vol. 63, No. 5.

Krugman, Paul. 2007. *The Conscience of a Liberal*. Norton.

Lindert, Peter H. 1996. "What Limits Social Spending?." *Explorations in Economic History*. Vol. 33, No. 1.

_____. 2004. *Growing Public*. Cambridge University Press.

Manow, P. 2001. "Business coordination, wage bargaining and the welfare state: Germany and Japan in comparative historical perspective." in B. Ebbinhaus and P. Manow eds. *Comparing welfare capitalism*. London and New York: Routledge.

Mares, Isabela. 2001. "Firms and the welfare state: When, and how does social policy matter to employers?." in Peter A. Hall and David Soskice eds. *Varieties of Capitalism: The Institutional Foundation of Comparative Advantage*. Oxford: Oxford University Press.

Mares, Isabela. 2010. "Macroeconomic Outcomes." in Francis G. Castles et al. eds. *The Oxford Handbook of Welfare State*. Oxford University Press.

Moene, Karl Ove and Michael Wallerstein. 2001. "Inequality, Social Insurance, and Redistribution." *American Political Science Review*. Vol. 95, No. 4.

Noah, Timothy. 2010. "The United States of Inequality." *Slate*. Sep. 14.

Perotti, R. 1996. "Growth, Income Distribution, and Democracy: What the Data Say." *Journal of Economic Growth*. 1: 149-187.

Streeck, W. and K. Thelen. 2005. *Beyond Continuity: Institutional Change in Advanced Political Economics*. Oxford: Oxford University Press.

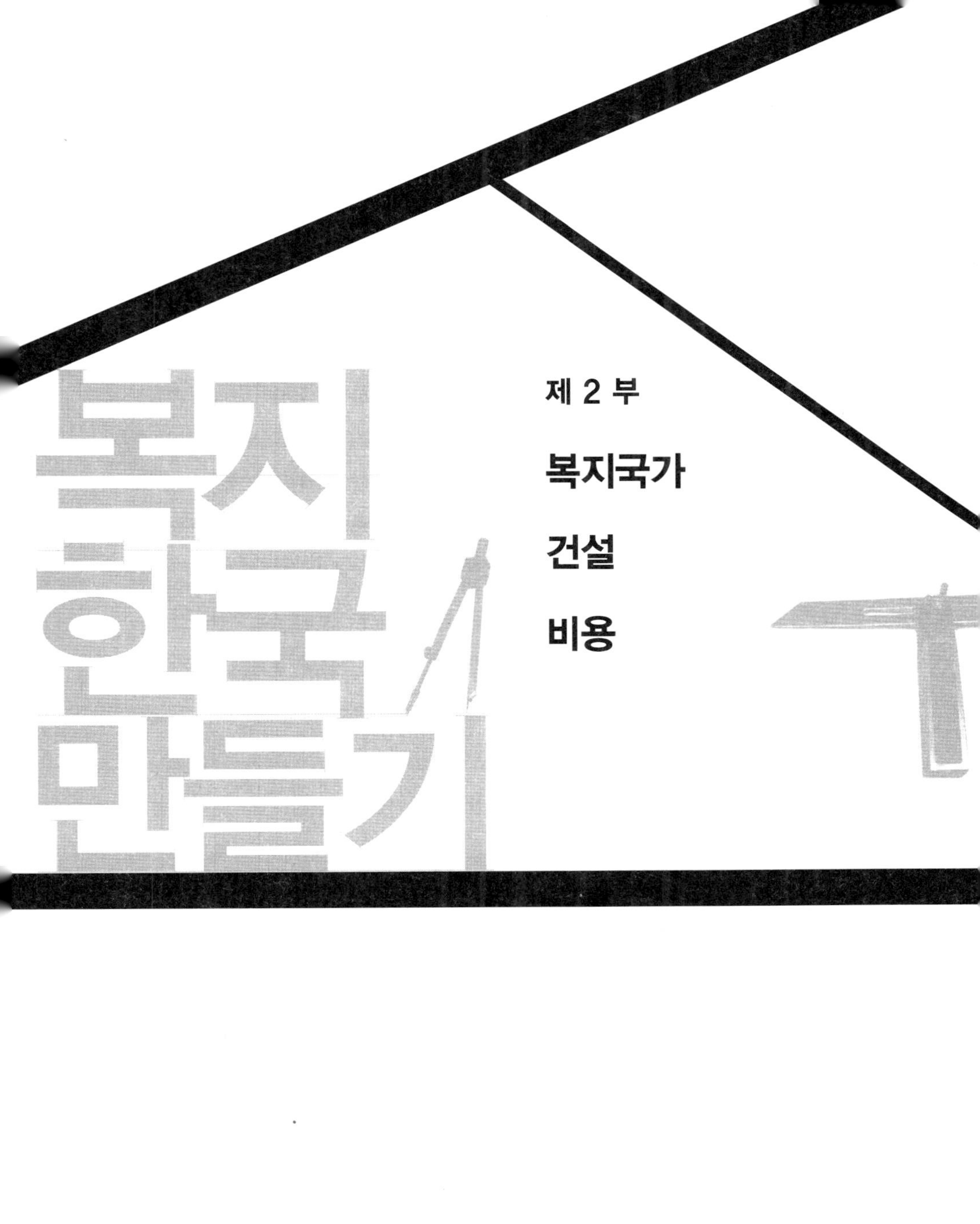

제 2 부

복지국가 건설 비용

4장

복지국가는 어떻게 조세 규모를 확대했을까

복지국가 조세 체제의 변화

윤홍식

1. 들어가며

'한국판 버핏세'를 둘러싼 논란이 뜨겁다. 2011년 참여연대와 정동영 의원은 〈소득세법〉과 〈법인세법〉 일부 개정안을 제안하면서 고소득층과 기업에 대한 증세를 공론화했다(참여연대 2011a, 2011b). 당시 감세만이 경제를 회복시키고 시민들의 삶을 개선하는 유일한 길이라고 주장해 부자를 위한 정당이라고 비난받던 한나라당도 부자 증세를 주장하는 상황이 연출되었다. 누구나 많은 복지를 바라지만 아무도 세금을 더 내기를 원하지는 않는(O'Connor 1973) 상황에서 임금 소득자의 0.28퍼센트, 종합 소득자의 1.25퍼센트, 기업의 0.38퍼센트를 대상으로 한 증세는 정치적으로 매력적이다. 세금이 불공정하게 부과되고, 부자와 기업들이 사회적 책임을 다하지 못하고 있다는 국민 정서에도 들어맞고 있다. 부

● 이 글은 윤홍식(2012)을 수정·보완한 것이다.

자 증세는 '세금이 모든 사람과 관련되어 있기 때문에 정치적으로 선호되지 않는다.'는 일반적 통념을 보기 좋게 피해 가고 있다. 명분도 좋다. 부자 증세로 99퍼센트 국민의 복지를 확대하겠다니 이보다 더 좋을 수는 없다.

하지만 부자 증세를 한다고 해서 필요한 복지 재원을 모을 수 있을까? 최고 구간을 신설해 추가되는 세수는 2012년 기준으로 9조1천억 원 정도이다(참여연대 2011a, 2011b). 그러나 2010년 기준으로 한국이 OECD 평균 수준의 복지 지출을 하기 위해 필요한 추가 재원은 대략 110조 원이다(오건호 2010). 부자 증세를 통해 걷을 세수의 12배가량이 필요하다. 물론 고소득층과 기업소득에 대한 한계 세율을 높이는 것은 조세의 공정성과 신뢰성을 강화한다는 면에서 보편적 증세의 전제가 된다. 그러나 현실적으로 부자 증세에만 기대서는 OECD 평균 수준의 복지를 설계하는 것조차 불가능하다. 복지국가를 위해 필요한 재원의 90퍼센트 이상을 부자와 기업이 아닌 일반 시민들이 부담해야 한다. 그것도 일회적인 갹출이 아니다. 안정적·지속적으로 세금을 더 내겠다는 국민들의 동의가 있어야 한다.

이렇게 보면 부자 증세를 둘러싼 논란은 복지국가를 위한 재원 마련의 출발점일 뿐이다. 단순히 증세 여부가 아니라 큰 복지국가를 가능하게 하는 조세 체제를 구축하는 것이 중요하다. 복지국가와 조세 체제의 관계를 분석한 최근 연구는 조세 체제와 복지 체제가 밀접히 연관되어 있음을 보여 주고 있다(윤홍식 2011). 그러나 복지국가를 둘러싼 논쟁(특히 국내 논쟁)에서 복지국가의 조세 체제는 주목받지 못하고 있다. 세금을 단지 복지 프로그램을 위한 도구로 이해하고 있기 때문이다. 그러나 세금은 복지 프로그램을 위한 도구가 아니다. 세금은 마르크스의 주장처럼 가장 오래된 계급투쟁의 장이며(O'Connor 1973), 제 사회 계급과 계층이 정치적 투쟁을 거친 역사적 결과이다. 그래서 조세 체제는 우리의 선호에 따라 단순히 선택할 수 있는 프로그램이 아니다. 이런 문제의식에 근거해 이 글에서는 복지국가의 조세 체제가 어떻게 변화했고, 그 과정에서 복지국가가 어떻게 조세 수취 능력을 유지했는지를 분석했다. 2절에서는 연구 방법과 분석 자료를 살폈고, 3절에서 복지국가 조세 체제의 변화 양상, 대규모 조세 수취를 위한 몇 가지 조건들을 검토했다. 마지막 절에서는 분석 결과를 정리하고 부자 증세와 관련된 최근 논란을 중심으로 조세와 관련된 함의를 정리했다.

2. 어떻게 논의를 풀어 갈 것인가

이 글은 소득세와 소비세의 세율과 조세 지출의 변화, 국가의 조세 수취 역량에 대해 정리하고, 이를 근거로 한국 사회에서 제기되고 있는 증세와 관련된 정책 함의를 도출하기 위해 작성되었다. 이를 위해 지금까지의 연구들을 종합하고, 각각의 논리에 조응하는 경험적 자료를 제시하는 형식으로 논의를 전개했다. 먼저 복지국가 조세 체제의 변화는 주로 국내외 선행 연구들에 의존했다. 다만 복지국가의 조세 체제에 대한 국내 문헌이 매우 적어 주로 외국 문헌을 중심으로 쟁점들을 정리했다. 검토 대상은 1980~90년대 조세개혁의 영향을 직접적으로 받은 개인소득세·법인소득세·일반소비세를 중심으로 했다. 왜 소득세를 낮추고 소비세를 올렸는지, 능력에 따라 세금을 내는 원칙은 왜 지켜지지 못했는지 등과 관련된 논의를 정리했다. 사회보장 기여금에 대한 분석도 복지국가의 조세 체제를 이해하는 데 핵심적이지만 사회보장 기여금은 일정 정도 보험 수리 원칙[1)]이 지켜진다는 점에서 이 연구의 분석 대상에서 제외했다. 대신에 최근 한국 사회에서 조세와 관련된 논란의 쟁점인, 직접세이면서 누진세인 소득세, 그리고 간접세이면서 역진세인 소비세를 중심으로 분석했다.

더불어 소득세·소비세와 같이 세목은 아니지만 조세 지출도 복지국가의 조세 체제를 이해하는 중요한 정책이라는 점에서 검토 대상에 포함했다. 사실 조세 지출은 세율과 함께 민간경제를 활성화한다는 명목으로 광범위하게 사용되고 있는 재정 정책의 수단이다. 분석 방법은 주로 문헌 연구를 중심으로 검토했지만 OECD 국가들의 총 세수 규모와 분석 대상이 되는 세목의 세율과의 관계는 OECD(2011)를 이용해 분석했다. 조세의 GDP 대비 비중과 각 세목의 세율 간의 관계를 분석한 이유는 세금 부담의 변화 양상에 대해 관찰할 수 있기 때문이다. 예를 들어, 법인세율이 인하되었음에도 총 세수가 증가했다는 것은 법인이 담당하던 세금을 다른 누군가가 대신 부담했을 가능성이 증가했다는 것이다. 다시 말해, 각 세율 변화와 조세 규모를 관찰함으로써 복지국가가 필요한 조세 규모를 어떻게 유지했는지를 추측할 수 있다.

분석 시기는 본격적으로 감세 정책이 이루어진 1980년대부터 최근(2008년)까지의 경향을, 자료에 접근할 수 있는 범위 내에서 제시했다. 다른 변수들을 통제한 것이 아니기 때문에 인과관계를 밝힐 수는 없지만 국가의 총 세수 규모와 소득세율, 소비세율, 조세 지출 규모의 상관관계가 시간의 흐름에 따라 변화하는 모습을 제시하고자 했다. OECD(2010a, 2011)를 분석 자료로 활용했다. 자료를 확보하기가 어려웠던 조세 지출 자료는 OECD 각국의 순사회 지출에서 사회 지출을 차감한 수치를 사

1) 보험 가입자가 기여한 정도에 따라 보험 혜택을 받는다는 원칙이다.

용했다.[2] 세수 역량이 큰 조세 체제와 관련된 논의는 소득세, 소비세, 조세 지출과 관련된 논의들을 종합해 기존 문헌에서 분석한 내용들을 정리했다.

3. 조세 체제를 둘러싼 주요 쟁점

1) 소득세를 둘러싼 변화와 쟁점

(1) 법인세를 둘러싼 논란 : 자본의 해외 유출

법인세를 둘러싼 쟁점은 세계화 논란과 직결된다. 세계화로 자본의 이동성이 높아져 자본의 해외 유출을 막고 자국 기업의 경쟁력을 유지하기 위해서는 법인세 인하가 필수적이라는 것이 핵심 쟁점이다. 이런 논리는 1970년대 경제 위기와 한국과 홍콩 등 신흥공업국의 부상과 맞물리면서 대부분의 산업화된 국가들에서 정당화되었다. 그러나 자본의 해외 유출에 대한 우려는 새로운 것이 아니다. 1906년 영국에서도 자본의 해외 유출에 대한 우려가 제기되었다(Steinmo 1993, 55). 그 내용도 지금과 다르지 않다. 영국 국세청은 소득세의 누진성을 강화할 경우 자본의 해외 유출을 촉진할 것을 우려해 임금 소득과 비임금 소득에 대한 차

---

2) 순사회 지출은 사회 지출에서 사회 지출에 부과되는 세금과 조세 지출을 차감한 것이다. 차감한 수치가 '−'라는 이야기는 조세 지출이 사회 지출에 부과되는 세금을 공제하고 나면 제공되지 않을 뿐만 아니라 실제로 세금을 더 낸다는 것을 의미한다. 반대로 차감한 수치가 '+'라는 이야기는 복지 급여에 세금을 부과한 것보다 조세 지출, 즉 조세 감면, 보조금, 조세 환급 등으로 지급받는 규모가 더 크다는 것을 의미한다.

그림 4-1 | GDP 대비 총 조세 비중과 법인세 비중의 비교 (1965~2008년; 단위 : %)

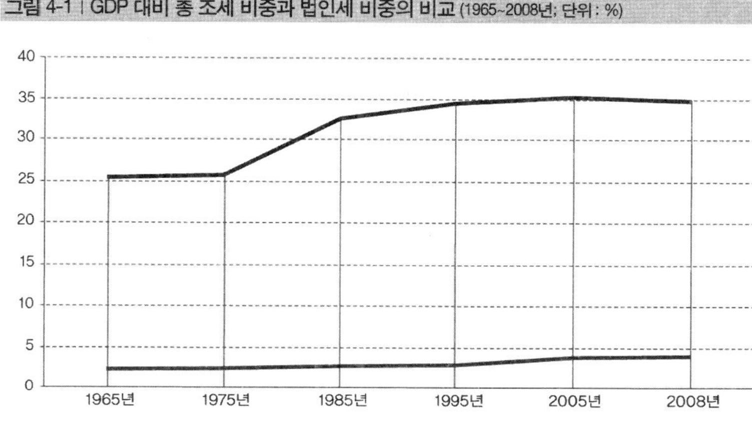

자료 : OECD(2010a).

별 과세를 적용하고, 자산에 대한 세금은 높이지 않았다. 이렇듯 자본의 해외 유출에 대한 논란은 항상 있어 왔지만 1980년대에 들어서면 '자본의 이동성'에 대한 우려가 법정 법인세율을 낮추는 강력한 논거가 된다(윤홍식 2011).[3] 외국자본을 자국에 유치하려는 적극적 대응에서부터 자국 자본이 해외로 유출되는 것을 막으려는 소극적 대응까지 법인세율을 낮추라는 주장의 근거가 되었다는 점은 공통적이다.

법인세율 인하가 국가의 조세 수취 역량에 미친 영향은 무엇일까? 물론 지난 반세기 동안 GDP 대비 법인세 규모는 다소 증가했다(〈그림

---

3) 흥미로운 사실은 레닌이 주도한 제3인터내셔널에서 볼셰비키는 마르크스의 예상과 달리 노동자들의 혁명에 의해 자본주의가 붕괴되지 않는 이유는 자본의 세계화 때문이라고 주장했다는 점이다(Lenin 1989). 즉 역설적이게도 자본의 세계화는 자본주의의 위기가 아니라 자본주의적 착취 질서를 영속화하는 토대로 이해되었다.

그림 4-2 | 법정 법인소득세율과 GDP 대비 총 조세 비중 (1981, 1991, 2001, 2008년; 단위 : %)

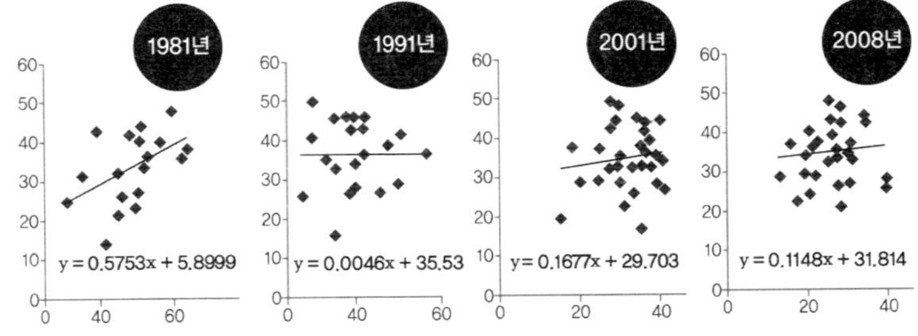

주 : 가로축은 법인에 대한 법정 세율, 세로축은 GDP 대비 총 조세 비중.
자료 : OECD(2010a).

4-1〉). 그러나 총 세수 대비 법인세의 비중은 법인세율이 낮아지기 시작한 1980년대부터 감소했다. 이로 인해 법인세율과 GDP 대비 총 조세 규모의 관계가 변화했다(〈그림 4-2〉). 법인세 인하가 본격적으로 진행되기 전인 1981년에는 법인세율과 GDP 대비 총 조세 비중이 정正의 상관관계를 갖는 것으로 나타났다. 법인세율이 높은 국가들이 총 조세 규모도 컸다. 그러나 법인세 인하 경쟁이 본격적으로 진행되면서 법인세율과 GDP 대비 총 조세 비중의 관련성은 사라진다. 법인세율이 높고 낮음은 OECD 국가들의 GDP 대비 총 조세 규모와 관련이 없다.

쟁점은 두 가지다. 하나는 법인세율을 낮춘 논거였던, 법인세율과 자본 이동성의 관계이고, 다른 하나는 GDP 대비 법인세의 비중이 상대적으로 낮아졌다면 (GDP 대비 총 조세 규모에 비해) 법인소득세의 감소분을 다른 세원으로 대체해야 했다는 것이다. 먼저 자본의 이동성을 검토해 보자. 세계화가 진행되면서 자본의 이동성이 증가한 것은 사실이지만 그 영향에 대한 평가는 상이하다. 1992년 마스트리히트 조약이 체결되어 유럽에서 자본의 이동성이 증가했다고 하지만, 유럽 경제에서 자본

통합 규모는 1970년 0.6퍼센트에서 2004년 현재 5.0퍼센트로 4.4퍼센트 포인트 증가하는 데 그쳤다(Bettendorf, Gorter and van der Horst 2006, 13). 더욱이 법인세율을 낮춘다고 해서 외국자본의 직접투자FDI가 증가하는 것도 아니다(Keuschnigg 2009). 법인세율은 자본이 투자 지역을 결정하는 중요한 고려 사항 중 하나임에 분명하지만 임금수준, 사회경제적 인프라, 인적 자본, 정치적 안정성 등이 더 중요한 결정 요인이다(Keuschnigg 2009; Sørensen 2003). 공공경제학자인 메그나드 데사이Meghnad Desai(천진 2011, 228)도 특정 국가의 조세정책은 다국적기업이 투자 지역을 결정하는 주된 기준이 아니라고 지적하고 있다. 오히려 다국적기업이 직접투자를 하는 이유는 새로운 시장을 개척해 시장 지배력을 유지하기 위해서이지, 조세정책 때문이 아니라는 것이다. 이런 이유로 명목 법인세율이 낮아졌지만 법인세 인하 경쟁은 현실화되지 않았고,[4] 지난 수십 년 동안 유효 법인세율은 상당히 안정적으로 유지되었으며(Lassen and Sørensen 2002, 86) 심각한 자본 유출도 발생하지 않았다. 법인세가 총 조세에서 차지하는 상대적 비중이 감소했을 뿐이다.

다른 하나는 법인소득세가 상대적으로 감소해도 고령화와 탈산업화로 인한 사회 지출이 감소할 가능성은 거의 없다는 점이다. 세입이 세출을 전제로 결정된다는 점을 고려하면 세입의 증가폭보다 법인세의 증가폭이 작다는 것은 법인 이외의 세원으로부터 세금을 더 걷어야 한다는 것을 의미한다. 이미 많은 문헌에서 지적하고 있듯이 자본의 이동성으로 인한 법인세 감면은 세금 부담을 자본에서 노동(임금과 소비)으로 이동시켰다(Swank and Steinmo 2002; Sørensen 2003). 결국 법인세가 상대적으로

4) 명목 법인세율의 인하는 법인에 대한 조세 감면의 축소를 수반해, 결과적으로 실질 유효 세율에는 큰 변동이 없었다(Steinmo 1993; Ganghof 2006a).

감소하면 임금 소득 또는 소비에 대한 세금이 높아진다. 그러나 정책 입안가들은 임금 소득세를 높이면 고용에 부정적 영향을 초래한다는 이유로(Lassen and Sørensen 2002, 86; Kemmerling 2002, 36), 그리고 소비세를 높이는 것은 불평등을 확대한다는 이유로 세율 인상에 반대했다(Lindert 2004; Steinmo 1993). '세계화'를 논거로 법인세를 낮추고, 부족한 세수를 노동에 대한 세금으로 대신하려는 시도는 차악을 피하기 위해 가장 나쁜 선택을 하는 결과를 낳을 수도 있기 때문이다(윤홍식 2011, 290). 그러나 결국 대다수 복지국가들은 자신들의 방식으로, 법인세율을 인하해 부족해진 세수를, 노동과 소비에 대한 세금을 인상해 보존했다.

(2) 개인소득세, 다시 능력에 조응하는 과세로

지금이야 대부분의 시민들이 개인소득세를 내지만 그전만 해도 개인소득세는 이른바 최상층 부자들만이 내는 세금이었다(Steinmo 2003, 209). 개인소득세가 지금처럼 광범위한 대중을 대상으로 누진적으로 제도화된 계기는 두 가지 요인과 관련된다. 하나는 이전과는 완전히 상이한 전쟁(제1차 세계대전) 때문이다. 제국주의 국가들은 엄청난 전쟁 비용을 마련하기 위해 누진적 소득세를 제도화했다(Genschel 2002). 이전까지 전쟁 비용은 주로 차입을 통해 조달되었지만 제1차 세계대전의 전비는 차입으로 감당할 수 없을 만큼 막대한 규모였기 때문에 전쟁 자금을 조달하기 위해 상위 5퍼센트만 부담하는 초과 이윤세, 전쟁 준비세 등을 제도화했다. 이런 세금은 이후 국민국가의 조세제도에서 근간을 이룬다(Steinmo 2003).

또 다른 요인은 참정권 확대와 관련되어 있다. 전통적으로 세금은 저소득층에게만 부과되었기 때문에 참정권 확대를 위한 투쟁에서 핵심 이슈였고,[5] 이후 참정권이 확대됨에 따라 세금 부담을 저소득층에서 상층으로 이동시키는 계기가 된다. 여기서 주목해야 할 점은 소득세, 법인세, 브유세 등은 좌파에 의해 도입된 세금이 아니었다. 대신에 이런 세금이 국가의 부와 소득을 크게 증가시킬 수 있다고 믿었던 관료 엘리트들에 의해 도입되었던 것이다(Steinmo 1993, 65).[6]

신무기가 출현하는 등 제1차 세계대전보다 더 많은 전비가 필요했던 제2차 세계대전을 거치면서 소득세는 대중적 세금으로 자리 잡게 된다. 전쟁이 끝나고 낮아질 것으로 예상됐던 세율은 낮아지지 않았고, 국가의 역할 또한 전쟁 이전 수준으로 축소되지 않았다. 이미 참정권이 보편적으로 확대된 상태에서 정부로서는 부자들에 대한 세금을 낮출 수 있는 정치적 능력과 의지가 없었다(Steinmo 1993, 2002, 2003). 정부는 조세정책을 통해 경제 발전을 촉진할 수 있다고 믿었다. 또한 조세정책은 자본주의사회가 야기한 불평등을 완화할 수 있는 유력한 수단으로 간주되었다. 이후 능력에 따라 부자가 더 세금을 내는 원칙은 조세정책의 핵심 원리로 자리 잡게 된다.

그러나 1970년대에 들어서면서 한때 94퍼센트에 이르는 개인소득에 대한 최고 세율[7]은 대부분의 산업화된 국가에서 급격히 낮아졌다

---

5) 예를 들어, 18세기 프랑스 귀족들은 자신들이 프랑스 사회에 특별한 이익을 가져다주기 때문에 세금을 면제받아야 한다고 주장했으며(O'Connor 1973), 조선에서도 양반은 세금을 면제받았다.

6) 보스 세력이 복지국가가 성립하는 데 중요한 역할을 했고, 복지국가를 가능하게 했던 국가의 재정 능력을 확대하는 데도 지대한 역할을 했다는 점은 복지국가를 이해하기 위해 주목해야 할 사실이다.

7) 제2차 세계대전 중인 1944년 미국은 연간 20만 달러 이상의 소득에 대해 94퍼센트의 세율을 적용한다(Steinmo 1993, 102). 이처럼 높은 세율이 정당화된 근거는 노동자들이 전쟁터에서 피를 흘리고 있다면, 전쟁을 통해 막대한 부를 축적하고 있는 이들은 이에 상응하는 희생을 치러야 하며, 그 희생은 높은 세금을 부담하는 것이라는 사회적 공론에 근거한 것으로 추정된다. 물론 이런 명목적 세율을 적용받는 대상은 극소수였을 것으로 추정된다.

그림 4-3 | 임금 소득에 대한 최고 세율 (1981, 1994, 2009년; 단위 : %)

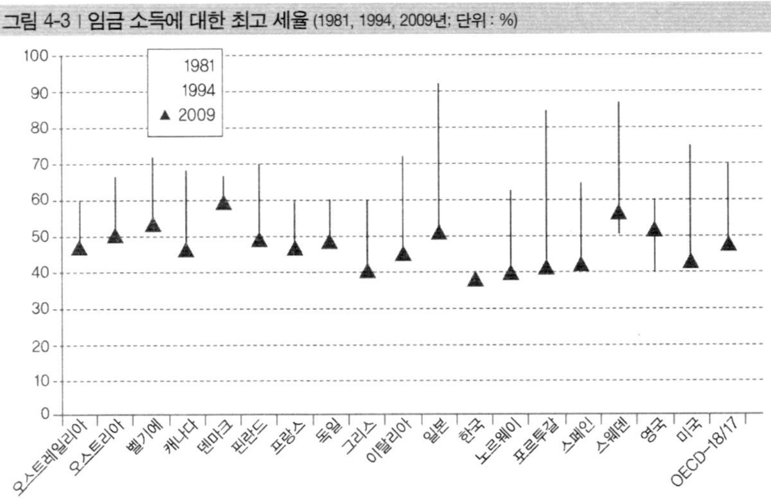

자료 : OECD(2010a).

(Genschel 2002). 〈그림 4-3〉을 보면 지난 30년 동안 임금 소득에 대한 법정 최고 세율이 큰 폭으로 낮아졌음을 알 수 있다(OECD 2010b). 세제 개혁이 시행되면서, 소득세율은 1980년대 들어 종전 이후 전례가 없는 수준으로 떨어졌다(Kemmerling 2002). 특히 보편주의 복지국가와 잔여주의 복지국가를 대표하는 스웨덴과 미국의 조세개혁이 공간적·시간적·이념적 차이를 넘어 놀라울 정도로 유사해 보였다.

스웨덴에서는 1981년[8] 중앙당·자유당·사민당이 대규모 감세에 동의하는 조세개혁(일명 '경이로운 밤'Wonderful Night)을 단행한다(Ganghof 2006a; Norrman and McLure Jr. 1997; Steinmo 1993). 핵심은 한계 세율을 20퍼센트포인트 낮추고, 이자 지출에 대한 세금 감면 비율을 최대 50퍼센트까지로

8) 1981년 조세개혁에 대한 합의가 이루어졌지만 이를 시행한 시기는 1983년부터 1985년 사이로 소수 사민당 정권(올로프 팔메 총리의 집권 제4기에 해당)하에서이다(Ganghof 2006a, 87).

제한하는 개혁이었다. 1981년 87퍼센트에 달하던 임금 소득의 최고 세율은 1994년에는 51퍼센트로 낮아진다(OECD 2010b).[9] 미국도 레이건 정부하에서 1986년 대규모 감세를 단행한다(Ganghof 2006a; Steinmo 1993). 미국 역시 1981년 75퍼센트에 달하던 한계 세율이 1990년 중반 45퍼센트로 낮아진다. 현상은 유사했지만 스웨덴의 감세가 미국보다 더 혹독했다. 반복지적이고, 신자유주의 이념으로 무장했던 미국 공화당 정부의 조세개혁으로 인한 세수 감소는 GDP 대비 1~2퍼센트포인트에 그쳤던 반면, 스웨덴의 감세 규모는 GDP 대비 6~7퍼센트포인트에 이르렀다(Ganghof 2006a, 89). 좌파는 소득재분배를 강화하기 위해 누진적 세율을 지지할 것이라는 일반적 상식과 달리, 감세 정책은 정부의 이념적 성향과 관계없이 1980년대 대부분의 산업화된 국가들에서 이행되었다. 실제로 1986년 미국에서 레이건 정부가 조세개혁을 시행한 이후, 대부분의 산업화된 국가들은 개인소득세를 포함한 이른바 누진적 세목의 세율을 대폭 낮추기 시작했다(Ganghof 2006b).

무슨 일이 벌어진 것일까? 전후 복지국가의 토대가 되었던, 능력에 따른 세금 부담과 조세를 통한 재분배 원칙은 왜 지켜지지 못했던 것일까? 개인 소득세율을 낮추고도 늘어나는 사회 지출을 감당할 수 있었을까? 다양한 원인이 있겠지만 국내외 문헌을 참고하면 개인소득세의 누진성 약화는 몇 가지 변화와 관련된 것으로 이해되고 있다. 가장 중요한 변화 중 하나는 1980년대부터 가속화된 세계화에 따른 자본의 이동성 증가이다(Bettendorf, Gorter and van der Horst 2006). 자본의 세계화로 인해

9) 1981년 조세개혁 이후 1991년 사민당·자유당 연정은 1991년 '세기의 개혁'이라고 불리는 조세개혁을 시행한다. 개혁의 핵심 내용은 한계 세율의 급격한 인하, 세금 구간의 단순화, 과세 기반의 확대로 요약된다(Kato 2003, 66). 이로 인해 최고 세율은 80퍼센트에서 51퍼센트로 급격히 낮아졌다.

자본에 대한 세금이 낮아지면서 고소득자의 세율을 낮추는 압력으로 작용했다(Ganghof 2006a). 국내 자본이 해외로 이전하려는 동기를 완화하고, 국제경쟁력을 제고하기 위해 기업에 세율 인하 정책이 시행되면서 (상대적으로 낮아진) 법인소득세율과 (여전히 높은) 개인소득세율의 차이가 벌어졌기 때문이다. 특히 소득이 같다면 동일한 세율이 적용되어야 한다는 "능력에 따른 과세 원칙"에 근거한 형평성 논리가 개인소득세 인하의 논거가 되었다(Silfverberg 2003). 자본의 이동성이 증가하면서 자본에 대한 세율을 노동에 대한 세율만큼 높일 수 없는 상황에서 노동에 대한 세율을 낮추는 것은 유력한 대안이었다. 더욱이 노동에 대한 높은 세금이 실업을 늘리고 지하경제를 양산하는 원인 중 하나로 지적되면서 개인소득, 특히 노동에 대한 소득세가 인하되었다(Genschel 2002, 261-262).

그러나 이런 경향은 1990년대 들어서면 상당히 둔화된다. 북유럽 국가들에서 자본과 노동에 대한 이중 소득세 체제를 제도화하면서 자본에는 낮은 누진율을 적용하지만 개인·임금 소득에 대해서는 높은 누진율을 적용함으로써 노동 간의 형평성을 도모하는 전략을 취했기 때문이다(Ganghof 2006a; Genschel 2002). 실제로 노동 소득에 대한 평균 유효 세율(간접세 포함)은 3~4퍼센트포인트 증가했다(Sørensen 2003, 181). 〈그림 4-4〉에서 보는 것과 같이 임금 소득에 최고 세율의 감소폭은 1990년대 중반 이후 현격히 둔화된다. (한국을 제외한) 17개국의 1981년 대비 1994년의 최고 세율은 24.8퍼센트 감소한 데 반해 1994년 대비 2009년의 감소율은 9.8퍼센트로 현격히 낮아졌다. 더욱이 1981년과 1994년을 비교했을 때는 모든 비교 대상 국가들의 최고 세율이 낮아졌지만, 1994년과 2009년을 비교했을 때 오스트리아는 변화가 없었고, 독일·포르투갈·스웨덴·영국 4개국의 최고 세율은 높아졌다.

특히 스웨덴·핀란드 등 북유럽 국가들은 고소득층에 대한 누진성을

그림 4-4 | 임금 소득에 대한 최고 세율 변화율 (1981, 1994, 2009년; 단위 : %)

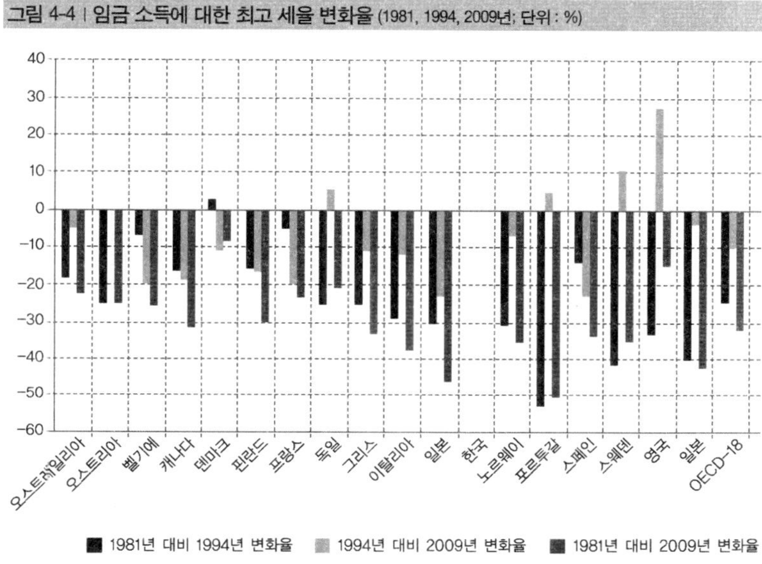

자료 : OECD(2010a).

강화하는 대신, 평균 소득자에 대한 누진성은 완화함으로써 노동 간의 형평성을 추구했다(Lassen and Sørensen 2002, 29). 중간 소득자들에 대해서는 상대적으로 낮은 세율을 적용함으로써 자본과 노동 소득 간의 형평성을 도모했지만 고소득자에 대해서는 높은 세율을 적용해 임금 소득자 간의 형평성을 도모하는 이중 전략을 취했다. 이런 전략을 취한 이유는 탈산업화와 고령화로 인해 늘어나는 복지 욕구를 충족하기 위해 더 많은 세금이 필요했기 때문이다. 실제로 스웨덴에서는 1991년 조세개혁이 불평등을 확대한 것으로 평가되면서 고소득층에 대한 세율을 높였다(Kemmerling 2002). 더욱이 높은 한계 세율이 경제에 부정적 영향을 준다는 주장은 조세가 어떻게 생산적으로 쓰이는지를 고려하지 못해 논리적 정당성이 취약해졌다(Lindert 2006). 또한 노동 소득에 대한 세금이 기업

그림 4-5 | 법정 임금 소득 최고 세율과 GDP 대비 총 조세 비율 (1981, 1994, 2009년; 단위 : %)

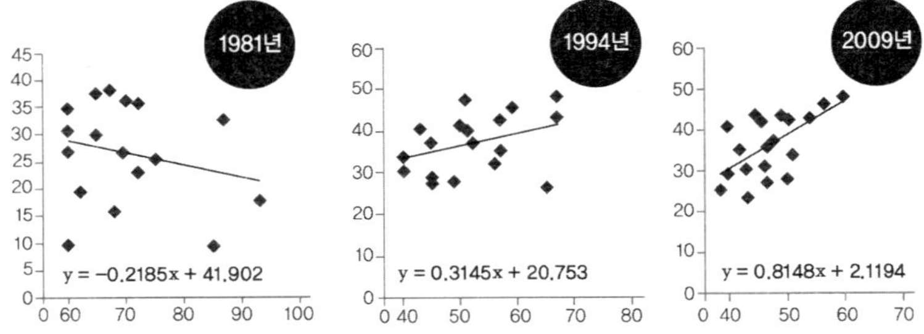

주 : 가로축은 임금 소득에 대한 법정 최고 세율, 세로축은 GDP 대비 총 조세 비중.
1) 1981년 그래프 : GDP 대비 총 조세 비율은 1975년과 1985년 GDP 대비 총 조세 비율의 합을 나눈 값이다. OECD(2010b)에서 1981년 자료를 제시하고 있지 않아서 불가피하게 두 수치를 평균했다. 실제 두 기간의 총 조세 규모 간 차이는 거의 없었다.
2) 1994년 그래프 : GDP 대비 총 조세 비율은 1995년 자료를 이용할 수 없어서 1994년 자료로 대체했다.
3) 2009년 그래프 : 오스트레일리아·일본·이탈리아·포르투갈의 GDP 대비 총 조세 비중은 2008년 수치이다.
자료 : OECD(2010a).

의 투자와 생산 결정을 덜 왜곡한다는 연구 결과들(Bettendorf, Gorter and van der Horst 2006)은 다시 한계 세율을 높이는 논리적 근거가 되었을 것이다.

높은 한계 세율은 부자들의 사회적 책임을 강화함으로써 조세에 대한 국민의 신뢰를 회복시켰고, 이는 곧 일반 대중에 대한 증세를 가능하게 하는 기반이 되었다. 실제로 〈그림 4-5〉를 보면 임금 소득에 대한 법정 최고 세율과 GDP 대비 총 조세 비중은 1981년에는 부負의 관계에 있었지만,[10] 1994년에는 정의 관계로 바뀌고, 2009년에는 그 강도가 더 커진다. 이런 결과는 고소득자에 대한 높은 세율이 직접적으로 조세수

---

10) 부의 관계를 보인 것은, 명목 한계 세율은 높았지만 고소득자에 대한 조세 감면 또한 광범위하게 이루어졌기 때문으로 추정된다. 스웨덴·노르웨이 등의 북유럽 국가들에서 명목 세율의 인하는 조세 감면 제도의 축소와 동반되었다(Steinmo 1993; Ganghof 2006a).

입을 증대했다기보다는, 고소득자에 대한 높은 세율이 해당 사회에서 조세의 공정성과 신뢰성을 높임으로써 조세 부담을 보편적으로 높이는 정치적 정당성의 토대가 된 것으로 추정된다. 이런 정당성 확보는 실제로 국가의 조세 규모를 증대했다(Ganghof 2006a). 과세가 불공정하게 이루어질 때 국민들은 항상 격렬하게 저항했기 때문에, 증세할 수 없는 것은 물론, 이를 추진하던 정치 세력 또한 국민들로부터 정치적 심판을 받았던 것이다. 실제로 일본과 영국에서 소비세와 인두세를 도입하려 할 때 나타났던 국민의 격렬한 저항은 이런 사례의 전형이다(강원택 2007; 하세현 2007; Akaishi and Steinmo 2006; Steinmo 1993). 결국 개인소득에 한계 세율이 높게 적용되었을 때, 조세의 공정성과 신뢰성이 높아져 전체 세수가 증대되었고, 이를 바탕으로 큰 복지국가의 토대가 마련된 것으로 보인다.

2. 간접세를 둘러싼 논란 : 왜 소비세인가

복지국가는 1980년대 이후 법인과 개인소득에 대한 감세 정책이 시행되면서 새로운 세원을 찾아야 했다. 그리고 많은 학자들이 주장하듯 복지국가를 지탱할 새로운 세원은, 좌파가 불평등을 확대한다는 이유로 반대했던 소비세였다. 제2차 세계대전이 종료되면서 폐지된 판매세(간접세)는 부가가치세(이하 소비세)라는 형태로 덴마크(1967년)를 시작으로 미국을 제외한 대부분의 OECD 국가들에서 제도화된다(OECD 2010b). 특히 복지국가의 전형으로 간주되는 덴마크·스웨덴(1969년)과 노르웨이(1970년)는 다른 OECD 국가들에 비해 상당히 이른 시기에 소비세를 도입했다. 이런 역사적 경험을 토대로 준코 가토Junko Kato(Kato 2003)와 피터 린더

그림 4-6 | GDP 대비 일반소득세·개인소득세·법인소득세 변화 (단위 : %)

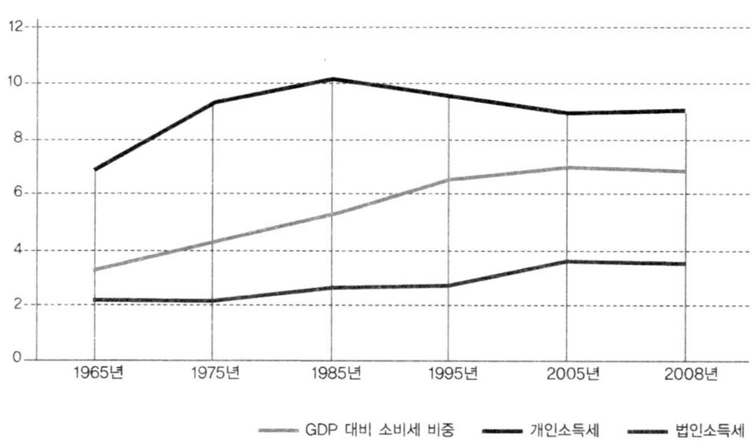

자료 : OECD(2010a).

트Peter H. Lindert(Lindert 2004)는 대규모 재원을 안정적으로 확보할 수 있는 소비세를 일찍 도입한 것이 지금의 북유럽 복지국가를 가능하게 한 중요한 이유 중 하나라고 설명하고 있다.

일반적으로 복지국가, 그것도 좌파가 집권한 복지국가에서까지 역진적인 소비세를 확대한다는 것은 누진적 과세를 통해 부의 재분배를 이루고, 평등을 지향했던 전통적 복지국가에 대한 근본적 도전이다(윤홍식 2011). 물론 소비세의 확대가 직접적으로 직접세의 감소 부분을 대신했다고 볼 수는 없다. 그러나 늘어나는 사회 지출에 대한 요구를 (부분적으로) 소비에 대한 증세를 통해 대응한 것 또한 사실이다(〈그림 4-6〉). 지난 반세기 동안 개인소득세와 법인세의 증가폭보다 일반소비세의 증가폭이 더 컸다. 2008년과 1965년을 비교했을 때 일반소비세는 GDP 대비 3.5퍼센트포인트 증가한 반면, 개인소득세는 2.1퍼센트포인트, 법인소득세는 1.3퍼센트포인트 증가하는 데 그쳤다.

그림 4-7 | 부가가치세율과 GDP 대비 총 조세 규모 (1980, 1990, 2000, 2008년; 단위 : %)

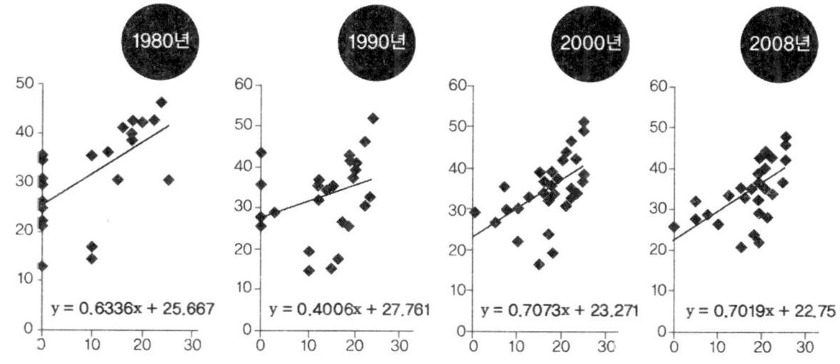

주 : 가로축은 부가가치세의 세율, 세로축은 GDP 대비 총 세금 비중.
자료 : OECD(2010a).

도대체 왜 복지국가들, 특히 좌파가 집권한 복지국가들에서조차 불평등을 확대할 우려가 있는 소비세가 확대된 것일까? 다양한 해석이 있겠지만 소비에 대한 증세에는 몇 가지 중요한 현실적·정치적 이유가 있다. 먼저 현실적 이유를 살펴보면, 첫째, 1970년대 경제 위기로 복지국가의 재정 위기가 찾아왔지만 정치권과 유권자 모두 높은 사회 지출을 선호했기 때문에(Ganghof 2006b) 복지국가를 지탱할 새로운 안정적 세원이 필요했다. 소득세는 외부적 변화에 민감하다는 특징이 있는데, 1970년대 경제 위기가 발생하면서 소득세의 대안으로서 (외부경제 변화에 상대적으로 덜 민감한) 소비세에 주목하게 되었다(Kato 2003). 실제로 소비세가 본격적으로 증가하기 시작한 1980년대 이후 높은 소비세율과 총 세금의 규모는 밀접한 정의 상관관계에 있다(〈그림 4-7〉).

둘째, 세입의 역진성이 곧 사회적 불평등을 의미하지는 않았다. 복지국가가 확대됨에 따라 증세는 보편적으로 이루어졌고, 대부분의 평범한 가구들은 상당히 과중한 세금 부담을 짊어지게 되었다. 이런 현실은 평등을 지향하는 복지국가의 재분배 기능이 이제 조세를 통해 이루어지지 않음을 의미한다. 우리가 놓치고 있었지만 에스핑-안데르센(Esping-Andersen 1990, 57)은 이런 사실을 분명하게 적시했다. 스웨덴은 역진적인 소비세를 확대해 평등이라는 가치를 달성하고자 한 대표적인 복지국가이다(Lindert 2006; Akaishi and Steinmo 2006; Steinmo 1993; Kato 2003; Lindert 2004; Ganghof 2006a). 실제로 스웨덴 사민당은 1981년 한계 세율을 20퍼센트포인트 낮춘 조세개혁('경이로운 밤')을 받아들이는 동시에 주택과 아동 수당을 도입·확대함으로써 조세개혁에 따라 확대된 불평등 현상을 완화할 장치를 제도화했다(Ganghof 2006a, 89). 스웨덴 사민당은 소비세 증가에 대한 좌파와 국민들의 반대가 있을 때마다 보편적 복지를 확대해 역진적 세금이 확대되면서 예상되는 부정적 효과를 상쇄해 갔다(Lindert 2004).[11)]

셋째, 1970년대 경제 위기 이후, 전후부터 지속되어 온 정책 수단으로서 조세정책에 대한 생각이 변화했다. 특히 케인스주의 정책이 공유되었던 전후 서구 사회에서는, 이를 뒷받침할 정책 수단이 필요했고 조세정책이 그 역할을 할 수 있으리라는 데 대부분의 경제학자들이 공감했다(Ganghof 2006a; Steinmo 2003). 실제로 전후 세금 부담과 경제성장은 아무런 관계가 없었기 때문에 국가는 세금을 통해 경제성장과 사회 평등을 동시에 이룰 수 있다고 믿었다. 그러나 1970년대 경제 위기를 계기로 케인스주의 정책 기조가 폐기되고, 좌파와 우파 모두 정부는 더는

---

11) 또한 사민당은 소비세를 인상할 때 저소득층을 대상으로 생필품에 대한 소비세를 인하함으로써 소비세의 역진성을 완화했다(김욱 2007, 136). 스웨덴은 1991년 세기의 개혁이라고 불리는 조세개혁이 불평등을 확대했다고 판단해, 1995년 고소득자에 대한 한계 세율을 5퍼센트포인트 높이고, 소비세의 역진성을 완화하기 위해 음식에 대한 VAT를 50퍼센트 인하했다(Steinmo 2002).

세금을 통해 경제를 효과적으로 운영할 수 없다는 믿음이 확산되었다. 이제 조세정책은 사회와 경제에 개입할 적극적 정책 수단이 아니었다. 결국 1980년대 들어 조세정책에 대한 패러다임 전환이 일어났고(Swank and Steinmo 2002, 645), 조세정책은 과세로 인해 나타나는 시장 왜곡을 최소화하고 중립성을 유지하는 것을 목표로 삼게 되었다(Ganghof 2006a; Steinmo 2003). 소비세가 대안으로 등장한 것이다. 실제로 많은 연구들은 소비세가 다른 세금에 비해 상대적으로 시장을 덜 왜곡한다고 보고하고 있다(Bettendorf, Gorter and van der Horst 2006, 36; Lee 2011; 김승래·김형준·이철인 2008). 또한 소비세는 근로 집단에만 부과되는 임금 소득세와 달리 연금과 금융 소득 등 비임금 소득으로 살아가는 사람들에게도 세금을 부과한다는 점에서 보편적이고 효율적인 세원으로 평가받았다(Bettendorf, Gorter and van der Horst 2006). 지속 가능한 복지국가를 위해 경제성장과 재원 확보가 절실했던 각국 정부들은 소비세를 사회 지출을 확대하기에 유력한 재원으로 선택했다. 결국 소비세를 확대함으로써 복지국가의 과세 원칙은 (전면적이라고 할 수는 없지만) '능력에 따른 과세'에서 '효율성'을 중시하는 방향으로 이동한 것이다.

소비세를 확대하는 데는 정치적 이유도 있다. 평등을 지향하는 좌파 정부에서 소비세를 확대하는 것은 좌파의 정치적 신념과 배치된다. 특히 사민당이 장기 집권한 스웨덴에서 이런 일들이 벌어진 것은 상식적으로 납득되기 어렵다. 그러나 이런 변화는 스웨덴 정치체제의 특성이 반영된 결과이다. 잘 알려져 있듯 스웨덴 사민당은 1932년 이후 70년 이상 집권했지만 의회에서 절대다수를 차지한 경우는 매우 드물다. 예를 들어, 1982년부터 2002년까지, 스웨덴 사민당은 1991년부터 1993년까지 3년을 제외하고, 17년간 집권했지만 단 한 차례도 다수 정부를 구성하지 못했다(Ganghof 2006a, 87).

다수 정부가 되지 못한 상황에서 스웨덴 사민당은 우파 정당과 노동조합의 동의를 얻지 않고는 (증대되는 사회 지출에 대한 요구를 담보하기 위한) 어떤 조세개혁도 실행할 수 없었다(Ganghof 2006; Steinmo 1993). 기업과 부자에 대한 세금 인상은 우파와 기업의 반대로 불가능했고, 임금 소득에 대한 증세는 노조의 반대에 직면했다. 결국 모두 사회 지출의 확대를 원하지만 그 부담을 자신이 지는 것은 원하지 않는 상황에서 누구에게도 직접적인 부담이 되지 않는 소비세 확대를 추진한 것이다. 이는 앞서 언급했듯이 조세를 통해 부의 재분배 기능이 약화되었다는 것을 의미했고, 스웨덴 사민당은 약화된 조세의 재분배 기능을 세출(복지 지출)을 통해 보완했던 것이다.

그렇다고 소비세를 도입하고 이를 증대했다는 것이 곧 복지국가의 확대를 의미하지는 않는다. 소비세 도입(또는 확대)과 복지 확대의 관계는 정권의 이념적 성격에 따라, 복지국가의 발전 정도에 따라 상이했다. 우파 정부는 복지 확대를 위해 소비세를 도입·확대한 것이 아니다. 가령 영국의 보수당은 직접세(법인과 개인소득세) 인하로 발생하는 세수 부족을 보충하기 위해 소비세를 도입하고 인상했다(Ganghof 2006b). 또한 일본의 보수 우파 정당인 자민당은 늘어나는 재정 적자를 줄이기 위해 소비세를 도입했다(하세현 2007; Akaishi and Steinmo 2006). 개발도상국가인 한국도 매우 이른 시기인 1977년 부가가치세VAT를 도입하지만 이는 기존의 판매세를 단순히 부가가치세로 대체한 것이었다(Kato 2003; Ganghof 2006b). 그렇기 때문에 소비세 규모가 큰 국가가 큰 복지국가라는 등식은 성립하지 않는다. 누가 어떤 목적으로 역진적인 소비세를 도입·인상했는지가 더 중요하다.[12)]

3. 조세 지출, 보이지 않는 복지 지출

조세 지출을 급여의 일종으로 볼 수 있는지는 논란의 여지가 있지만 정브 입장에서 보면 조세 지출은 정부의 재정수입이 되어야 할 세금을 걷지 않는다는 점에서 정부 지출로 간주하는 것이 타당해 보인다.[13] OECD는 이런 논리에 근거해 GDP 대비 사회 지출만이 아닌 순사회 지출[14]을 집계한다. 놀랍게도 순사회 지출로 본 복지국가의 크기는 우리의 상식과는 배치된다. 2007년 기준으로 GDP 대비 사회 지출이 큰 상위 5개 복지국가는 프랑스·스웨덴·덴마크·벨기에·이탈리아 순이었지만, 순사회 지출을 기준으로 하면 프랑스·벨기에·독일·스웨덴·미국 순이 된다. 사회 지출 기준으로 OECD 27개국 중 23위로 하위권에 머물러 있던 미국이 조세 지출을 포함한 순사회 지출을 기준으로 했을 때는 상위 다섯 번째 국가가 된다. 실제로 GDP 대비 조세 지출 규모는 〈그림 4-8〉에서 보는 것과 같이 미국이 가장 크다. 자유주의·잔여주의 복지국가로 분류되는 미국·영국·캐나다·오스트레일리아 등은 조세 지출 규모가 큰 반면, 사민주의·보편주의 복지국가로 분류되는 스웨덴·덴마크·핀란드·노르웨이의 조세 지출 규모는 OECD 최하위권이다. 한국도 자

---

12) 물론 역진적인 소비세의 증가는 세금의 책임을 일반 시민들에게 떠넘긴 자본의 의도가 실현된 것이라는 비판도 제기된다(Wahl 2011). 신자유주의 담론을 등에 업은 자본의 공세를 효과적으로 방어하지 못한 결과 세금의 책임이 자본에서 일반 시민에게로 이전된 것이다.

13) 조세 지출에 대한 합의된 정의는 없는 듯하다. 실제로 OECD 국가들은 모두 조세 지출에 대한 독자적인 정의를 가지고 있다(OECD 2010c). 앤더슨(Andersen 2008)은 상대적으로 제한된 조세 납부 인구 집단에 대해 기준 과세와 관련해 세금을 감면하거나 연기하는 제반 조세법, 규제, 정책 실행 등이라고 정의하고 있다. 우명동(2007, 148)도 유사하게 정의하고 있는데, 조세 지출은 국가나 지방정부가 투자 촉진, 수출 증진, 소득재분배 등 경제·사회정책의 목적을 달성하기 위해 지급하는 보조금, 조세 부담 감면 등을 의미한다.

14) 사회 지출에 부과되는 세금을 제외하고, 조세 지출을 합산한 사회 지출 규모.

그림 4-8 | OECD 국가의 GDP 대비 순사회 지출과 사회 지출의 차 (단위: %)

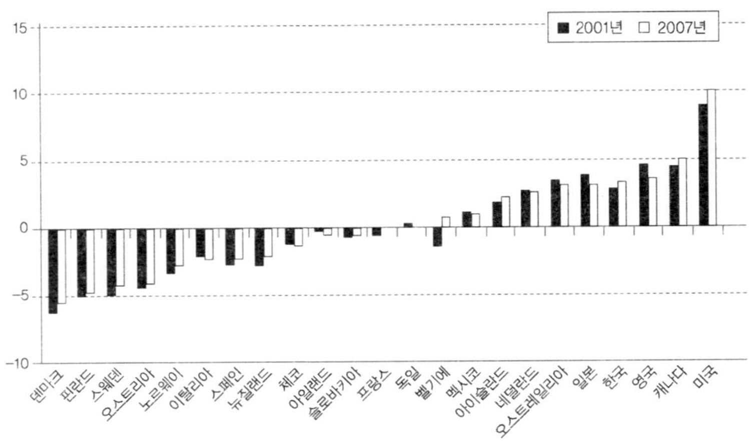

자료 : OECD(2010a).

유주의 복지국가들과 같이 조세 지출 규모가 상대적으로 큰 국가로 분류된다.

그렇다면 법인소득과 개인소득에 대한 감세 조치, 소비세 증가 등으로 대표되는 1980년대와 1990년대의 조세 개혁 과정에서 조세 지출은 어떻게 변화했을까? 본래 조세 지출은 민간경제를 조정·통제하기 위한 정부의 (공급 측면) 정책 수단이었다. 제2차 세계대전 이후 스웨덴 사민당 정부는 스웨덴에 투자하는 기업과 성공적인 기업에 엄청난 조세 혜택을 제공함으로써 스웨덴 경제를 활성화하려고 했다(Steinmo 2002). 1970년대 경제 위기가 도래하자 조세 지출은 대부분의 OECD 국가에서 민간 투자를 촉진할 정책 수단으로 사용되었다(Martin 1991, Swank and Steinom 2002에서 재인용). 그러나 조세 지출을 통한 정부 개입은 실패했고(Steinom 2003), 조세의 정책 목적은 시장에 인센티브를 부여하는 것이 아니라 중립성을 유지하는 것으로 변화했다.

이런 과정 속에서 조세 지출은 현상적으로는 축소되는 것처럼 보였지만 실제로는 개별 복지국가의 특성에 따라 두 방향으로 분기되었다. 물론 조세 지출 구조가 개별 국가에 따라 무척 상이하기 때문에(OECD 2010c) 일목요연하게 그 구조를 파악하고 비교하기란 불가능한 일이지만 1980~90년대 조세 개혁 과정에서 조세 지출은 대략 다음과 같은 모습을 띠었다. 먼저 공통적으로 세계화의 압력에 따른 조세 개혁 과정에서 대부분의 복지국가들은 법인과 개인소득에 대한 한계 세율을 낮추는 대신, 법인과 고소득층에게 제공되었던 조세 지출(감면)을 대폭 삭감하거나 폐지하는 경향을 보였다(Ganghof 2006a; Kato 2003; Steinmo 2002, 2003; Swank and Steinmo 2002). 덴마크와 스웨덴은 물론 미국조차도 조세개혁으로 한계 세율을 낮추고, 감소된 세수를 보충하기 위해 조세 지출 삭감을 추진했다.[15] 높은 과세가 시장 원리를 왜곡했다면, 조세 지출 또한 왜곡된 인센티브를 제공해 시장 원리를 왜곡한다고 믿었기 때문이다.[16]

그러나 세율 인하와 함께 조세 지출이 삭감되거나 폐지된 사민주의 복지국가와 보수주의 복지국가들과 달리 자유주의 복지국가들은 소득에 대한 한계 세율 인하와 함께 조세 지출이 새로운 이름으로 계속 확대·유지되었다. 실제로 미국은 1980년대 조세개혁을 통해 명목적으로는 조세 지출을 축소했지만 실제로는 (다른 명목으로) 조세 지출을 확대했다(Ganghof 2006a). 미국은 1986년 조세개혁을 단행하면서 지역의 이해관계를 대표하는 의원들의 동의를 얻기 위해, 형평성을 꾀한다는 명목

15) 미국의 경우 조세 지출은 폐지는 새로운 조세 지출의 확대를 통해 실질적 효과는 상쇄되었다.

16) 소득세를 중심으로 한 세율의 삭감과 함께 이런 조세 지출의 삭감이 가능할 수 있었던 것은 각국 정부가 투자와 저축 등 민간경제를 조정하기 위한 공급 측면 미시 관리의 유력한 정책 수단으로 조세정책을 포기했기 때문이다(Steinmo 2003).

그림 4-9 | GDP 대비 조세 지출 비중과 총 조세 비중 (단위: %)

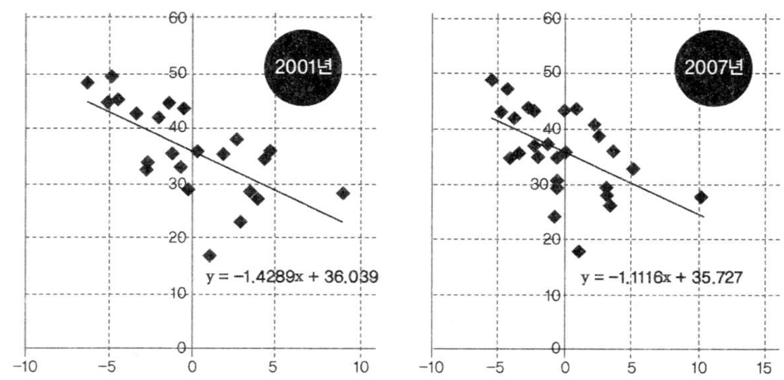

주: 가로축은 GDP 대비 조세 지출 규모(순사회 지출에서 사회 지출을 차감한 비중), 세로축은 GDP 대비 총 조세 규모.
자료: OECD(2010a).

으로 다양한 산업에 대한 각종 조세 감면 제도를 신설하거나 유지했다(Steinmo 1993). 문제는 일부 국가에서 조세 지출이 세금 인하와 함께 가장 효과적으로 복지국가를 축소하는 전략으로 쓰였다는 점이다. 가장 효과적인 복지국가 축소 전략은 복지 프로그램에 사용될 세입을 줄이는 것이기 때문이다(Klitgaard and Elmelund-Pæsteær 2011). 세금 인하와 함께 조세 지출은 사람들의 사적 소비를 증진하지만, 단기적으로 특정 복지 프로그램에 영향을 주지 않는다. 그러나 중장기적으로는 조세 지출이(세금 인하와 마찬가지로) 국가의 과세 능력을 약화하기 때문에 복지 프로그램을 축소시키게 된다. 덴마크 우파 정부들은 대중의 반발을 피하면서 복지 프로그램을 축소하는 수단으로 대중적으로 인기 있는 세금 인하와 조세 지출을 활용했다.

실제로 〈그림 4-9〉는 OECD 각국의 조세 지출 규모와 총 조세 규모가 부의 관계에 있다는 것을 보여 준다. 2001년 이전 자료를 분석할 수는 없었지만 2001년과 2007년 GDP 대비 조세 지출 규모와 총 세입 규모는 부의 관계에 있는 것으로 나타났다. GDP 대비 조세 지출 규모가 큰 미국·캐나다·오스트레일리아와 같은 복지국가들의 총 조세 규모는 조세 지출이 거의 없는 덴마크·스웨덴·핀란드 등에 비해 작았다. 즉 작은 복지국가는 큰 조세 지출 규모를 유지하고 있는 반면, 큰 복지국가는 작은 조세 지출 규모를 유지하고 있다. 더욱이 조세 지출이 주로 고소득층에게 유리하다는 점을 고려하면 조세 지출이 큰 미국은 부자와 기업을 위한 복지국가라고 불러도 지나치지 않을 것이다. 고소득층에 지급되는 급여가 조세 지출을 통해 은폐되고 있는 것이다(Steinmo 1993, 2003). 높은 수준의 조세 지출은 사회경제적 불평등을 확대하면서 복지국가를 축소하는 유력한 정치경제적 수단인 동시에 계급 특성을 가장 잘 드러내는 지표라고 할 수 있다.

4. 복지국가 조세 체제의 특성 : 대규모 세수 조성의 네 가지 필요조건

최근 연구를 보면 조세 체제tax structure의 차이로 복지국가의 특성을 설명하고 있는데, 복지국가의 조세 체제를 균형 조세 유형, 고사회보장세 유형, 저사회보장세 유형으로 구분한다(윤홍식 2011). 균형 조세 유형에는 스웨덴·핀란드·노르웨이와 같은 전통적인 사민주의 복지국가들이 포함되고, 고사회보장세 유형에는 벨기에·오스트리아·프랑스·이탈리아·독일과 같은 보수주의 복지국가들이 속한다. 마지막으로 저사회보장세 유형은 캐나다·오스트레일리아·영국·미국·일본 등 통상적인 작은 복지국가들이 포함된다. 놀랍게도 개별 국가의 조세 체제 특성은 에스핑-안데르센의 세 가지 복지 유형과 조응한다.

만약 조세 체제의 특성과 복지국가의 특성이 밀접히 관련되어 있다면, 상이한 복지국가들의 특성은 개별 복지국가들이 세수를 확보하는 능력의 차이라고 할 수도 있을 것이다. 스테이모(Steinmo 1993)는 미국과 스웨덴을 비교하면서 이들 두 국가의 가장 중요한 차이는 대규모 세수를 확보할 수 있는 조세 구조가 존재하는지에 달렸다고 주장한다. 큰 복지국가를 지탱하기 위해서는 고소득층처럼 제한된 사람들이 세금을 내기보다는 모든 사람이 세금을 내는 구조가 재정적으로 훨씬 우월하기 때문이다. 조세 체제로 보면 상대적으로 광범위한 사람들이 내는 세금은 소비세, 개인소득세(특히 임금 소득세), 사회보장 기여금이라고 할 수 있고, 상대적으로 제한된 집단이 부담하는 세금은 재산세와 법인소득세라고 할 수 있다. 이렇게 보면 큰 복지국가인 핀란드·노르웨이·스웨덴 등 북유럽 국가들과 독일·오스트리아·프랑스 등은 (누진적인) 개인소득세, (역진적인) 사회보장 기여금, (역진적인) 일반소비세를 중심으로 조세 체제가 구성되어 있다. 반면에 작은 복지국가인 일본·영국·오스트레일리아 등은 납부 대상이 제한적인 재산세와 법인소득세의 비중이 상대적으로 크다.[17)]

조세 체제는 해당 국가의 사회경제적 조건에 기반을 두기 때문에 어떤 조세 체제가 바람직하다고 해서 선택할 수 있는 것은 아니다(Ganghof 2006a, 30). 한국이 스웨덴식 복지국가를 지향한다고 해서 스웨덴식 조세 체제를 선택할 수는 없다. 다양한 필요조건이 있지만 대규모 세금을 광범위한 대중에게서 수취할 수 있는 큰 복지국가의 조세 체제는 해당 사

17) 구체적인 조세 구성은 OECD(2010a) 참조.

회의 사회·경제·정치적 인프라와 밀접히 관련되어 있다. 첫 번째 필요조건은 조합주의 전통의 여부이다. 조합주의는 제 계급·계층 간의 정치적 타협을 전제하기 때문에 세금 부담이 특정 집단에 집중될 가능성이 낮다. 비례대표제를 기반으로 한 의원내각제 국가에서 광범위한 대중을 대상으로 대규모 세금을 조성하고 있는 데는 이런 특성이 반영되어 있다. 스웨덴의 1981년과 1991년 조세개혁 사례에서 보듯, 세금이란 제 정당과 이해 집단(노조와 자본가) 간의 끊임없는 타협의 산물이다(Steinmo 1993; Ganghof 2006a). 반면에 조합주의적 타협의 필요가 덜 요구되는 정치 구조(단순 다수제와 대통령제)를 제도화한 국가의 조세 수취 능력은 상대적으로 취약하다. 단적인 예로 2008년 현재 미국의 GDP 대비 일반소비세 비중은 2.1퍼센트로 OECD 국가들 중 가장 낮다(OECD 2010a, 93). 이런 특성은 미국에만 국한되지 않는다. 의원내각제를 운영하고 있지만 단순 다수제 방식으로 운영되는 영국과 캐나다에도 공통된 문제가 있다. 더욱이 중요한 점은 좌파가 집권하더라도 조합주의 전통이 약한 경우 일반소비세와 같은 역진세에 기반을 둔 대규모 세입을 구조화하지는 않았다는 점이다. 오스트레일리아와 뉴질랜드가 대표적 사례이다(Kato 2003; Ganghof 2006a).

두 번째 필요조건은 좌파의 장기 집권이다. 비례대표제를 운영하고, 조합주의적 전통이 강할지라도 복지 확대를 통해 사회경제적 평등을 지향하는 집단이 집권하지 못하면 복지 확대를 위해 세입을 늘릴 가능성은 낮아진다. 예를 들어, 스웨덴에서 사민당은 1932년부터 지금까지 무려 70년이 넘는 기간 동안 집권했고, 1976년 스웨덴 사민당에 유리했던 양원제를 폐지한 이후에도 여전히 장기 집권하고 있다(Steinmo 1993). 핀란드 사민당도 1983년부터 2003년까지, 1991년부터 1994년까지 단 4년을 제외하고, 연정에 참여했으며 이 중 16년간은 사민당에서 수상을 배출했다. 반면에 상대적으로 좌파의 집권 경험이 적었던 뉴질랜드나 좌파와 우파의 집권기가 유사한 오스트레일리아의 경우 보편적 복지국가를 위한 보편적 증세를 감행하지 않았다. 소수 정권으로 장기 집권한 스웨덴 사민당은 우파와 노동이 각각 선호하지 않는, 법인과 개인에 대한 높은 세금을 부과하기는 어려웠지만, 두 집단의 이해관계에서 상대적으로 자유로운 일반소비세를 증대해 세입을 늘리고, 세출을 통해 불평등을 완화하는 전략을 실행할 수 있었던 것이다. 그러나 좌파의 장기 집권과 강한 조합주의라는 필요조건이 동시에 충족되지 않을 경우 일반소비세와 같은 대규모 증세를 추진하지 않았음을 기억해야 한다(Steinmo 1993).

경제의 개방성 정도와 국가 규모도 간접세를 중심으로 한 대규모 세수 조성의 필요조건이 된다. 상대적으로 작고 개방적인 스웨덴과 같은 국가는 외부 충격에 약하고, 이것이 광범위한 복지 체제를 발달시킨 중요한 원인 중 하나였음은 익히 알려져 있다. 그러나 개방성은 단순히 사회적 위험에 대한 대응 정도와 관련 있는 것이 아니라 조세 체제의 특성과 밀접한 연관성을 갖는다. 외국자본과의 경쟁에서 우위를 점하는 것이 개방적이고 규모가 작은 국가가 생존할 수 있는 유력한 길임을 감안하면, 기업에 대해 높은 세금을 부과하는 선택을 개방적인 국가가 취하기는 어렵다. 대신에 상대적으로 유동성이 덜하고 기업의 경쟁력 제고와 거리가 있는 개인소득(특히 임금 소득)과 일반 소비에 대한 과세가 개방경제의 대안일 수 있는 것이다. 실제로 스웨덴은 20세기 초부터 수출 지향적인 기업에 광범위한 조세 혜택을 부여했다(Steinmo 2002). 자본에 대해서는 낮은 세율을, 노동에 대해서는 높은 세율을 적용하는 이중 과제 체제가 제도화된 것이다. 린더트(Lindert 2004, 280)에 따르면, 인플레이션이 심하던 1980년대 돈을 빌려 투자했던 기업들은 투자 세액 공제 제도에 의해 법인소득세를 전혀 납부하지 않았다. 반면에 상대적으로 인구 규모가 크고 내수 시장이 큰 국가들은 외국과의 경쟁에 사활을 걸 이유가 없었다. 또한 강호프Steffen Ganghof(Ganghof 2006a)는 국가 규모가 큰 경우 자본에 부과되는 세금의 규모가 크기 때문에 작은 국가와 같이 쉽게 기업에 대한 세금을 낮출 수 없다고 주장한다.

마지막으로 집권 세력의 정치력이다. 영국·미국 등 작은 복지국가들과 달리 스웨덴처럼 큰 복지국가의 국민들은 조세와 보편적 복지가 밀접히 연관된다(Edlund 1999, Kato 2003, 75에서 재인용). 하지만 이를 이해했다고 해서 국민들이, 불평등을 강화하고 광범위한 대중들의 세 부담을 증대하는 소비세 확대에 처음부터 동의했다고 보는 것은 적절하지 않다. 여기에는 스웨덴 특유의 정치력이 작동하고 있다. 복지국가의 크기와 관계없이 모든 사회에서 중간 소득 계층과 저소득층은, 자신들은 충분한 세금을 내고 있는 반면에 고소득층과 기업들은 세금을 덜 내고 있다고 믿기 때문이다(강병구·김의섭·김형준 외 2007). 잘 알려진 바와 같이 스웨덴에서 판매세를 재도입하려고 했을 때, 대부분의 사민당 지지자들은 이를 반대했다. 사민당은 이런 반대 세력과 지속적으로 소통하고 토론하는 과정을 통해 이들을 지지 세력으로 돌려세웠다(Särlvik 1967, Kato, 2003, 62에서 재인용; Steinmo 1993). 처음에는 전문가 집단을 설득하고, 그다음에는 사민당 의원들을 설득하고, 마지막으로 국민들을 설득하면서 34퍼센트에 불과했던 지지율을 66퍼센트까지 높였다. 이런 역사적 과정들로 인해 일부 학자들은 스웨덴에서 조세를 둘러싼 정책 결정이 탈정치화되었다고 주장하지만(김욱 2007; Gangdof 2006a), 실제로는 고도로 정치화되었던 것이다. 조세정책이 탈정치화된 것이 아니라 탈당파화되었다고 이야기하는 편이 더 적절할 듯싶다. 물론 그렇다고 세금에 대한 보수당과 사민당의 생각이 같았다는 것은 아니다. 보수당은 누진성을 약화하는 것을, 사민당은 누진성을 강화하는 것을 선호했기 때문이다. 그러나 누구도 절대다수가 되지 못하는 상황에서 조세와 관련된 모든 변화는 좌와 우가 타협하고 합의하는 과정을 거쳐 이루어졌다.

한 가지 덧붙이자면 전문가 집단의 역할이 매우 중요했다. 조세개혁에 앞서 항상 전문가를 중심으로 한 위원회가 구성되고, 이 위원회에서 정책 어젠다에 대한 다양한 견해들이 논의되고 정리된다. 그리고 논의의 결과는 단기적인 당파적 이해를 초월했다. 실제로 사민당 정부가 1948년 판매세를 재도입하려고 할 때 조직 노동은 동의하지 않았지만 조직 노동(LO)을 대표하는 두 명의 경제학자들은 소비세 재도입이 장기적으로 복지국가의 세수를 증대할 수 있는 유용한 도구라고 인식했다(Steinmo 1993, 133). 정리하면 대규모 조세를 조성할 수 있는 능력이 스웨덴과 미국으로 대표되는 복지국가들 간의 차이를 설명하는 중요한 제도적 요인이 될 수 있고, 개별 국가의 조세 체제 특성은 조합주의를 반영하는 정치제도, 좌파 정치 세력, 개방성과 국가의 규모, 집권 세력의 정치력으로 요약될 수 있다. 그러나 이들 모두가 큰 복지국가를 위한 충분조건이기보다는 필요조건이라는 점을 간과해서는 안 된다.

5. 나가며 : 복지국가 확대에 조응하는 조세 체제 변화

지금까지 조세를 둘러싼 쟁점들을 분석하면서 몇 가지 중요한 논점들을 도출했다. 먼저 1980년대 이후 대부분의 복지국가에서 법인소득에 대한 한계 세율이 낮아졌다. 1980년대 초까지만 해도 복지국가의 총조세 규모와 정의 관계에 있던 법인소득세율은 1990년대 이후에는 총조세 규모와 유의미한 관계가 있지 않았다. 세율뿐만 아니라, 법인세의 상대적 비중이 감소했다. 반면에 개인소득세는 법인소득세와 다른 양상을 띠었다. 개인소득(한계)세율과 총 조세 규모는 1980년대까지 부의 관계에 있었지만 1990년대 들어서면서 정의 관계로 돌아섰다. 개인소득세의 누진율이 높은 국가의 총 조세 규모가 컸다. 법인소득세와 개인소득세의 변화는 복지국가(특히 보편적 복지국가로 불리는 북유럽 복지국가)의 조세 체제가 "능력에 따라 세금을 부담하는 원칙"에서 소득 출처에 따라 상이한 세율을 적용하는 이중 과세 체제로 전환되었음을 의미한다. 그러나 문제는 사회 지출에 대한 국민들의 요구가 늘어났을 때, 이를 감당할 새로운 세원이 필요하다는 사실이다. 그리고 그 대안은 불평등을 확대한다고 좌파로부터 비판받았던 소비세였다.[18] 이제 불평등을 완화하기 위한 복지국가의 역할은 세입뿐만 아니라 세입과 세출을 함께 고려할 때 완전한 평가가 가능해졌다. 그리고 이런 조세 체제의 변화는 해당 사회의 정치·경제·사회적 특성이 반영된 산물임이 명확해졌다.

이런 결과는 복지국가를 꿈꾸는 한국 사회에 어떤 함의를 주고 있을까? 최근 논란이 되고 있는 일명 '한국판 버핏세'[19]로부터 이야기를 풀어 가자. 먼저 개인소득세에 대한 함의를 검토해 보자. 개인소득세(임금소득과 종합소득)의 최고 구간을 신설하고 한계 세율을 높이자는 제안에 대한 반대 목소리가 높다. 비판의 핵심 중 하나는 고소득층에 대한 세율을 높여도 세수 증대 효과는 매우 제한적이라는 것이다. 사실이다. "소득세

18) 이 글에서 검토하지는 않았지만 사회보장 기여금의 확대로 주목할 만하다. 이에 대한 논의는 윤홍식(2011) 참조.

19) '한국판' 버핏세라고 이야기한 이유 중 하나는 미국에서 버핏세의 기본 취지가 임금 소득과 비임금 소득 간의 세율 격차를 문제시한 데 반해, 한국에서는 고소득층과 기업에 대한 누진적 증세를 이야기하고 있기 때문이다. 다른 하나는 미국에서 버핏세는 주로 미국이 직면한 국가 부채를 줄이기 위한 정책적 수단으로 언급되고 있는 반면, 한국에서는 복지 확대를 위한 재원 마련을 주된 목적으로 하기 때문이다.

법 일부개정법률안"을 보면 연간 임금 소득이 1억2천 만 원 이상 소득자 4만6천 명에게 42퍼센트 세율을 적용해도, 추가 세수는 2012년 기준으로 대략 6,496억 원에 그칠 것으로 추산된다(참여연대 2011a). 여기에 종합소득세 최고 구간을 동일하게 신설해 얻는 추가 세수 1조1,762억 원을 더해도 총 세수 증대분은 1조8,258억 원에 그친다. 한국이 OECD 평균 수준의 복지 지출을 하기 위해 필요한 세수가 2010년 기준으로 대략 110조 원인 점을 감안하면 부자 증세를 통해 얻어지는 세수는 우리가 필요한 재원의 1.07퍼센트에 불과하다.

그러면 얻는 것보다 잃는 것이 더 많을까? 일부 전문가들은 최고 세율을 높이는 것 자체가 세금을 많이 부과하는 국가라는 신호를 보냄으로써 세입에는 별 도움이 되지 않고 경제에 부정적 영향만 줄 것이라고 주장한다. 그러나 고소득층에 대한 증세는 단순히 부자들로부터 세금을 더 걷기 위한 것만이 아니다. 1980년대부터 시작된 불평등한 신자유주의 조세 체제에 대한 근본적 개혁을 요구하는 것이다. 신자유주의 조세 체제는 자본의 세계화와 경제성장을 이유로 고소득층에 대한 대규모 세금 인하와 조세 지출을 정당화하는 대신, 평범한 시민들의 소득과 소비에 대한 세금을 높이고, 국가 부채를 전례 없는 수준으로 증가시켰다. 결국 1980~90년대의 조세개혁은 불평등과 빈곤을 심화하고 국가 부채를 급격히 증가시키면서 자본주의 체제를 심각한 위기로 몰아넣고 있다. 그러므로 고소득층에 대한 세율을 높이는 것은 지난 1970년대 말 신자유주의 이데올로기에 의해 폐기되었던, "능력에 따라 세금을 부과하는" 공정한 조세원칙을 복원하는 출발점이다. 대다수 국민이 조세가 공정하게 부과되고 있지 않다고 믿는 상황에서 광범위한 대중에게서 대규모 조세를 수취하기란 불가능하다. 고소득층에 대한 높은 누진적 세율이 조세에 대한 공정성과 신뢰를 회복하는 계기가 되고, 이는 광범위한 대중이 사회 지출을 위한 세금을 부담하는 근거가 된다. 연구 결과에서 보듯 1990년대 이후 개인소득의 한계 세율과 총 조세 규모가 정의 관계에 있다는 사실은 이런 추론을 뒷받침한다.

두 번째 쟁점은 법인세율의 인상이다. 사실 1980~90년대에 이루어진 조세개혁의 핵심도 결국 세계화로 인한 자본의 이동성 증대에 대응하기 위한 법인세율 인하로 이해할 수 있다. 참여연대(2011b)는 법인세의 최고 세율 구간을 2단계 신설해 세율을 현행 22퍼센트에서 각각 25퍼센트, 27퍼센트로 상향하자고 주장했다. 1백억 원 이상, 1천억 원 이상 수익을 내는 기업에 대한 세율을 높이자는 것이 핵심이다. 2억 원의 수익을 내는 소기업과 수조 원의 수익을 내는 삼성 같은 대기업에 동일한 세율을 적용하는 현실을 고려하면, 누진성을 강화하자는 의견은 타당해 보인다. 이에 반대하는 측에서는 높은 법인세가 자본의 해외 유출을 촉진하고 기업의 경쟁력을 낮추기 때문에 한국 경제를 위태롭게 할 것이라고 주장한다.

2000년 후반을 기준으로 했을 때 한국의 법인소득에 대한 유효 한계 세율은 21퍼센트로 비교 대상 72개국 중 42위이고, 한국보다 유효 한계 세율이 낮은 주요 국가들은 스웨덴(19퍼센트)·아일랜드(14퍼센트)·벨기에(17퍼센트)·그리스(18퍼센트) 등이다(이영·조명환 2010). 대부분의 OECD 주요 국가들의 명목 세율과 유효 세율 모두는 한국보다 높다. 그러나 개정안처럼 한계 세율이 3~5퍼센트포인트 높을 경우 한국보다 명목 법인세율이 높은 국가는 (5퍼센트포인트 높여 27퍼센트가 되었다고 가정하면) 벨기에·캐나다·프랑스·독일·일본·미국 등 6개국 정도가 되고 명목 세율은 OECD 평균을 상회하게 된다. 그렇다면 법인세를 올리는 것이 가능한 것일까? 이는 한국 사회에 바람직한 결과를 가져올까?

분석 결과를 근거로 검토해 보자. 먼저 자본의 투자 지역 선정은 세율에 따라 움직이지 않는다(천진 2011). 법인세를 몇 퍼센트포인트 높인다고 자본이 유출·유입되지는 않는다는 것이다. 더욱이 자본이 중요한 투자 요건으로 고려하는 요건인 사회경제적 인프라는 투자 대상 지역(국가)의 조세 수취 능력과 밀접히 연관된다. 세금을 많이 걷고, 이를 좋은 사회경제적 인프라를 위해 쓴다면 다소간 높은 법인소득세를 부담한다고 해도 얼마든지 투자 가치가 있는 지역이 될 것이다. 다른 고려 사항은 마르크스주의 정치경제학자인 오코너가 지적했듯이 법인소득에 대한 세금 부담은 결국 노동자와 소비자의 부담으로 귀착할 가능성이 높다. 오코너는 그렇게 될 것이라고 확신했다(O'Connor 1973, 261). 만약 그렇게 된다면, 법인세율을 높이는 것은 논란만 부추기는 실효성 없는 정책이 될 가능성이 높다.

대안은 북유럽 국가들처럼 기업에는 낮은 세율을 적용하고 개인에게는 높은 누진적 세율을 적용하는 이중 과세 체제를 강화하는 것이다.[20] 최종적으로 세 부담을 하는 주체는 개인일 수밖에 없기 때문에 이익금이 기업에 머무는 한 낮은 세율을 적용하지만 개인소득으로 전환되면 높은 누진세율을 적용하는 것이다. 또한 기업에 제공되는 다양한 명목의 조세 감면 제도를 폐지하는 것이 바람직하다. 현재 중소기업과 대기업 간의 유효 세율 차이는 조세 감면 제도가 대기업에 유리하게 작동하고 있다는 것을 보여 주는 실례라고 할 수 있다. 실제로 앞서 검토한 것처럼 서구 국가들은 1980~90년대 법인세율을 인하하면서 기업에 대한 조세 감면 제도도 함께 폐지했다. 분석 결과 또한 조세 지출 규모와 총 조세 규모는 부의 상관관계에 있는 것으로 나타났다.

20) 사실 우리도 이미 일정 부분 이중 과세 체제를 제도화하고 있다.

결국 복지국가를 위한 조세 체제의 핵심은 특정 대상의 세 부담을 증가시키는 것이 아니라 보편적 증세를 통해 총 조세 규모를 확충하는 데 맞춰져야 한다. 그러나 조세 체제는 단순히 시장 원리에 따라 결정되지 않는다. 제 사회계급·계층들 간의 사회경제적 갈등이 반영되는 동시에 이를 구조화한 것이다(O'Connor 1973). 한국이 대규모 조세 체제를 구축할 정치사회적 조건을 갖추지 못했다면 바람직한 조세 체제 개혁의 방향을 알고 있다 해도 이를 실현하기란 쉽지 않다. 선거제도는 단순 다수제(소선구제)이고, 조합주의 전통은 없으며, 좌파의 집권 경험도 좌파의 정치 세력화도 충분하지 않다. 여기에 더해 조세에 대한 국민들의 불신은 매우 높다. 더욱이 국가가 시민의 복지에 대한 책임을 게을리하는 동안 시민들은 민간 보험을 통해 각자도생의 길을 걸었다(남찬섭 2011). 세금을 더 내고 싶어도 그럴 돈이 없다.

하지만 불가능한 것도 아니다. 가능성은 언제나 열려 있다. 먼저 '한국판 버핏세'의 제안과 같이 개인소득세의 누진성을 높여 세금에 대한 공정성과 신뢰성을 회복하고, 박원순 서울시 정부의 사례처럼 세출 구조 조정을 통해 세금이 보편적 국민들의 복지를 위해 쓰일 수 있다는 실천적 경험을 축적할 필요가 있다. 이런 경험을 토대로 대규모 증세를 위한 사회·정치·경제적 조건에 대한 합의를 구축할 필요가 있다. 비례대표제의 강화는 이를 가능하게 하는 유력한 도구가 될 것이다. 그리고 사회적 합의를 바탕으로 세출 구조 조정, 상위 1퍼센트에 대한 부자 증세, 조세 감면 축소 등을 통해 마련된 재원으로 복지를 확대하고, 공정한 조세와 복지 확대를 통해 얻어진 국민의 신뢰를 바탕으로 증세를 도모하는 것이 순서이다. 조급하게 서두를 일이 아니다.

마지막으로 다시 강조하고 싶은 것은 조세 체제는 단순히 재원 마련의 도구가 아니라는 사실이다. 근대 복지국가의 토대가 되었던 비그포

르스Ernst J. Wigforss와 케인스의 구상이 실현될 수 있었던 힘은 국민국가가 세계대전이라는 인류 역사상 초유의 시련을 겪으면서 제도화한 대규모 조세 수취 능력이었다. 그러므로 만약 누군가가 인류 역사의 가장 위대한 성취인 복지국가를 허물어 버리고 싶다면 그(녀)가 겨누는 칼날의 끝이 조세 체제에 맞추어지는 것은 너무 당연하다. 가장 효과적인 복지국가 축소 전략은 세율을 낮추고, 조세 지출을 확대함으로써 복지 프로그램에 사용될 세입을 줄이는 것이다(Klitgaard and Elmelund-Pæsteær 2011). 반대로 누군가 복지국가를 지키고 싶다면, 그(녀)의 방패는 당연히 대규모 조세 수취 능력을 보호하는 것에 있다. 그리고 어떤 사회가 복지국가를 만들어 가고자 할 때 그 성패 역시 대규모 조세 수취 능력을 안정적으로 제도화할 수 있는지 여부에 달려 있다.

부록 4-1 | OECD 주요 국가들의 법인세율 변화 (1981, 1991, 2001, 2011년; 단위 : %)

	1981년	1991년	2001년	2011년
오스트레일리아	46.0	39.0	30.0	30.0
오스트리아	55.0	30.0	34.0	25.0
벨기에	48.0	39.0	40.2	34.0
캐나다	50.9	41.8	40.5	27.6
덴마크	40.0	38.0	30.0	25.0
핀란드	61.5	42.0	29.0	26.0
프랑스	50.0	42.0	36.4	34.4
독일	60.0	56.3	38.9	30.3
그리스	45.0	46.0	37.5	20.0
헝가리	n.a.	40.0	18.0	19.0
아이슬란드	n.a.	n.a.	30.0	20.0
아일랜드	45.0	40.0	20.0	12.5
이탈리아	36.3	47.8	36.0	27.5
일본	n.a.	50.0	40.9	39.5
한국	n.a.	n.a.	30.8	24.2
멕시코	42.0	35.0	35.0	30.0
네덜란드	48.0	35.0	35.0	25.0
뉴질랜드	45.0	33.0	33.0	28.0
노르웨이	50.8	50.8	28.0	28.0
폴란드	n.a.	n.a.	28.0	19.0
포르투갈	49.0	39.6	35.2	26.5
스페인	33.0	35.0	35.0	20.0
스웨덴	57.8	30.0	28.0	26.3
스위스	33.0	27.7	24.7	21.1
터키	n.a.	n.a.	33.0	20.0
영국	52.0	33.0	30.0	26.0
미국	49.7	38.9	39.3	39.2

자료 : OECD(2011).

참고문헌

강병구·김의섭·김형준·우명동·이철인·황진영. 2007. 『미래 한국의 조세재정정책』. 한국노동연구원.

강원택. 2007. "영국 선거와 세금: 합의 정치 혹은 무책임?." 강원택 엮음. 『세금과 선거 : 각국의 경험과 한국의 선택』. 푸른길.

김승래·김형준·이철인. 2008. 『적정 조세 체제에 관한 연구』. 한국조세연구원.

김욱. 2007. "스웨덴의 과세정치: 타협과 협의에 바탕한 안정성과 효율성." 강원택 엮음. 『세금과 선거 : 각국의 경험과 한국의 선택』. 푸른길.

남찬섭. 2011. 『한국 복지국가의 낙후성과 대안의 모색』. 한국사회복지학회 2011년 추계학술대회(2011년 10월 28일 전북대학교).

오건호. 2010. 『대한민국 금고를 열다』. 레디앙.

우명동. 2007. 『조세론』(개정판). 도서출판 해남.

윤홍식. 2011. "복지국가의 조세체제의 함의: 보편적 복지국가 친화적인 조세구조는 있는 것일까." 『한국사회복지학』 제63권 4호, 277-298쪽.

_____. 2012. "복지국가는 어떻게 조세 규모를 확대했을까?." 『한국사회복지행정학』 14권 1호.

이영·조명환. 2010. 『유효법인세율추정과 법인세율 결정요인에 대한 국제비교연구』. 한국조세연구원.

참여연대. 2011a. "소득세법 일부개정법률안."

_____. 2011b. "법인세법 일부개정법률안."

천진. 2011. 『하버드 경제학』. 최지희 옮김. 에쎄.

하세현. 2007. "일본 세제 개혁의 정치 과정과 선거." 강원택 엮음. 『세금과 선거 : 각국의 경험과 한국의 선택』. 푸른길.

Akaishi, T. and S. Steinmo. 2006. "Consumption taxes and the welfare state in Sweden and Japan." in G. Sheldon ed. *The ambivalent consumer: Questioning consumption in East Asia and the West*. US: Cornell University Press.

Anderson, B. 2008. *Tax expenditures in OECD countries*. 5th Annual Meeting of OECD-Asia Senior Budget Officials Meeting(10-11 January 2008, Bangkok, Thailand). http://www.oecd.org/dataoecd/40/6/39944419.pdf

Bettendorf, L., J. Gorter and A. van der Horst. 2006. "Who benefits from tax competition in the European Union?." *CPB Document*. No. 125.

Edlund, Jonas. 1999. "Progressive Taxation Farewell? Attitudes to Income Redistribution and Taxation in Sweden, Great Britain and the United States." in S. Svallforsand and P. Taylor-Gooby eds. *The End of the Welfare State?: Responses to State Retrenchment*. London: Routledge.

Esping-Andersen, G. 1990. *The three worlds of welfare capitalism*. Princeton, NJ: Princeton University Press.

Ganghof, S. 2006a. "The politics of income taxation: A comparative analysis." UK: ECPR Press.

_____. 2006b. "Tax mixes and the size of the welfare state: causal mechanisms and policy implications." *Journal of European Social Policy*. 16(4): 360-373.

Genschel, P. 2002. "Globalization, tax competition and the welfare state." *Politics and Society*. 30(2): 245-275.

Kato, J. 2003. *Regressive taxation and the welfare state: Path dependence and policy diffusion*. NY: Cambridge University Press.

Kemmerling, A. 2002. "The employment effects of different regimes of welfare state taxation: An empirical analysis of core OECD countries." Max Planck Institution.

Keuschnigg, C. 2009. "Corporate taxation and the welfare state." Annual meetings of the Austrian and Swiss Economic Associations 2009.

Klitgaard, M. and C. Elmelund-Præstekær. 2011. "Starving the Beast? Tax Policy and Welfare State Reform." Prepared for presentation at the 6th ECPR General Conference(Reykjavik, August 25-27, 2011).

Lassen, D. and P. Sørensen. 2002. "Financing the Nordic welfare states: The challenge of globalization to taxation in the Nordic countries." A report prepared for the Nordic Council of Ministers(Oslo, June 11~12, 2002).

Lee, Y. 2011. "Commodity taxation in welfare states." *Economic Inquiry*. 49(1): 194-211.

Lenin V. 1989. *Imperialism: The highest stage of capitalism*(1939). New York: International Publishers.

Lindert, P. 2004. *Growing Public: Social Spending and Economic Growth Since the Eighteenth Century*. NY: Cambridge University Press.

_____. 2006. "The welfare state is the wrong target: A reply to Bergh." *Economic Journal Watch*. 3(2): 236-250.

Martin, Cathie Jo. 1991. *Shifting the Burden: The Struggle Over Growth and Corporate Taxation*. Chicago: University of Chicago Press.

Norrman, C. and C. McLure, Jr. 1997. "Tax policy in Sweden." in R. Freeman, R. Topel, and B. Swedenbc(eds.). *The welfare state in transition: Reforming the Swedish model*. IL: University of Chicago Press.

O'connor, J. 1973. *The fiscal crisis of the state*. NY: St. Martin's Press.

OECD. 2010a. *Revenue Statistics: 1965-2009*. Paris: OECD

_____. 2010b. *OECD Tax Policy Studies: Tax Policy Reform and Economic Growth*. Paris: OECD Publishing.

_____. 2010c. *Tax expenditure in OECD countries*. Paris: OECD Publication.

_____. 2011. OECD Tax Database. www.oecd.org/ctp/taxdatabase

Silfverberg, C. 2003. "The Swedish net wealth tax: Main features and problems." *Stockholm Institute for Scandinavian Law*. 44: 367-374.

Särlvik, Bo. 1967. "Party Politicsand Electoral Opinion Formation: A Study in Issues in Swedish Politics 1956-1960." *Scandinavian Political Studies*. 2: 167-202.

Sørensen, P. 2003. "International tax competition: A new framework for analysis." *Economic Analysis and Policy*, 33(2): 179-192.

Steinmo, S. 1993. *Taxation and democracy*. New Haven: Yale University.

_____. 2002. "Globalization and taxation: Challenges to the Swedish Welfare State." *Comparative Political Studies*. 35(7): 839-862.

_____. 2003. "The evolution of policy ideas: tax policy in the 20th century." *British Journal of Politics and International Relations*. 5(2): 206-236.

Swank, D. and S. Steinmo. 2002. "The new political economy of taxation in advanced capitalist democracies." *American Journal of Political Science*. 46(3): 642-655.

Wahl, A. 2011. *The rise and fall of the welfare state*. John Irons trans. New York, NY: Pluto Press. [『지금 복지국가는 어디로 가고 있는가』. 남인복 옮김. 부글 2012]

5장

복지국가 증세와 재정 주권 운동

오건호

1. 들어가며

대한민국에서 복지국가 논의가 빠르게 진행되고 있다. 2010년 지방 선거를 앞두고 초등학생들의 점심이 사회적 논란거리로 등장한 이후 보편 복지 담론이 확산되고 다시 복지국가론까지 등장하는 데 2년도 걸리지 않았다. 대한민국이 근대화에서 압축적인 경로를 밟았다면 복지국가를 건설하는 데서도 '한국형'이라는 새로운 역사가 전개되고 있다. 빠른 속도는 복지 민심의 힘을 보여 주는 긍정적 신호임에 틀림없다. 필자는 서구 복지국가와 비교해 상이한 역사적 배경을 지닌 우리나라와 같은 복지 후진국에서는 차곡차곡 복지 제도를 넓혀 가는 점진적 경로보다는 복지 민심 에너지를 응축해 도약하는 방식이 오히려 현실적일 수 있다고 기대한다.

그러나 이를 위해 넘어야 할 산들이 많다. 당장 복지 재정이 대폭 확

● 이 글은 오건호(2011a, 2012a)를 토대로 재구성했다.

충돼야 하고, 지속 가능한 복지를 위해서는 민간 중심의 복지 공급 인프라도 공공화해야 하며, 복지 수요를 효과적으로 조절하기 위해서는 노동시장의 안정화도 시급하다. 이런 과제를 수행할 복지 주체의 형성도 빼놓을 수 없는 과제다.

필자는 한국형 복지국가 건설에서는 복지국가 운동을 추동할 '대중 주체'가 형성될 수 있느냐가 관건이라고 판단한다. 서구 복지국가 건설 과정에서 보듯이, 복지국가는 '정치적 프로젝트'이며 이를 추동한 대중적 복지 주체가 필요하다. 현재 우리나라에서는 서구에서 발견되는 강한 진보 정당을 찾을 수 없고, 노동조합은 취약하다. 따라서 복지국가 운동은 복지 재정, 복지 공급 체계, 일자리 개혁 등 각각의 과제를 달성하는 과정에서 '어떻게 대중적 복지 주체를 형성할 것인가?'라는 문제의식이 결합되어야 한다.

이 글은 이런 문제의식에서 복지 재정 확충 방안을 다룬다. 현재 우리나라 복지 재정은 보편 복지를 실현하기에는 턱없이 부족하다. 조세 부담률이 낮고 과세 불신이 존재한다. 이 같은 현실에서 어떻게 복지 재정을 마련할 것인가? 만약 증세가 불가피하다면 어떤 증세 운동을 펼쳐야 할까? 재정 주권 운동의 맥락에서 복지국가 증세 전략을 살펴보자.

2. 보편 복지 재정의 확충과 증세의 필요성

최근에 보편·선별 복지 논쟁이 진행되고 있다. 복지를 바라보는 인식 틀에 관한 논쟁이었지만, 그 밑바닥에는 복지 재정 규모에 대한 상이한 가정이 깔려 있다. 선별 복지론은 현재의 '제한된 예산'을 전제하고, 그래서 선택형·맞춤형의 용어를 동원하며 예산의 '합리적 배분'을 강조

표 5-1 | 복지 확대를 위한 증세 필요성 (단위 : %)

	2006년	2008년	2010년
동의	31.8	27.3	39.6
중립	39.8	39.6	39.2
반대	28.2	30.0	22.2
모르겠음	2.4	2.7	1.4
계	100.0	100.0	100.0

자료 : 안상훈(2011).

한다. 사실 '제한된 예산'으로 부잣집 아이들에게까지 급식을 제공할지, 이것을 학습 준비물에 배정할지는 쉽게 답할 수 있는 질문이 아니다. 따라서 보편 복지론이 선별 복지론에서 내세우는 '예산의 합리적 배분' 논리를 넘어서기 위해서는 재정 규모에 대한 가정 자체를 바꾸어야 한다. 그리고 이를 바탕으로 증세를 이야기해야 한다.

[illegible]) 증세에 대한 여론의 변화

정치권을 중심으로 선거에서 '증세는 독배'라는 이야기가 퍼져 있다. 그만큼 우리나라 국민들의 조세 저항이 큰 것이 사실이다. 하지만 근래 보편 복지 민심이 부상하면서 증세에 대한 여론에도 변화가 생기고 있다는 점을 눈여겨봐야 한다. 조사 기관에 따라 수치가 다양하지만, 증세에 대한 지지율이 과거에 비해 상승하는 추세임을 확인할 수 있다.

〈표 5-1〉은 통시적 분석을 수행하고 있는 서울대학교 사회정책연구그룹의 조사 결과이다.[1] 2006년과 2008년 사이 '복지 확대를 위한 증세

---

1) 사회정책연구그룹의 여론조사는 한국갤럽에 의뢰해 이루어졌는데, 연말에 약 1천2백 명의 유효 표본을 대상으로 직접 방문해 개별 면접 방식으로 이루어졌다.

그림 5-1 | 복지 확대를 위한 증세 필요성 (단위: %)

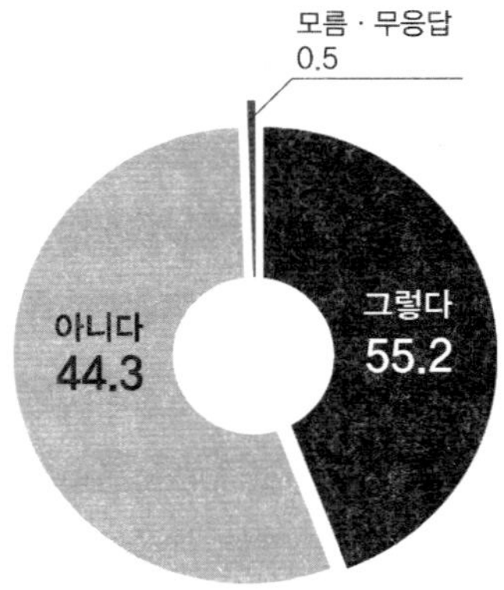

자료: 『경향신문』(2012/10).

필요성'에 동의하는 비율에는 큰 변화가 없으나 2010년에는 27.3퍼센트에서 39.6퍼센트로 의미 있는 증가를 보인다. 특히 동의와 반대 수치만을 비교하면 동의에 응답한 사람들의 비율이 높다. 이는 정치권에서 우려하는 바와는 달리 공론의 장이 마련된다면 증세에 대한 토론이 가능하다는 점을 시사한다.

실제 2012년 10월 『경향신문』 조사에서는 "복지 확대를 위해 세금을 더 낼 용의가 있는가?"라는 질문에 55.2퍼센트가 동의(44.3퍼센트 반대)하고 있다. 단순히 증세에 대한 정책적 찬반이 아니라 "본인이 더 낼 용의가 있는가?"라는 질문에 지지 응답이 높게 나타난 것은 보편 복지를 바라는 시민들의 마음속에 상당한 변화가 생기고 있음을 보여 준다. 그렇다면 복지 민심이 여전히 증세를 거부하고 있는 것이 아니라 공론의 장에서 증세가 제대로 다루어지지 못하는 것은 아닐까? 우리 스스로 과거의 경험 틀에 갇혀 복지 민심의 증세에 대한 생각을 재단하고 있는 것은 아닐까?

2) 보편 복지 재정 확충과 증세 필요성

2011년 초부터 보편 복지 진영 내부에서 복지 재원의 확충 방안을 두고 논의가 전개되었다. 크게 보면, 재정지출 개혁, 비과세 감면 축소 등에 집중하자는 민주통합당의 '소극적 증세론'과 복지 재정 확보를 위해서는 대대적인 증세가 불가피하다는 진보 정당들의 '적극적 증세론'으로 의견이 나뉜다.

민주통합당의 경우 2011년까지는 사실상 '비증세론'의 입장에 서있었으나, 2012년으로 접어들면서 미국에서까지 버핏세 도입이 등장하자 소득세, 법인세 최고 세율 인상 등 증세론을 수용했다. 대통령 선거에서는 부자 감세 철회를 주요 증세 내용으로 약속했지만, 이것이 중간 계층 감세 몫까지 되돌리는 것인지, 또 그렇다 해도 보편 복지 공약을 구현하는 데 필요한 재정이 마련되는지 의문이다. 과연 증세 없이 복지국가 비전이 신뢰성을 가질 수 있을까?

복지국가 재정을 마련하기 위해서는 무엇보다도 토목 지출을 절감하고 대기업, 상위 계층에 제공되는 세금 감면 혜택을 줄이는 작업이 우선 필요하다. 이는 복지국가 건설 이전에 재정 정의를 세우는 일이다. 문제는 이 작업만으로는 현재 제기된 보편 복지 요구를 실현하기 위한 재정이 확보되지 못한다는 점이다. 우리나라의 낮은 조세 부담률, 국민 부담률의 장벽을 넘어야만 비로소 복지국가에 어울리는 재정이 확보될 수 있다.

새누리당은 '증세'를 피하려 하고, 보편 복지를 주창하는 정당들은 부자에게서 세금을 거두려 한다. 양자가 증세를 둘러싸고 견해 차이가 크지만, 보수 세력이 제기하는 세금 폭탄론을 피하려 한다는 점에서 공통점을 지닌다. 즉 일반 시민들의 조세 저항을 건드리지는 않겠다는 전략이다. 이 방식으로는 보편 복지에 충당할 재정을 마련하기 어렵다. 자신이 마련한 복지 정책과 복지 재정 방안의 괴리를 안고 갈 수밖에 없다. 적극적인 증세 논의가 필요하다.

3. 우리나라 조세 실태 점검

복지국가 증세 방안을 논의하기 위해서는 우선 현재 우리나라 조세 실태를 세목별로 살펴볼 필요가 있다. 우리나라는 다른 선진국에 비해 조세 부담률, 국민 부담률이 낮다. 그만큼 국가 재정 규모가 작고, 복지 지출에 투입할 재정 여력도 부족하다. 조세개혁을 추진한다면 어떤 세목에 주목해야 할까? 〈표 5-2〉는 OECD 주요 국가들의 주요 세목별 수입 규모를 비교한 것이다.

1) 자산세, 법인세 : 세수 비중에서는 OECD 수준 상회

먼저 〈표 5-2〉에서 자산세를 보자. 우리나라 자산세 세수는 2010년 GDP 2.9퍼센트로 OECD 평균 1.8퍼센트보다 오히려 높은 수준이다. 이렇게 자산세 세입이 상대적으로 큰 이유는 취득세·등록세·증권거래세 등 자산 관련 거래세 수입이 많기 때문이다. 따라서 향후 부동산 보유세를 올린다고 하더라도 상쇄 관계에 있는 거래세를 인하해야 한다는 점을 감안하면, 실제 확충할 수 있는 세수 규모는 예상보다 크지 않을 것으로 보인다. 그럼에도 우리나라 부동산 자산의 소유 편중, 부동산을 통한 불로소득 증가 등을 감안할 때 보유세를 강화하는 일은 중요하다.[2)]

보통 진보 진영에서 대표적 증세 세목으로 주장되는 것이 법인세이

표 5-2 | OECD 국가 주요 세목 비교 (2010년; 단위 : GDP %)

국가	소득세	법인세	자산세	소비세	기타*	사회보장 기여금				조세 부담률	국민 부담률
						고용주	피고용자	기타**	계		
스웨덴	12.7	3.5	1.1	13.4	2.4	8.7	2.7	0.0	11.4	34.1	45.5
영국	10.0	3.1	4.2	10.7	0.2	3.8	2.6	0.2	6.6	28.2	34.9
독일	8.8	1.5	0.8	10.6	0.3	6.7	6.3	1.1	14.1	22.0	36.1
미국	8.1	2.7	3.2	4.5	0.0	3.2	2.8	0.4	6.4	18.5	24.8
룩셈부르크	7.8	5.7	2.7	10.0	0.1	4.7	5.0	1.1	10.8	26.3	37.1
일본	5.1	3.2	2.7	5.2	0.1	5.2	5.2	1.0	11.4	16.3	27.6
한국	3.6	3.5	2.9	8.5	0.8	2.5	2.4	0.8	5.7	19.3	25.1
OECD	8.4	2.9	1.8	11.0	0.5	5.3	3.2	0.6	9.1	24.6	33.8

주 : OECD 조세 분류 6개 항목(소득 이윤세, 사회보장 기여금, 고용세, 자산세, 소비세, 기타 세금) 중 규모가 크지 않은 고용세와 기타 세금을 '기타*'로 묶었다. 사회보장 기여금의 '기타**'에는 자영자, 국가 몫 등이 포함.
자료 : OECD(2012).

다. 특히 삼성전자를 비롯해 재벌 대기업들이 법인세를 적게 내고 있다는 비판이 핵심 근거로 제시된다. 과연 우리나라 법인세 세입이 그만큼 빈약한 상태일까?

〈표 5-2〉에서 확인했듯이, 우리나라 법인세 세수 비중은 2010년 GDP 3.5퍼센트로 OECD 평균 2.9퍼센트보다 높다. 우리나라 법인세 비중도 2008년 4.2퍼센트, 2009년 3.7퍼센트로 작아졌지만 OECD 평균 수치도 3.5퍼센트에서 2.9퍼센트로 낮아졌다. GDP 대비 법인세 비중이 높다고 우리나라 기업이 선진국에 비해 세금 부담이 크다고 바로 해석하기는 어렵다. 반대로 그만큼 전체 국민 소득 중에서 기업이 가져가는 비중이 크니 이에 비례해 소득세 비중이 높다고 지적할 수 있다.

---

2) 현재 우리나라 부동산 보유세의 구조는 매우 복잡하다. 직접적인 보유세로 종합부동산세와 재산세가 있고, 다시 종합소득세에 부가하는 세금(surtax)으로 농어촌특별세, 재산세에 부가되는 세금으로 지방교육세, 도시계획세(2011년부터 재산세로 통합), 공동시설세(2011년 지역자원시설세로 변경) 등이 있다. 이 부동산 보유 관련 세금을 모두 합하면 2010년 약 10조 원 정도로 추정된다(종합부동산세 1조1천억 원, 재산세 4조6천억 원 등).

실제 우리나라 국민소득 중 노동 소득분배율은 약 60퍼센트로 선진국들의 약 70퍼센트에 비해 낮다. 우리나라 법인세가 선진국에 비해 높으므로 내려야 한다는 주장도, 선진국에 비해 낮기에 올려야 한다는 주장도 모두 근거가 빈약하다.

우리나라 법정 최고 법인세율도 OECD 국가 평균에 비해 그리 낮은 편은 아니다. 2011년 OECD 평균 최고 법인세율이 25.5퍼센트이고 한국은 24.2퍼센트이다. 2010년 한국재정학회 추계학술대회에서 발표한 김학수의 연구 결과를 보면, 2006~07년 우리나라의 법인세 실효세율도 19.6퍼센트로 같은 시기 분석 대상 국가 평균인 19.7퍼센트와 유사한 수준이다(김학수 2009). 국세청 자료를 보더라도, 2009년 우리나라 기업들의 법인세 실효세율은 평균 19.6퍼센트로 나타난다. 이 중 종업원 1천 명 미만의 중소기업이 부담한 실효세율은 15.3퍼센트였고, 그 이상 대기업들이 부담한 실효세율은 21.0퍼센트였다(국세청 2010).

문제는 일부 대기업에 집중되는 세금 감면이다. 고용 창출 투자 세액 공제, 연구 인력 개발 세액 공제 등 사실상의 상시 감면 제도로 전락한 조세 특례 항목으로 인해, 설비투자가 많거나 연구 인력 개발 비용이 큰 첨단산업 대기업들이 혜택을 입고 있다. 대표적 예가 삼성전자인데, 이 기업은 다양한 세금 감면 제도 혜택을 통해 10퍼센트 안팎의 낮은 실효세율을 누리고 있다. 뒤에서 보겠지만, 기업이 부담하는 사회보장 기여금이 외국에 비해 현저하게 낮다. 사회보장 기여금 인상이 사회보험 제도를 바꾸어야 하는 일이어서 당장 개혁되기 어렵다는 점을 감안하면 대기업 중심의 법인세 강화가 시급하다.

소비세의 경우 보통 우리나라가 높다고 생각하지만, 이는 직접세가 작아 상대적 비중이 과다하게 보이는 것으로, 절대적 소비세 비중은 2010년 GDP 8.5퍼센트로 다른 나라에 비해 오히려 작다. 이에 북유럽 복지국가처럼 보편 복지를 실현하기 위해서는 소비세 인상도 검토해야 한다는 주장이 제기되지만, 여전히 직접세가 취약한 상황에서 역진적 성격을 지니는 소비세는 진보 진영의 증세 대상으로는 적합지 않다.[3)]

2) 소득세, 사회보장 기여금 : OECD 평균에 비해 1백조 원 이상 부족

세수 규모에서 볼 때, 우리나라가 OECD 국가들에 비해 가장 빈약한 세목은 소득세이다. 우리나라 2010년 소득세 세입은 GDP 3.6퍼센트로 OECD 평균 8.4퍼센트에 비해 무려 4.8퍼센트포인트 적다. 2012년 GDP를 약 1천3백조 원으로 가정하면, 부족액이 60조 원을 넘는다. 보통 우리나라 국민들은 자신이 소득세를 많이 내고 있다고 느끼고 있으나 세입 규모로만 보면 가장 적게 내고 있는 세금이 소득세이다. 어째서 우리나라 소득세 세입이 이처럼 적은 것일까? 그 원인은 매우 복합적이다.

첫째, 소득세 최고 세율이 다소 낮아 최고 상위층의 부담이 가볍다. 2011년까지 우리나라 소득세 최고 세율은 과세 표준 소득 8천8백만 원 초과자에게 적용되는 35퍼센트였다. 여기에 10분의 1의 세금이 주민세로 추가되어 최종 납세자에게 적용되는 세율은 38.5퍼센트인데, 이는 OECD 국가 법정 최고 소득세율 평균 41.5퍼센트에 비해 3퍼센트포인트 정도 낮은 수준이다. 다행히 2012년부터 38퍼센트가 적용되는 소득세 최고 구간이 신설되어 주민세를 포함하면 세율이 41.8퍼센트가 되었

---

3) 단, 부가가치세를 누진세로 재설계한다면, 부가가치세 세입 과정에서 소득 간 형평성이 확보되고 과세 인프라도 강화된다는 점에서 적극적으로 누진 소비세 증세는 검토할 가치가 있다. 유종일(2011) 참조.

다. 세율 수준으로만 보면 이제야 OECD 평균에 있다.

둘째, 최고 세율 적용 과표 금액이 높아 역시 상위 계층 세 부담이 작다. 보통 각국의 소득세 수준을 비교할 때, 법정 최고 세율 수치에 주목하는데, 이만큼 중요한 것이 최고 세율이 적용되는 소득 금액 수준이다. 이 금액이 높으면 그만큼 최고 세율이 갖는 세수 효과는 상쇄된다. 최고 세율이 적용되는 금액이 노동자 평균 소득의 몇 배에 해당하는지를 나타내는 평균 소득 배수Multiple Average Worker를 보면, 2009년 소득세 최고 세율이 적용되는 소득 기준액이 한국은 노동자 평균 소득의 3.2배로서 OECD 평균 2.6배에 비해 높다. 지금은 최고 소득 기준액이 8천8백만 원에서 3억 원으로 바뀌어 평균 소득 배수가 8.9배로 급등했다(해당자는 전체 과세 대상자의 0.16퍼센트).

셋째, 소득세에 대한 세금 감면이 많다. 우리나라에서는 자영자 소득 파악 미비에 따른 형평성 문제를 완화하고자 노동자를 대상으로 하는 소득 공제액이 크다. 또한 사회복지 혜택이 빈약하다 보니 정치권이 복지 대신 소득세 공제를 양산해 온 것도 세금 감면을 심화시켰다. 2012년 국세 감면액이 32조 원에 달하는데, 이 중 소득세 감면액이 16.4조 원으로 절반을 차지하고, 법인세가 8.6조 원으로 27퍼센트에 달한다(R&D세액공제 2.6조 원, 고용 창출/임시투자세액공제 2.1조 원).

넷째, 양도소득의 과세에 틈새가 존재한다. 현재 1가구 1주택의 경우(9억 원 미만)는 비과세이고, 주식 양도 차익에 대한 과세도 해당 기업 주식의 3퍼센트 (혹은 시가 1백억 원) 이내를 소유한 개인 투자자의 경우 면제되고 있다. 이 또한 '소득이 있으면 세금이 있다'는 조세원칙에 위배된다(2012년 정기국회 세법 개정으로 2013년부터 주식 양도 차익 과세 면제 기준이 2퍼센트, 50억 원으로 강화됨).

다섯째, OECD 평균과 비교해 우리나라가 부족한 세입이 사회보장

표 5-3 | 노사의 소득세·사회보장 기여금 실효세율 (2010년, 노동비용 대비; 단위 : %)

국가	소득세	사회보장 기여금			계
		노동자	고용주	소계	
독일	15.7	17.2	16.2	33.4	49.1
스웨덴	13.5	5.3	23.9	29.2	42.7
영국	14.7	8.3	9.7	18.0	32.7
일본	6.8	11.5	12.2	23.7	30.5
미국	13.9	7.0	8.8	15.8	29.7
한국	3.7	7.1	9.0	16.1	19.8
OECD 평균	12.2	8.5	14.2	22.7	34.9

자료 : OECD(2011c) 재구성.

기여금 고용주 몫이다. 〈표 5-2〉를 보면, 2010년 우리나라 사회보장 기여금 비중이 GDP 5.7퍼센트로 OECD 평균 9.1퍼센트에 비해 3.4퍼센트포인트 작다. 2012년 GDP 금액으로 환산하면 40조 원이 넘는 금액이다. 다시 이것을 고용주와 피고용주 몫으로 나누어 살펴보면, 피고용자의 사회보장 기여금 비중은 GDP 2.4퍼센트로 OECD 평균 3.2퍼센트보다 다소 작고, 고용주의 사회보장 기여금 비중은 2.5퍼센트로 OECD 평균 5.3퍼센트의 절반에 불과하다. 우리나라는 노사 모두 사회보장 기여금 부담이 작은데, 특히 고용주의 몫이 크게 모자란다.

요약하면 우리나라 조세 부담률을 낮게 만드는 핵심 세목은 소득세와 사회보장 기여금이다. 일반 국민과 기업 모두가 세금을 덜 내고 있다. 우리나라 국민들이 국제 평균만큼 소득세와 사회보장 기여금을 낸다면, 무려 1백조 원 이상의 복지 재정이 확보된다는 이야기다.

이런 사실은 소득세, 사회보장 기여금이 전체 노동비용이나 총임금 소득에서 차지하는 실효세율을 살펴봐도 확인된다. 〈표 5-3〉은 2010년 평균 노동비용 대비 노동자가 내는 소득세와 노사가 함께 내는 사회보장 기여금의 실효세율을 보여 준다. 독일은 49.1퍼센트, 스웨덴이 42.7퍼센트로 높고, OECD 평균이 34.9퍼센트인 데 반해 한국은 19.8퍼센

표 5-4 | 노동자의 소득세·사회보장 기여금 실효세율 (2010년, 총임금 소득 대비; 단위 : %)

		67% 계층	평균임금	167% 계층
소득세	한국	1.3	4.1	8.3
	OECD	10.0	14.2	20.5
	차이	8.7	10.1	12.2
사회보장 기여금	한국	7.8	7.8	6.6
	OECD	10.2	10.1	9.5
	차이	2.4	2.3	2.9
계	한국	9.1	11.9	14.9
	OECD	20.3	24.3	30.3

자료 : OECD(2011) 재구성.

트이다. 독일의 경우 소득세와 사회보장 기여금의 규모가 전체 노동비용의 절반에 해당된다면, 한국은 5분의 1 수준에 불과하다.

노동자 계층별로 소득세와 사회보장 기여금의 실효세율은 어떨까? 〈표 5-4〉를 보면, 우리나라 노동자는 모든 계층에서 OECD 평균에 비해 낮은 세금을 내고 있다. 하위 67퍼센트 계층, 평균 임금 계층, 167퍼센트 계층으로 나누어 보면, 총임금 대비 실효세율이 우리나라는 각각 9.1퍼센트, 11.9퍼센트, 14.9퍼센트로 OECD 비교 노동자의 20.3퍼센트, 24.3퍼센트, 30.3퍼센트에 비해 모두 낮다. 결국 우리나라 노동자는 전체 계층에서 소득세와 사회보장 기여금을 적게 내고 있으며, 특히 소득세의 실효세율이 매우 낮다.

우리나라 조세 실태는 우리에게 무엇을 말해 주고 있는가? 첫째, 국민 모두가 소득세를 적게 내고 있다. 상위 계층의 낮은 부담이 강조돼야겠지만 복지국가 재정을 마련해야 한다는 대의가 공유된다면 다수의 시민들이 증세에 참여하는 '보편 증세'도 적극적으로 검토해야 할 때이다. 둘째, 기업의 조세 책임을 강화해야 한다. 특히 첨단산업 재벌 대기업의 실효세율이 낮고, 사용자 몫의 사회보장 기여금도 작다. 셋째, 개인에 대한 과세가 부족하지만 이를 가로막는 근본 장벽은 조세 불신이다. 국민들이 재정지출, 과세 형평성에 대해 신뢰를 가지고 있지 못한 상황에서 적극적인 증세가 추진되기 어렵다. 재정지출 개혁, 과세 형평성 강화 등의 세금 정의 세우기 활동이 절실하다.

4. 복지국가 증세와 '소득별 보편 증세'[4)]

우리나라에서 복지 재정 확충을 위해 가장 주목해야 할 세목은 무엇일까? 앞에서 살펴보았듯이, 자산세, 법인세, 소득세, 사회보장 기여금 각각이 개혁의 과제이다. 부동산 과다 소유자 중심으로 자산세를 강화하고, 대기업 법인세 감면을 줄이는 조치가 필요하다.

그럼에도 외국과 비교해 세수 부족을 초래하는 결정적인 세목은 소득세와 사회보장 기여금이다. 따라서 양 세목에서 적절한 증세 방안이 논의돼야 한다. 그러나 우리나라에서 조세 저항이 가장 큰 세목이 바로 소득세, 사회보장 기여금이기도 하다. 국민 모두가 부담하는 것이며, 과세 형평성 문제까지 겹쳐 이 세목들에 대한 불신이 깊다. 객관적 비교에서는 소득세, 사회보장 기여금을 강화해야겠지만, 조세 정치의 측면에서는 이를 돌파하기 어려운 장벽이 버티고 있는 셈이다. 이런 상황에서 어떻게 증세를 추진해야 할까? 필자는 일반 시민과 노동자들이 참여하는 재정 주권 방식의 증세 운동을 제안한다.

---

4) 이 장의 내용은 오건호(2012b)를 이 책의 구성에 맞게 수정한 것이다.

1) 복지국가 증세를 위한 3대 원칙

한국에서 복지국가 건설을 위한 대중 주체를 어떻게 형성할 것인가? 복지 재정, 복지 인프라 공공화, 일자리 안정화 등 여러 영역에서 관련 계기를 찾아야 한다. 이 글은 복지 재정 영역에서 전개될 수 있는 대중적 복지 주체 형성의 계기를 다루고자 한다.

앞에서도 밝혔듯이, 필자는 보편적 복지국가가 구현되기 위해서는 재정지출 개혁만으로는 필요 재정을 모두 충당할 수 없기에 증세는 불가피한 선택이라고 판단하며, 시민들의 증세 저항이 만만치 않은 현실을 고려해, 복지국가 재정 확충을 위해 시민이 직접 참여하는 재정 주권 운동을 제안한다. 먼저 재정 주권 운동이 토대로 삼는 세 가지 증세 원칙을 살펴보자.

첫째, '복지 증세'. 복지 지출을 목적으로 한정된 증세를 하자는 것이다. 재정지출에 대한 국민들의 불신을 감안할 때, 세입과 복지 지출을 결합하는 '복지 증세'가 효과적이다. 내가 낸 세금이 '4대강 사업'에 유용될지 모른다는 우려를 불식시켜야 한다. 이에 사회복지세, 사회보험료 등 지출 목표가 복지로 정해진 복지 목적세가 증세 방안으로 적절하다.

둘째, '부자 증세'. 복지 재원은 소득재분배 효과가 극대화되도록 상위 계층이 실질적으로 책임지도록 해야 한다. 현재 다수가 빈곤에 시달리는 상황에서도 상위 계층은 오히려 부를 축적하고 있는, 사회 양극화가 심화되고 있다. 상위 계층이 상당 정도 재정을 책임지는 증세 방안이 마련돼야 한다.

셋째, '보편 증세'. 근래 부상하는 보편 복지의 흐름에 맞추어, 가능한 많은 사람이 증세에 참여하는 것이 바람직하다. 필자가 보편 증세를 강조하는 이유는, 증세 활동을 통해 일반 시민들이 복지 운동의 주체로

그림 5-2 | 복지국가 재정 주권 3대 증세 원칙

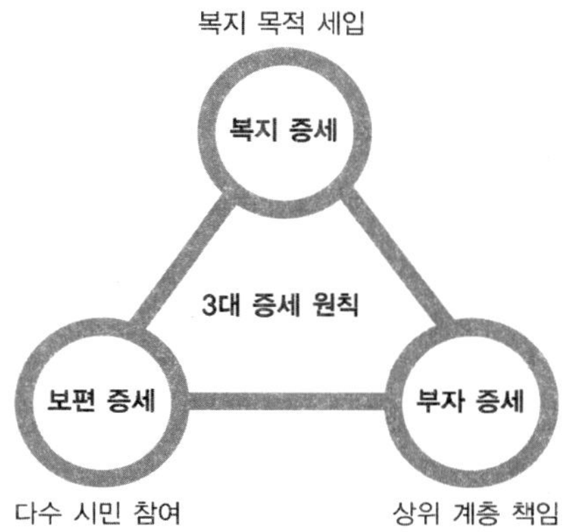

나서기를 바라기 때문이다. 중간 계층이 복지 재원 마련에 상징적으로 참여하면서 부자들이 더 많은 책임을 이행하도록 그들을 압박할 수 있어야 한다. 이런 면에서 보편 증세는 '소득별 증세'로 이해될 수 있다.

이런 증세 원칙을 잘 보여 주는 세목이 사회복지세이다. 지금까지 우리나라에 선보인 사회복지세로는, 2010년에 진보신당이 발의한 사회복지세와 2007년 대통령 선거에서 민주노동당이 조세 공약으로 발표한 사회복지세가 있다. 두 세목에서 3대 증세 원칙이 어떻게 적용되고 있는지 살펴보자.

진보신당의 사회복지세는 소득세, 법인세, 상속증여세, 종합부동산세 등 직접 세목에 다시 누진세율을 적용하는 일종의 부가세surtax로, 상위 5퍼센트 부유 계층과 1퍼센트의 대기업을 과세 대상으로 삼아 매년 15조 원을 확보한다(조승수 2011). 민주노동당의 2007년 사회복지세 역시 진보신당 사회복지세와 유사하게 소득세, 법인세, 상속 증여세, 특별소비세 등에 누진적 부가세율을 적용하는데, 진보신당과 달리 과세 대상을 직접세를 내는 모든 납세자로 삼아 매년 13조 원의 세수를 기대했다(민주노동당 2007).

두 사회복지세를 비교해 보면, 모두 복지 지출과 세입을 연계하는 '복지 증세'이고, 정도의 차이는 있지만 사회복지세로 확보되는 13~15조 원 대부분을 상위 계층이 책임지는 '부자 증세' 원칙을 따르고 있다.[5] 하지만 진보신당 사회복지세는 과세 대상을 소수 상위 계층으로 한정하는 데 반해, 민주노동당의 사회복지세는 직접세를 내는 모든 과세자가 과세 대상이라는 점에서 보편 증세 원칙도 담고 있다. 필자는 민주노동당의 사회복지세 원리를 지지하는데, 2012년 기준 금액으로 약 20조 원이 사회복지세를 통해 마련될 수 있다(오건호 2011a).

2) '소득별 보편 증세'와 대중적 주체 형성

여기서 논란이 되는 것은 '보편 증세' 원칙이다. 복지 증세, 부자 증세는 진보 진영이나 시민사회에서 어느 정도 공감대가 형성되어 있지만, 보편 증세에 대해서는 시민의 조세 저항에 직면할 수 있다는 지적이 제기된다. 그럼에도 필자는 왜 보편 증세 방식을 제안하는가?

첫째, 근래 보편 복지를 위해 증세가 필요하다는 데 있어 국민들의 인식이 전향적으로 바뀌고 있다. 과거에 비해 '복지 확대를 위해서는 세금을 낼 용의가 있다'는 의견에 동의하는 국민의 수가 늘고 있다. 이는 특정인이나 정책에 대한 일반적 선호 조사와는 달리, 증세 참여 여부에 대한 질문이며 국민들이 자신의 증세 행위의 필요성을 적극적으로 생각

---

5) 민주노동당의 사회복지세도 전체 사회복지세의 80~90퍼센트를 상위 10퍼센트의 소득자가 납부하도록 설계되어 있다. 민주노동당(2007) 참조.

하기 시작했다는 점에서 주목할 만한 일이다.

둘째, 실제 보편 증세 방식에서 중간 계층이 부담하는 추가 세금은 그리 많지 않다는 점을 확인하자. 이명박 정부가 세율을 인하했을 때, 국민 감세가 아니라 부자 감세로 불렸듯이, 거꾸로 직접세 증세는 부자 증세 성격을 띠게 된다. 종종 보수 세력들이 모든 국민이 막대한 세금을 내야 하는 것처럼 '세금 폭탄론'을 내세우지만, 추가 재정은 대부분 상위 계층에서 나온다. 전체 근로소득자와 자영자 중 약 40퍼센트를 차지하는 소득세 면세자는 사실상 사회복지세 부과 대상에서도 제외되므로 하위 계층의 추가 부담이 없고, 이미 누진 구조를 지닌 직접세를 대상으로 사회복지세가 다시 누진적으로 부과되기에 상위 계층 부담액이 훨씬 크다.

셋째, 이제 시민들은 대한민국과 자식들의 미래를 위한 건설적인 제안을 바라고 있다. 시민들이 복지국가를 열망하는 것은 자신의 힘겨운 삶의 고통을 완화하기 위한 것이지만 더욱 중요하게는 자식의 미래에 관한 것이다. 복지국가에 대한 여론조사를 보면 중간 계층, 화이트칼라의 선호도가 오히려 높다. 이들은 대략 정규직 중간 계층으로 부족하나마 자신의 생활 기반은 가지고 있는 사람들이지만 자식의 미래는 책임지지 못한다. 이들에게 지금 필요한 것은 미래에 대한 긍정적이고 건설적인 제안이다.

넷째, 대한민국 복지국가 운동에서 드러나는 시민들의 역동성과 보편 증세가 적절히 결합한다면 대중적 복지 주체 형성에도 중요한 계기가 만들어질 수 있다. 현재 보편 복지를 바라는 시민들은 복지국가가 실현될 수만 있다면 자신이 어떤 역할을 담당할 책임 의식도 지니고 있다. 복지 재정 확충 과정에서도 이들이 의미 있는 관계를 가지도록 해야 한다.

이상의 논의를 정리하면 〈표 5-5〉와 같이, 복지국가를 위한 증세 운동은 부자들의 책임을 강조하는 '부유세' 방식과 시민들의 참여에 주목

표 5-5 | 복지국가 증세 방안 비교

	부유세 방식	소득별 보편 증세
과세 대상	상위 계층, 대기업	중간 계층 포함(누진율 적용)
사례	민주노동당 무상 의료 재원 방안	건강보험하나로 시민회의 재원 방안
슬로건	"내라!"	"내자!" ("낼 테니 내라!")
강점	조세 저항 우회, 부자 책임론 부각	복지 증세 운동 주체 형성, 보편 복지와 보편 증세의 결합

하는 '소득별 보편 증세' 방식으로 구분될 수 있다. 전통적으로 진보 진영이 주장하는 복지 재정 확충 방안이 '부유세' 방식이라면, 필자는 보편 복지 시민들이 스스로 책임 의식을 강화하는 '재정 주권' 방식을 지지한다.

소득별 보편 증세 운동은 보편 복지를 바라는 다수 시민들을 복지 재정 확충에 참여하도록 하는 운동이다. 이제는 부자들에게만 '내라!'고 요구하는 것을 넘어 우리도 '내자!'('낼 테니 내라!')는 운동이고, 이를 통해 대중적 복지 주체를 형성하는 데 기여하겠다는 운동이다. 일반 시민들이 재원 마련에 참여함으로써 복지국가 논의에서 '관람자'observer에서부터 '행위자'actor로 스스로 자신의 역할을 전환하고, 여기서 마련된 자긍심을 바탕으로 부자들을 압박하는 에너지를 만들어 가자는 것이다.

5. 복지국가 재정 주권 운동

이제 복지국가 재정 확충 내역을 정하고, 이를 실현하기 위한 구체적 활동 방안을 논의해 보자. 향후 복지 재정 확충 목표를 얼마로 설정하고, 이를 위해 어떤 활동을 벌여야 할까?

1) 복지 재정 목표 : 차기 5년간 연 65조 원 확충

OECD 공공복지 지출public social expenditure을 보면, 2012년 OECD 평균이 GDP 21.7퍼센트, 한국은 9.3퍼센트이다. 우리나라가 멕시코에 이어 꼴찌에서 두 번째이다. 물론 성장기에 있는 한국 복지 제도의 특성상 복지 지출은 꾸준히 증가해 왔다. 하지만 국제 기준과 비교하면 아직도 턱없이 부족한 수준이다. 이에 차기 10년간 지금보다 GDP 10퍼센트포인트 복지 지출을 늘리는 것을 목표로 삼아 보자. 이는 2012년 기준 금액으로 약 연 130조 원이고, 차기 5년간 절반을 달성한다면 연 65조 원이 필요하다. 이 금액은 진보 진영과 시민사회가 제안하는 보편 복지 필요 재정 규모와 거의 비슷하다.

필자는 토목 지출 구조 조정, 국방비 절감 등 기존 지출 개혁과 국민연금 기금 지출의 자연 증가분 등을 합쳐 약 연 20조 원, 그리고 비과세 세금 감면 축소, 탈루 소득 과세, 보유세 개혁 등을 통해 약 10조 원을 마련할 수 있다고 생각한다.

그래도 여전히 35조 원이 부족하다. 이 금액이 새로운 증세 몫이다. 필자는 '복지 지출 목적과 연계된 20조 원 규모의 사회복지세 도입'과 '국민건강보험료를 지렛대로 삼은 무상 의료 재원 15조 원 확보'를 제안한다. 전자는 2007년 민주노동당 사회복지세 공약에, 후자는 '건강보험 하나로 시민회의' 재원 방안을 토대로 삼은 것이다. 사회복지세와 국민건강보험료는 복지국가 재원을 확충하는 핵심 기둥이면서 복지국가를 실현할 대중 주체 형성과 관련을 맺고 있기에, 필자는 이를 총괄해 '복지국가세'로 부르고자 한다.

2) 복지국가 재정 주권 운동 3대 활동

우리나라에서 세금은 모든 사람들에게 불평의 대상이다. 애초 세금이 그런 속성을 지닌 면이 있지만, 특히 한국은 심각한 수준이다. 그래서 한국의 조세 부담률이 낮은 수준임에도 지금까지 증세 논의는 진보진영의 부유세를 제외하고는 찾아보기 힘들었다. 그만큼 증세 논의가 이루어지기 어려운 조건이었다. 무엇보다 재정지출에 대한 불신이 크다. 콘크리트 예산으로 상징되듯이, 우리나라 재정지출은 오랜 권위주의 체제의 영향으로 권력에 의해 좌우되어 왔고, 민생 복지보다는 경제성장이라는 명분으로 대기업을 지원하는 데 집중되어 왔다. 그 결과 국민들은 자신이 낸 세금이 제대로 사용되지 않고 있다고 생각하게 되었고, 이것이 조세 불신과 저항 의식으로 귀결되었다.

또한 취약한 과세 인프라와 임의적인 조세 행정에 의해 과세 형평성에 대한 의문이 강하다. 우리나라는 소득 자료를 확보하기 어려운 자영자층이 전체 고용의 30퍼센트를 차지하고 있다. 자영자의 일반화된 소득 축소 신고 및 고소득 현금 소득 자영자의 탈세가 존재하는 것이 현실이고, 사회보험 영역에서 상이한 보험료 부과 체계로 인해 직장과 지역 간의 긴장도 발생한다. 또한 대기업과 부유 계층은 세제 틈새를 악용해 상속 증여 과정에서 구조적 탈세를 누려 왔다. 이렇게 세금을 제대로 내는 사람이 오히려 어리석다고 핀잔받는 상황에서 증세를 적극적으로 옹호하기 어렵다.

이렇게 재정 환경과 국민들의 여론은 증세에 우호적이지 못하다. 과연 이런 조건에서 어떻게 증세 운동을 펼칠 수 있을까? 다음 세 가지 활동 방안을 제안한다. 첫째, '세금 정의 세우기' 활동을 벌여야 한다. 아무리 복지가 바람직하더라도 재정지출에 대한 불신이 완화되지 않는 한 증세 주장이 힘을 얻기 어렵다. 증세 운동은 조세 저항의 근거를 적극적으로 해소하는 데 앞장서야 하고, 그래야만 증세 주장이 현실에서 정당성을 지닐 수 있다.

이에 보편 복지 세력은 국민들에게 인정받을 수 있는 수준까지 구체적인 활동을 벌여야 하며, 이를 토대로 최종 목표는 차기 복지국가 정부에서 완료한다는 실행 프로그램을 국민과 공유해야 한다. 예를 들어, 토목 지출의 문제점을 구체적으로 폭로하고 절감 방안을 공론화하는 활동이 조직적으로 진행돼야 한다. 대기업에 집중되는 예산을 서민 생활을 위한 복지 예산으로 전환하는 방안을 제안하고, 고소득 현금 소득자 탈세를 상징적으로라도 단죄하고 재벌 대기업이나 권력층의 탈세를 막을 수 있는 제도 개선 방안을 알려 나가야 한다. 최근 정부가 시작한 사회보험료 부과 체계 조정 작업을 더욱 강화하는 일도 중요하다. 동시에 보수 세력의 '세금 폭탄론'에 대해서도 적극 대응해야 한다. 세금 폭탄론은 모양새는 서민의 조세 정의감을 강조하지만 사실상 조세 저항을 심화해 실제 세금을 내야 할 상위 계층의 책임을 면해 보자는 취지를 갖는다. 우리나라의 조세 실태를 '있는 만큼' 알리고, 필요 이상으로 조세 불신이 부풀려지지 않도록 유의해야 한다.

둘째, 복지 체험을 확대해야 한다. 당장 복지 확대가 어렵더라도 지금까지 진행된 무상 급식, 무상 보육의 성과를 적극적으로 정리해 공론화해야 한다. 지난 2~3년간 대한민국에서 선보인 급식, 보육 복지 확대는 결코 작은 변화가 아니다. 대학생 등록금의 경우에도 점차 반값 수준으로 진행되고 있다. 2012년 초 풀뿌리 복지국가운동단체인 '내가 만드는 복지국가'가 시도하는 보편 복지 가상 체험 애플리케이션 활동도 주목할 만하다. 이 애플리케이션에는 무상 급식, 무상 보육, 무상 의료, 반값 등록금, 국민연금, 기초 노령 연금, 최저생계비, 공공 임대주택, 장애인 연금 등 복지가 확대됐을 때 제공될 급여 프로그램이 담겨 있다. 각자 자신의 가족 구성과 소득수준 등을 입력하면 해당 가구가 받게 될 증세 금액과 복지 급여 내역서가 산출된다. 시민들은 거리 홍보 탁자 위에서, 집 컴퓨터 책상 위에서 자신이 받게 될 복지 급여와 부담할 세금을 곰곰이 따져 보게 될 것이고, 자신이 더 내야 할 돈이 생각보다 적다는 사실, 내가 받을 복지 급여가 상당하다는 사실을 체험할 것으로 기대된다. 이 같은 경험이야말로, 아이들 점심 급식에서 확인한 복지 열망을 전체 복지 영역으로 확장하고, 실제 증세 필요성을 공론화할 밑거름이 되리라고 기대된다.[6]

셋째, 구체적인 증세 방안으로 '사회복지세' 도입과 '건강보험 하나로' 운동을 대중적으로 전개하는 것이다. 입법 발의 서명운동 및 제정 운동, 시민들의 '세금 내기 선언' 등 다양한 활동이 가능하다. 이때 사회복지세와 건강보험료는 재정지출에 대한 불신을 해소하기 위해 세금 사용처를 복지 지출로 한정하는 '복지 증세', 가능한 한 많은 사람이 증세에 참여해 스스로 복지 주체임을 자각하게 하는 '보편 증세', 그리고 새로 확충되는 재정의 상당 몫을 상위 계층이 책임지는 '부자 증세' 원칙을 담은 세금이다. 이는 보편 복지를 바라는 시민들이 직접 복지국가 건설자로 나서는 실천 운동이며, 보수 세력의 세금 폭탄론에 대해 납세자가 직접 '그래, 나도 낼 테니 당신들도 소득 능력에 맞게 더 내라.'라고 세금 정의론을 주창하는 운동이다.[7]

---

6) 2012년 2월 29일 풀뿌리 복지국가 운동을 주창하며 발족한 '내가 만드는 복지국가'가 '복지 체험 앱'을 내놓았다(내가 만드는 복지국가 2012/03/12). 이 앱은 사회복지세 신설, 국민건강보험료와 고용 보험료 인상 등을 통해 총 55조 원의 추가 재정을 마련하는 내용을 가진다. 이후에는 '낮은 기여/낮은 복지, 중간 기여/중간 복지, 높은 기여/높은 복지' 등 다양한 유형도 출시될 수 있고, 외국 복지를 체험하는 앱 개발도 검토할 만하다.

6. 나가며

대한민국에서 복지국가를 이야기하기 위해 증세는 반드시 거쳐 가야 할 길이다. 이에 부자 증세에 대한 논의가 어느 때보다 활발하다. 심지어 『조선일보』(2011/11/22)조차 사설을 통해 부자 증세를 주장하고 있다. 필자는 여기서 한걸음 더 나아가 소수 대상에만 한정하는 부유세 방식의 부자 증세보다는 중간 계층 이상 시민들도 참여하는 '소득별 보편 증세'를 제안한다. 그래야만 부자들에게도 실질적 압박이 가해질 수 있고, 복지국가의 지속 가능성을 사회 구성원 모두가 책임 있게 논의할 수 있다.

이를 위한 민심의 에너지를 어떻게 만들 것인가? 시민들이 스스로 수행할 수 있는 역할을 구체적으로 고민해야 할 때이다. 이제는 대한민국에서도 복지 증세를 위한 대중적 압박을 만들어 낼 수 있는 보편 증세 방식의 재정 주권 운동을 적극적으로 검토할 때가 되었다. 시민들이 적극적으로 관람자에서 행위자로 복지 재정 확충의 주체로 나서야 한다.

지금까지 논의 지형을 볼 때, 유력한 정치 세력이나 노동운동과 같은 대중조직이 '보편 증세 재정 주권 운동'을 수용하기는 쉽지 않을 것으로 보인다. 지금 요구되는 과제는 이런 세력들이 보편 증세를 적극적으로 인식할 수 있는 사회적 여건을 만드는 일이다. 그런 면에서 시민사회에서 선도적으로 '소득별 보편 증세' 주장이 제기될 필요가 있다. 대한민국이 복지국가로 진입할 수 있는 역동적 에너지가 대중적 증세 운동에서 분출될 수 있기를 바란다.

---

7) 국민건강보험료 인상을 지렛대로 활용하는 '건강보험 하나로'에 담긴 내용에 대해서는 오건호(2011b)를 참고할 수 있다.

참고문헌

국세청. 2010. "중소기업 법인세 실효세율 15.3%, 일반기업보다 5.7%p 낮아"(2010/07/26).
김상곤 엮음. 2012. 『더불어 행복한 민주공화국』. 후마니타스.
김학수. 2009. "법인세 부담 국제비교를 위한 법인세 감면율 추정 및 시사점." 2010년 한국재정학회 추계학술대회 발표자료집.
내가 만드는 복지국가. 2012/03/12. "복지국가에서 누릴 복지와 세금 미리 알려준다!"
민주노동당. 2007. 『대통령선거 공약: 조세 재정 분야』.
민주당. 2011. 『민주당의 복지국가 구상』(2011/08).
안상훈. 2011. "한국 복지 정치의 지형." 한국 사회복지 정책학회 2011 춘계학술대회 발표문.
오건호. 2011a. "복지국가 실현을 위한 복지 재정전략 : 참여재정 운동과 복지 주체 형성." 사회공공연구소 연구보고서 2011-03.
_____. 2011b. "건강보험료 더 올려 무상의료 실현하자." 『한겨레 21』(2011/11/28).
_____. 2012. 『나도 복지국가에서 살고 싶다』. 레디앙.
_____. 2012b. "지속 가능한 복지국가 건설과 복지 주체 형성." 김상곤 엮음. 『더불어 행복한 민주공화국』. 후마니타스.
유종일. 2011. "부가가치세를 누진세로 만들자." 『이코노미 인사이트』 2011년 5월호.
이정민. 2012. "조세정의 실현, 복지 재원 마련에 대한 방안." 『경제/복지/노동 분야 정책방향 정당초청 토론회』(복지국가실현연석회의 등. 2012/03/06).

OECD. 2011. "Taxing Wages 2009-2010."
OECD. 2012. "Revenue Statistics 1965-2011." http://stats.oecd.org/index.aspx
OECD. "Social Expenditure database."

『경향신문』. 2012/10. "경향신문 창간 66주년 기획 여론조사."
『조선일보』. 2011/11/22. "富者에게 닥칠 위기 막으려면 부자 세금 올려야."

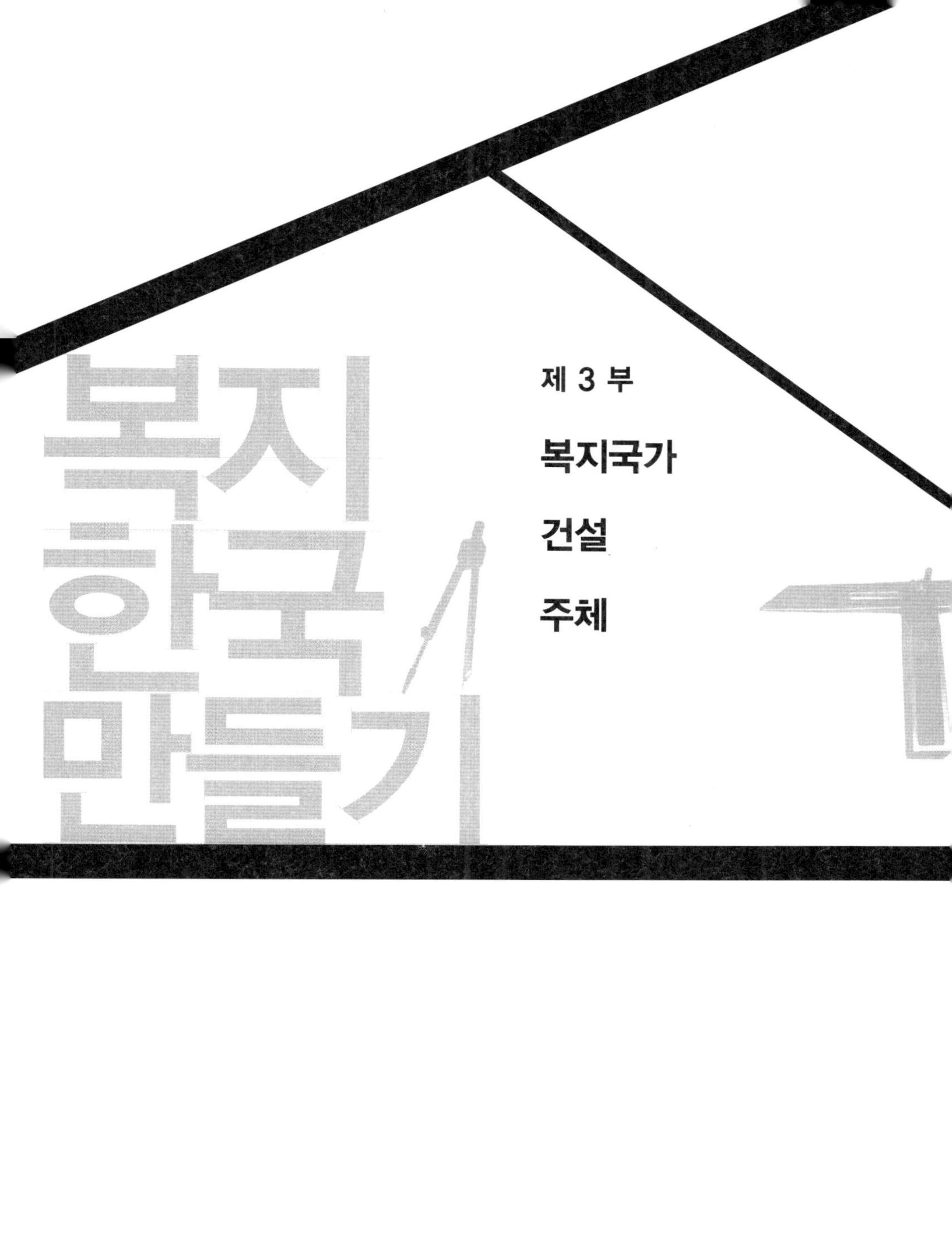

제 3 부

복지국가 건설 주체

6장

복지국가 무한 연대

은수미

1. 들어가며

1) 노동 '없는' 복지?

복지국가를 둘러싼 쟁점 중의 하나인 "노동 '없는' 복지"는 두 가지 의미를 갖는다. 하나는 현실의 복지국가 운동의 주요 이슈에 노동문제가 빠져 있다는 뜻이다. 2010년 6·2 지방선거에서 사회적 쟁점으로 부각된 복지국가 논쟁이나 무상 급식, 반값 등록금 요구는 외양상 노동문제는 아니다. 반값 등록금이 사실상 노동 이슈와 관련이 있다는 사실에 대한 언급도 드물다. 반값 등록금은 등록금 자체가 비싸기 때문만이 아니라 고졸 혹은 대졸 청년층의 일자리가 저임금·비정규·비공식[1]이라는 특징을 띠는 탓에 발생한 것이다. 예컨대 상당수의 청년이 대학을 졸

1) 국제노동기구는 비공식 노동(employees holding informal jobs)을 "법적으로든 관행상으로든 노동법, 소득 과세, 사회보장, 고용 관련 보호(해고 시 사전 통지, 퇴직금, 유급휴가, 유급 병가 등)를 받지 못하는" 노동으로 정의했다. 자세한 내용은 ILO(2003), 이병희(2010a) 참고.

업한 뒤에도 번듯한 일자리를 찾지 못하다 보니 재학 중에는 물론이고 졸업 이후에도 등록금 대출 상환에 시달리고, 이는 반값 등록금 요구로 이어질 수밖에 없다. 2011년 청년유니온에서 주최한 열린 토론회에 참석했던 한 씨(28세)는 집안 형편이 어려워 졸업할 때까지 총 6회의 등록금 대출을 받았고 재학 중부터 지금까지 상환 부담에 시달리고 있다며 다음과 같이 말했다.

> 1년 전 실업 급여를 받고 직업훈련을 이수한 후 L 공기업에 기간제 사원으로 입사하면서부터 조금 숨통이 틔었어요. 그 전까지는 월 1백만 원을 받으면 60만 원을 빚 갚는 데 썼는데 지금은 월 급여 130만 원 중 30만 원만 상환해요.

하지만 질 좋은 청년 일자리 문제가 필요하다는 문제 제기는 반값 등록금만큼의 사회적 관심을 끌지 못한다. 심지어 "청년 백수가 무슨 벼슬인가"라는 제목의 칼럼에서는 "늘어난 일자리가 허접한 것이라고 하지만 당장 뾰족한 수는 없다. 더구나 지금은 찬밥 더운밥 가릴 때도 아니다. 문제는 그런 일자리는 아예 쳐다보지도 않는 20~30대다. 직장 없이 뒹구는 청년 백수는 사회적·국가적으로 부담 덩어리다. 한창 일할 나이에 경제활동에 가담하지 않는 것 자체가 염치없는 짓이다."(『중앙일보』 2011/11/12)라고 주장한다. 일자리와 복지를 전혀 다른 것으로 간주하는 전형적인 입장이다. 이처럼 사회복지 관련 이슈의 상당수가 노동 이슈와 깊이 연관이 있거나 노동시장 구조 개선과 연관이 있음에도 정작 노동문제로 다루어지지는 않는 현실이 '노동 없는 복지'라는 이야기를 낳는다.

다른 하나는 노동조합이 복지국가에 관심이 없다는 것이다. "대기업 노조가 이끄는 한국의 전투적 노동운동의 주된 관심은 해당 사업장의 고용 안정과 임금 인상 그리고 복지 문제의 해결이다. 기업별 노조의 성격상, 자기 조합원이 아닌 실업자나 비정규직 문제 등 노동계급 전체의 장기적 이익을 위해 전 사회적 이슈에 대해 적극적으로 개입할 동기를 갖고 있지 못하다."(양재진 2009, 458-459)라는 지적이 대표적이다.

『경향신문』 2011년 11월 15일자 칼럼의 제목은 아예 "노동 없는 복지국가론"이다. "서구 복지국가 건설에서 핵심적 역할을 했던 노동운동의 움직임이 (한국에서는) 잘 보이지 않는다. 무상 의료와 같은 부문 운동을 제외하고는 양 노총, 산별노조에서 복지국가 관련 사업을 찾아보기 힘들다."고 지적하면서 "복지국가의 지속 가능성을 위해서는 안정적인 일자리가 필수적이기에, 비정규직 문제의 발원지인 대기업 중심 경제구조를 민주화하는 것도 복지국가의 주요 과제이다. 오히려 노동운동의 소극성이 복지국가 논의를 낮은 수위로 방치하고 있지는 않은지 되물어야 할 때이다."라고 한다. 결국 노동조합이 복지국가에 관심이 없어서 복지국가 이슈에 노동이 빠져 있다는 문제 제기일 것이다.

한국에서 시민사회단체가 복지국가 운동을 시작했다는 사실을 봐도 이 같은 지적에 힘이 실린다. 예를 들어 복지국가라는 말을 유행시킨 '복지국가소사이어티'에서부터 '건강보험 하나로'나 2011년 참여연대 등이 주도해 만든 '복지국가실현연석회의'에 이르기까지 최근 복지국가 운동의 조직적 흐름의 중심에는 시민사회단체가 있다. 동시에 복지국가 의제가 사회보장에 초점이 맞추어져 있고 사회보장을 위해 반드시 전제되어야 하는 공정 노동 혹은 괜찮은 일자리에 대한 위상이 떨어진다. 종종 공정 노동, 특히 비정규직이나 저임금 노동 대책은 복지와 다른 것인 양 인식되기도 한다. 노동조합이 복지국가에서 차지하는 위상이 낮아 발생한 역효과라 할 것이다.

2) 노동 연대인가, 시민 연대인가?

노동조합이 복지국가에 관심이 없다는 문제 제기는 곧바로 "누가 복지국가를 만들어 갈 것인가?"라는 질문으로 이어진다. 복지 동맹의 주체는 누구인가, 즉 노동 연대인가, 시민 연대인가 혹은 제3의 무엇인가? 물론 쉽게 결론을 내릴 수 있는 문제는 아니다.

예를 들어 보자. 노사 잠정 합의안[2]이 7백여 명 조합원의 만장일치로 가결된 직후인 2011년 11월 10일, 한진중공업 김진숙 씨가 309일간의 고공 농성을 끝내고 땅 위에 발을 디뎠다. 하지만 974명의 정리 해고를 낳은 쌍용차는 그 뒤 숱한 희생자를 내고도 원래 약속했던 461명에 대한 1년 뒤 복직 약속을 온전히 지키지 않고 있다. 이 같은 차이를 낳은 이유 가운데 하나는 5차에 걸쳐 수만 명이 참여한 희망버스가 한진중공업에는 있고 쌍용차에는 없었다는 사실도 있다. 그렇다면 각계각층의 사람들이 합류했던 희망버스는 노동 연대일까?

또 다른 예도 있다. 2008년 미국산 쇠고기 수입 반대 촛불 집회는 시민 연대의 중요한 전기로 일컬어진다. 당시 노동자도 촛불 집회에 참여하기는 했지만, 그 자리에서 노동문제는 중요하게 다뤄지지 않았다. 뉴코아-이랜드 기간제 계산원의 계약 종료와 용역 전환에 반대해 434일

---

2) 한진중공업 노사 잠정 합의안 주요 내용은 다음과 같다. ① 정리 해고자 94명을 합의서 체결일부터 1년 내 재취업시키고, 해고일 이전 근속년수에 따른 제반 근로조건을 인정한다. ② 정리 해고자 94명에게 1인당 생계비 1천만 원을 합의서 체결일부터 10일 이내에 우선 지급하고, 나머지 1천만 원은 2012년 3, 7, 11월에 분할 지급한다. ③ 정리 해고자 관련 합의 사항은 회사 상대로 제기한 해고 무효 확인 청구 소송과 부당노동행위 구제 신청을 취하한 사람에게 적용한다. ④ 형사 고소·고발·진정 사건은 노사 쌍방 모두 취하한다. (노조)지부지회 및 개인에 대한 민사상 손해배상 청구(가압류 포함)는 최소화한다. ⑤ 합의 내용의 효력은 85호 크레인 농성자 4명 전원이 퇴거한 날부터 발생한다.

간의 비정규 투쟁을 이끌었던 이남신 전 이랜드일반노조 수석부위원장은 다음과 같이 술회한 바 있다.

> 촛불은 끝내 홈에버 매장으로 오지 않았다. …… 10년 후 광우병을 일으킬 수 있는 쇠고기 수입 반대에는 그렇게 열정적인 시민들이 당장 생존권을 박탈당하고 있는 비정규직 문제에 대해서는 의외로 차가웠다. 촛불은 아름다웠지만 계급적 문제에 대해서는 무력했고 둔감했다(은수미 2009, 221).

필자 역시 "'일터의 광우병, 비정규직 철폐하자'는 전단지가 돌려지긴 했지만 촛불과 비정규직, 촛불과 노동은 여전히 거리가 멀었다. 아니 촛불이 밝히지 못했던 한국 사회의 뒷면이자 촛불의 그림자이다."라고 지적한 바 있다(은수미 2009, 221). 또한 당시 장시간 노동과 저임금에 시달리던 주변부 노동자와 촛불 집회의 상호 관계에 대해 "주변부 노동자의 촛불 집회에 대한 인식이나 참여 역시 주변부였다. 촛불 집회에는 누구나 참여할 수 있지만 결코 참여할 수 없거나 참여의 필요를 느끼기 힘든 사람들이 존재하는 것이다. 마치 아름다운 촛불이 이랜드 비정규직 노동자들의 저항의 현장에 오지 않았던 것처럼."이라고 덧붙였다(은수미 2009, 222). 그렇다고 촛불 집회를 시민 연대의 전형이라고 할 수 있을까? 원래 시민 연대는 이런 것일까?

2011년 10·26 서울시장 선거는 오세훈 전 시장의 무상 급식 주민투표의 결과이고 이 선거 자체가 일종의 복지 동맹의 가능성을 드러낸 것일 수도 있기에 주의 깊게 살펴볼 필요가 있지만, 투표 결과를 해석하는 일은 쉽지 않다. 20대 69.3퍼센트, 30대 75.8퍼센트, 40대 66.8퍼센트가 박원순 서울시장을 지지하면서 "2040의 반란"이라고 불린 당시 선거에서 세대는 중요한 변수로 등장했다. 혹자는 오늘날 한국 현실에서 세대란 정서적으로 동질적인 집단을 넘어 물적 기반을 공유하는 계급이라고 한다. 또한 당시 나경원 서울시장 후보가 강남 3구와 용산구에서만 지지율이 앞선 것을 근거로 계급 투표 양상을 띠었다는 평가도 있다. 반면에 화이트칼라, 학생 그리고 중산층이 박원순 서울시장의 중요한 지지 기반이며 안철수 현상 역시 그와 같은 연속선상에 있다는 점에서 계급 투표라고 하기 어렵다는 지적도 있다. 선거 직후 열린 참여사회연구소 기획 좌담에서는 "'계급 투표'라고 한다면 그것은 전통적인 사회과학에서 설명하는 계급 투표의 개념을 지나치게 확장시킨 것"인 동시에 "중산층 운동으로 폄훼하는 것도 일면적 평가에 불과하다. 이 계층은[이 계층의 투표 결정에는] 탈물질적 가치 지향과 당면한 정치·사회 현실에 대한 도덕적 판단, 냉정한 개인적 이해관계와 경제적 계산이 복합적으로 작용한다."는 의견이 제기되었다.

결국 "노동 '없는' 복지"라는 지적이나 "노동 연대인가, 시민 연대인가?"라는 질문은 복지 동맹의 주체는 누구이며 이를 형성할 방법은 무엇인지를 둘러싼 고민이라는 점에서 서로 연관이 있다. 노동운동이나 노동문제가 한국의 복지국가에서 중심적 위치를 차지하지 못한 상황에서 복지국가를 실현하거나 복지 동맹을 형성할 수 있겠느냐는 문제 제기가 깔려 있는 것이다.

이 글은 이와 같은 논란과 고민을 염두에 두면서, 첫째, 노동과 복지의 상호 관계라는 측면에서 복지국가를 다루고, 둘째, 한국에서 복지국가에 대한 요구가 급속하게 확대되는 요인을 노동시장 구조의 측면에서 살펴보는 한편, 그것이 복지국가 실현과 복지 동맹 형성에 던지는 함의, 즉 긍정적 측면과 부정적 측면을 함께 검토하고, 셋째, 복지 동맹의 가능성을 조심스럽게 진단한다. 이를 통해 노동 연대인지, 시민 연대인지를 묻는 질문에 대한 필자의 의견을 우회적으로 개진할 것이다.

2. 노동과 복지의 상호 관계 : 노동이 곧 복지

노동과 복지의 상호 관계에 관해서는 두 가지 상반된 시각이 있다. 첫째, 노동과 복지를 서로 구분하거나 하나를 다른 하나의 잔여적인 것으로 간주하는 입장이며, 둘째, 사회권의 측면에서 노동과 복지는 긴밀한 연관이 있거나 노동권이 보장된 노동 혹은 공정한 일자리 역시 복지라는 입장이다.

전자는 매우 다양한 주장으로 나타난다. 우선 노동 유연화 혹은 노동시장 불평등은 불가피하기 때문에 그에 따른 위험을 복지, 즉 사회 안전망을 통해 보충해야 한다는 접근이 있다. 노동과 복지를 구분하고 복지를 노동의 보완물로 파악하는 이와 같은 견해는 근로 유인 제고와 탈빈곤을 결합하는 양상을 띤다. 2011년 11월 1일 '국민 중심의 한국형 고용 복지 모형 구축'이라는 제목의 세미나가 개최되었는데, 여기서 "비수급 빈곤층 등의 사각지대와 더불어 차상위 계층 등 잠재적 빈곤 위험 계층이 광범위하게 존재"하는 현실을 고려해 사회 안전망의 정책 대상을 재설정하고 "고용과 복지 연계를 통해 근로 의욕 제고와 탈수급·자립을 촉진하고, 저소득층 및 중산층의 빈곤을 예방해 모든 국민의 자아실현 및 행복을 추구한다."라고 강조한 것이 대표적이다. 이에 따르면 국가는 근로를 전제조건(즉 의무)으로 생애 주기별 사회적 위험, 특히 빈곤의 위험을 낮추어야 하며, 이를 위한 사회 안전망 확충을 핵심적인 목표로 한다. 이처럼 복지와 분리된 노동은 권리이기보다는 의무이다. 의무를 다하지 않으면 복지 수급권은 없어진다.

또한 시장과 성장을 통해 많은 일자리를 창출하되 그래도 남는 문제, 예컨대 나쁜 일자리에 따른 사회적 위험을 복지로 지원하자는 견해 역시 유사한 입장이라 할 수 있다. 다만 이 경우에는 복지에 대한 태도가 좀 더 소극적이며 복지는 낭비일 가능성이 있어 최소한으로 제한해야 하는 것으로 치부한다. 노동에 대한 동기부여나 투자 혹은 생산성을 고려하지 않는 복지는 소비에 불과하며 도덕적 해이를 조장하기 때문에 복지를 강조하는 것은 불균형 경제성장이라는 것이다. 따라서 어떤 일자리이든 일자리 창출만이 최대 과제가 된다. 노동은 권리이기 이전에 의무이며 복지 수급권 같은 것이 없을 때조차 수행해야 할 의무이다. 현재 고용노동부가 이 같은 입장을 채택하고 있는 것으로 보인다. 2011년 11월 11일 이채필 고용노동부 장관은 한경밀레니엄 포럼에서 "전환기 시대에는 고용이 애국이고 기업에서 일자리를 많이 만들어 주는 것이 최고의 애국"이라며 "일자리를 한 명이라도 더 준 분에게는 국민들이 존경하는 마음을 갖고 예우하게끔 특급 대우를 하겠다."라고 강조했다.

노동과 복지를 구분하는 시각은 몇 가지 측면에서 비판적으로 검토할 필요가 있다. 첫째, 노동시장의 유연화나 중심-주변으로의 노동시장 분절 문제를 회피하거나 그 위험성을 충분히 고려하지 않는다. 사회적 양극화, 특히 노동시장 구조나 노동권의 사각지대를 수술대에 올리기보다는 복지라는 이름의 영양제를 놓아 고통을 완화하려 한다. 사회적 양극화를 일시적(간혹 장기적)으로 나타나는 시장의 위험으로 간주하고 필요할 때 복지 영양제를 조금씩 주입하기는 하겠지만 일상적으로는 성장과 일자리 창출에 주력해야 한다고 강조한다.

둘째, 노동과 복지를 구분할 뿐만 아니라 이들을 일종의 의무로 파악한다는 점에서 헌법의 기본 정신과 불일치한다. 헌법 제32조 1항에 따르면 "모든 국민은 근로의 권리를 갖는다. 국가는 사회적·경제적 방법으로 근로자의 고용의 증진과 적정 임금의 보장에 노력해야 한다." 물론 2항에는 근로의 의무를 규정하지만 그 역시 근로의 의무의 내용과 조건을 민주주의 원칙에 따라 법률로 정한다고 하며, 곧바로 3항에는 근로조건의 기준은 인간의 존엄성을 보장하도록 법률로 정해야 함을 명기한다. 이처럼 근로의 권리를 강조하는 입장은 제33조 노동3권과 제34조 국가의 사회보장 의무와 자연스럽게 연결된다. 반면에 노동과 복지를 보장받아야 할 권리로 보지 않으면 이를 제공하는 것은 국가의 의무가 아닌 시혜가 되며, 그 결과 현실 사회의 사회적 위험은 당연하고 자연스러운 것이 되어 이를 극복할 책임이 있는 주체는 개인으로 바뀐다.

셋째, 탈상품으로서 노동, 시민으로서 노동, 자본과 대등한 관계로서 노동이 복지국가의 기본 전제라는 사실을 고려하지 않을뿐더러 잔여적 복지로 이어질 가능성이 크다. 성장이나 경쟁을 저해하지 않는 노동이라는 점에서 노동은 일종의 비용으로 환원되며, 생산과 연관된 복지에만 관심을 가진다는 점에서 기껏해야 투자일 뿐이다. 또한 한정된 예산으로는 벼랑 끝에 내몰린 집단에만 복지를 제공해야 한다는 결론으로 이어지기 십상이다.

이 글은 노동과 복지가 사회권을 매개로 한 복합체라는 관점을 갖는다는 점에서 1944년 필라델피아 선언의 정신과 맥을 같이한다. 1944년 5월 10일 선진국 노사정이 '형제애'라는 뜻을 가진 도시인 미국 필라델피아에서 채택한 "국제노동기구의 목적에 관한 선언"은 네 가지 기본 원칙으로 구성되어 있다. ① 노동은 상품이 아니다. ② 표현의 자유와 결사의 자유는 지속적 진보를 실현하기 위한 필수적 요소이다. ③ 일부의 빈곤은 전체의 번영을 위태롭게 한다. ④ 결핍과의 전쟁은 각국에서 불굴의 의지로, 그리고 노동자 대표와 사용자 대표가 정부 대표와 동등한 지위에서 공동선을 증진하기 위한 자유로운 토의와 민주적인 결정에 함께 참여하는 지속적·협조적인 국제적 노력에 의해 수행되어야 한다는 것 등이다.

제2차 세계대전 종전 직전에 이와 같은 선언을 한 이유는 명확하다.

영국을 비롯해 일찌감치 자본주의적 발전을 이룩한 선진국은 시장경제에 기초한 국가 간 경쟁이 전쟁으로까지 이어진 경험을 공유했다. 그 속에서 사람들은 사회적 정의가 실현되지 않으면 승자도 패자도 없는 제3차 세계대전에 휘말릴 수 있음을 뚜렷하게 인식했다(쉬피오 2012). 경쟁 없이 '자본주의'사회가 존속할 수 없지만, 경쟁을 규율할 수 있는 사회적 정의가 없으면 자본주의'사회'가 지구상에서 사라질 수 있음을 경험한 것이다. 그래서 선언은 노동이 곧 복지임을 천명한다. 노동 그 자체, 노동의 의미, 노동의 가치, 노동의 기준을 되살리는 것이 복지라는 사실을 분명하게 밝힌 것이다. 또한 선언은 자본의 가치와 기준에 종속될 경우 노동은 자동차나 라면 같은 상품에 불과할 수밖에 없고 그 결과는 인간 사회의 공멸임을 강조한다. 탈상품화가 복지국가의 중요한 가치인 것은 그래서이다. 이 선언은 한 지역의 빈곤이 전체의 번영을 가로막을 수 있다면 보편적 사회보장을 추구하는 한편, 복지와 노동을 결합한 복지국가로 나아가는 중요한 수단이 민주주의라고 주장한다.

이 선언은 전 세계 인권법이나 노동법의 근간을 이루는데, 이는 한국의 헌법에서도 마찬가지이다.[3] 또한 한국을 사회국가로, 한국의 경제질서를 사회적 시장경제 질서로 파악한 헌법재판소의 해석에도 선언과 유사한 정신이 나타난다. "우리 헌법재판소에 따르면, 사회권 보장의 법

3) 한국의 헌법 제10조는 "모든 국민은 인간으로서의 존엄과 가치를 가지며, 행복을 추구할 권리를 가진다. 국가는 개인이 가지는 불가침의 기본적 인권을 확인하고 이를 보장할 의무를 진다."라고 밝혔다. 또한 제32조 1항에 따르면 "모든 국민은 근로의 권리를 가진다. 국가는 사회적·경제적 방법으로 근로자의 고용의 증진과 적정 임금의 보장에 노력해야 하며, 법률이 정하는 바에 의하여 최저임금제를 시행해야 한다."라고 하며 2항에서는 근로의 의무를 밝히되 "근로의 의무의 내용과 조건을 민주주의 원칙에 따라 법률로 정한다."라고 한다. 제33조는 노동3권을 천명하고 제34조 1항은 "모든 국민은 인간다운 생활을 할 권리를 가진다."라면서 제10조의 관점을 재확인하고, 2항에서 "국가는 사회보장·사회복지의 증진에 노력할 의무를 진다."라고 규정했다.

적 기초 혹은 출발점은 헌법상 '사회국가 원리'(또는 복지국가 원리)다"(강성태 2011, 127). 헌법재판소에 따르면 "우리 헌법은 사회국가 원리를 명문으로 규정하고 있지는 않지만, 헌법의 전문, 사회적 기본권의 보장(헌법 제31조 내지 제36조), 경제 영역에서 적극적으로 계획하고 유도하고 재분배해야 할 국가의 의무를 규정하는 경제에 관한 조항(헌법 제119조 2항 이하) 등과 같이 사회국가 원리의 구체화된 여러 표현을 통해 사회국가 원리를 수용했다. 사회국가란 한마디로 사회정의의 이념을 헌법에 수용한 국가, 사회현상에 대해 방관적인 국가가 아니라 경제·사회·문화의 모든 영역에서 정의로운 사회질서의 형성을 위해 사회현상에 관여하고 간섭하고 분배하고 조정하는 국가이며, 궁극적으로는 국민 각자가 실제로 자유를 행사할 수 있는 그 실질적 조건을 마련해 줄 의무가 있는 국가이다"(헌재 2002.12.18. 2002헌마52 등). 즉 "헌법이 이미 많은 문제점과 모순을 노정한 자유방임적 시장경제를 지향하지 않고 아울러 전체주의국가의 계획·통제경제도 지양하면서 국민 모두가 호혜 공영하는 실질적인 사회정의가 보장되는 국가, 환언하면 자본주의적 생산양식이라든가 시장메커니즘의 자동 조절 기능이라는 골격은 유지하면서 근로대중의 최소한의 인간다운 생활을 보장하기 위해 소득의 재분배, 투자의 유도·조정, 실업자 구제 내지 완전고용, 광범한 사회보장을 책임 있게 시행하는 국가, 즉 민주복지국가의 이상을 추구하고 있음을 의미하는 것"(헌재 1989.12.22. 88헌가13)이다. 특히 "우리나라 헌법상의 경제 질서는 사유재산제를 바탕으로 하고 자유경쟁을 존중하는 자유시장경제 질서를 기본으로 하면서도 이에 수반되는 갖가지 모순을 제거하고 사회복지·사회정의를 실현하기 위해 국가적 규제와 조정을 용인하는 사회적 시장경제 질서로서의 성격을 띠고 있다. 즉 절대적 개인주의·자유주의를 근간으로 하는 자본주의사회에 있어서는 계약 자유의 미명 아래 '있는 자, 가진자'의 착취에 의해 경제적인 지배 종속 관계가 성립하고 경쟁이 왜곡되어 결국에는 빈부의 격차가 현격해지고, 사회계층 간의 분화와 대립 갈등이 첨예화하는 사태에 이르게 됨에 따라 이를 대폭 수정해 실질적인 자유와 공정을 확보함으로써 인간의 존엄과 가치를 보장하도록 하였는 바"(헌재 1996.4.25. 92헌바47)라고 설명한다(강성태 2011, 127-131).

결국 여기서 사용하는 복지(국가)는 크게 두 가지이다. 하나는 상품이 아닌 노동, 공정한 노동을 보장하는 1차 복지로서 이는 복지국가의 기본 전제이다. 면세점免稅點 이하 노동자가 40퍼센트가 넘고 저임금노동자가 25퍼센트가 넘어 복지 재정 기여자는 줄어들지만 복지가 필요한 집단은 늘어나는 상황에서 복지국가를 수립할 수는 없다. 두 개의 시장, 두 가의 노동, 두 종류의 시민이 존재하는 곳에 복지국가는 없다. 복지국가를 향한 길을 가려 할 때 불평등하고 차별적인 노동시장 구조 개선이 선행되어야 하는 이유가 여기에 있다.

다른 하나는 공정한 노동을 보장할 경우에도 발생할 수밖에 없는 불가피한 상황, 사회적 위험을 사전에 차단하거나 사후적으로 치유하는 2차 복지이다. 사회 안전망이나 복지 정책이 여기에 해당한다. 특히 사회보험의 사각지대가 넓고 근로계약이나 근로 기준조차 지켜지지 않는 비공식 노동의 비중 역시 높기 때문에 사회 안전망에 대한 고민은 공정 노동만큼이나 중요하다.

결국 이 글은 1차 복지, 즉 노동시장에서의 공정한 분배와 2차 복지, 즉 사회보장을 통한 재분배를 결합한다는 점에서 노동과 사회보장이 동전의 양면임을 강조한다. 또한 사내 하도급 등에 의한 중간 일자리의 축소, 저임금 일자리 양산, 소득 불평등과 근로 빈곤의 확산, 사회적 양극화 등에 따른 노동의 불안정과 삶의 궁핍은 노동시장에서의 분배와 사회보장을 통한 재분배 모두를 어렵게 하지만 거꾸로 그 때문에 복지 수요가 넓어질 수밖에 없다는 사실을 지적한다.

3. 복지 수요의 확산

1) 고삐 풀린 시장의 힘

사회권이 매개가 되어 노동과 복지가 하나로 결합되었다고 간주하는 관점에 따르면 복지국가는 공정한 노동 및 사회적 재분배를 실현하고자 시장의 힘을 규제하려는 시도이다. 김영순·여유진(2011, 212), 장지연(2011, 2) 모두 아사 브릭스Asa Briggs를 인용해 복지국가란 시장의 힘을 수정(혹은 제어)하기 위해, 조직된 권력을 사용하는 국가라는 사실을 강조한다. 그런 점에서 복지 수요는 고삐 풀린 시장, 폭주하는 시장으로부터 발생한다. 즉 경제적 측면에서 복지 수요가 확산된 배경은 사회보장의 사각지대가 넓어졌을 뿐만 아니라, 저임금 혹은 비정규직 일자리에서 확인되는 노동3권의 훼손이기도 하다.

김대중·노무현 정부의 마감은 한국 복지국가 발전사의 하나의 순환이 종료한 것으로 받아들여졌다(김영순 2009, 162). 또한 노무현 정부는 사회적 위험에 처한 사람들의 소득을 보장한다는 측면에서 상당한 예산을 증액하고 다방면으로 노력했지만 위험을 상쇄하기에는 역부족이었다고 평가받는다. 시장에서 발생하는 사회적 위험이 심화·확산되는 속도를 정책이 따라잡지 못했기 때문이다(김영순 2009, 169). 특히 노동시장 구조 개선과 사회적 안전망의 동시 확충 전략, 즉 복지국가 전략의 부재에서 그 원인을 찾을 수 있다. 즉 김대중·노무현 정부는 시장이 야기하는 위험을 완화하려 했으나 시장의 힘 자체를 제어하려는 의지나 능력이 취약했거나 사실상 거의 없었다. 물론 전 세계적으로 유연 안정성이라는 이름 아래 노동 유연화가 대세로 자리 잡았고, 이는 한국에서도 예외가 아니었다. IMF 경제 위기를 경험하면서 항상적인 구조 조정이 정착되고 민영화가 실시되는 등 공공 부문에 대한 강력한 경쟁 압력과 규제 완화가 강제되었다는 사실을 고려할 때 개별 정부 정책만으로는 해결하기 어려운 지점이 있다.

2003년 30인 이상 기업의 68.8퍼센트가 당해 연도에 1회 이상의 정리 해고를 실시했고 해당 일자리를 사내 하청, 용역, 다양한 비정규직으로 대체했다. 정리 해고를 하는 기업의 비중은 2009년 12.7퍼센트로 줄어들기는 했지만 이는 기업에서 구조 조정을 회피하려고 노력해서가 아니라 정리 해고할 정규직이 없어졌기 때문이다. 예를 들어 1993~95년부터 민영화를 시작해 2002년 민영화를 완료한 KT는 민영화 직전인 1986년부터 8년간 509명의 인원만을 구조 조정했다. 하지만 1995년부터 8년간 총 1만5,058명을 정리 해고했으며 2003년에도 약 5천5백 명을 구조 조정하는 동시에 콜센터 등 상당수 업무를 아웃소싱했다. "정리 해고와 비정규직의 동시적 활용"이라는 한국형 고용 전략의 전형을 드러낸 것이다. 반면에 2008년 KT의 외국인 지분은 의결권 주식의 63.9퍼센트를 차지하고 배당 성향 역시 2002년 10퍼센트에서 2008년 50퍼센트로 늘었다. 천문학적 숫자의 배당금이 주주에게 돌아가는 동안, KT 노동인권센터에 따르면 2011년 한 해에만 KT 정규직 14명이 (자살 및 산재 등으로) 사망했다(권혜원 2009; 은수미·이병희·박제성 2011). IMF의 효과가 단적으로 나타난 사례이다. 이처럼 시장의 폭주를 특정 정부만의 책임이라고 하기는 어렵지만 "노무현 정부가 지향하는 복지국가가 어떤 유형의 것인지 드러나지 않는다."라는 지적은 주목할 만하다(김영순 2009, 176).

시장의 힘은 부자 감세와 일자리 창출을 내건 이명박 정부 시기에 더욱 거세졌다. 공공연하게 규제 완화를 선호해 시장과 기업에 힘을 실어 주었던 반면, 시장이 야기하는 위험을 완화하려는 노력은 취약했기 때문이다. 소비자 선택권을 내걸고 복지를 시장에서 구매하게 하는 복지 시장화는 대기업뿐만 아니라 소규모 인력 공급 업체의 고삐까지 풀어 노동권이 심각하게 훼손되었다.

2008년 강남성모병원에 간병인이라는 이름으로 간호조무사를 파견한 메디엔젤은 현행 파견법상 절대 금지 업무에 파견해 서울중앙지방법원으로부터 불법 파견 사실을 지적받았음에도 2010년 정부의 간병 서비스 제도화 시범 사업에 참여한다(은수미 2011b, 7). 전남대학교 병원에 간호 조무직을 하청 노동자로 공급한 (주)제니엘 역시 전남광주노동청으로부터 불법 파견 사실을 지적받고 기소되었지만 여전히 활발하게 인력업을 하고 있다. 더군다나 사내 하청 등의 외주화는 중간 일자리를 없애고 저임금 노동을 늘리면서 중심-주변 노동시장 분단을 확대하는 부정적 효과를 낳고 있다. 따라서 최근의 복지국가 요구는 시장의 폭주에 따른 당연한 귀결일 수 있다. 이제부터 경제적 측면에서의 복지 수요를 좀 더 구체적으로 살펴볼 것이다.

2) 노동시장 구조 악화와 복지 수요 증대

노동시장이 중심-주변으로 나뉜 현상을 다룬 연구는 꽤 많다(Kerr 1954; Doeringer and Piore 1971; Stone 1975; Meyer and Rowan 1977; Rubery 1978; Edwards 1979; Williamson 1981; Finley 1983; Jacoby 1984; Elbaum 1984; Dimaggio and Powel 1991; 박준식 1991; 정이환 1992, 2010; 조영철 1993; 정이환·전병유 2001). 최근에는 중심-주변 노동시장 간의 이동에 대한 연구도 활발한데 장지

표 6-1 | 이동 궤적 유형별 비중 (시기별)

	1995~96년	1998~99년	2006~07년	2008~09년
1차 노동시장 지속 근로 비중	17.2	13.8	15.4	14.3
2차 노동시장 지속 근로 비중	76.0	77.5	78.1	78.6
1차 노동시장에서 2차 노동시장으로 이동한 비중	3.5	4.8	3.7	3.6
2차 노동시장에서 1차 노동시장으로 이동한 비중	3.3	3.8	2.8	3.5

주 : 1차 노동시장: 1백 인 이상 정규직; 2차 노동시장: 그 외의 고용.
자료 : 장지연(2010, 8).

표 6-2 | 기업 규모별 종사자 수 변화 (1993, 2009년; 단위 : 인, %)

	1~4인	5~9인	10~49인	50~99인	1백~299인	3백~999인	1천 인 이상
1993년	28.3	9.0	21.1	8.5	10.5	9.0	13.6
2006년	29.0	12.2	24.1	10.1	10.9	7.6	6.1

자료 : 통계청, "사업체 조사."

연(2010)에 따르면 주변부 노동시장이 지속적으로 증가하고 중심-주변 간의 이동이 매우 드물어 노동시장에 두터운 칸막이가 쳐져 있는 모습이다. 1995년에서 1996년 사이 1차 노동시장에 지속적으로 근로하는 비중은 17.2퍼센트이지만 2008년부터 2009년까지 1년간 그 비중은 14.3퍼센트로 떨어진다. 같은 기간 2차 노동시장에 지속적으로 근로하는 비중은 76.0퍼센트에서 78.6퍼센트로 늘어나며 상호 이동은 7퍼센트 내에서 거의 바뀌지 않기 때문이다(〈표 6-1〉 참조).

주변부 노동시장의 확대는 기업 규모별 종사자 변화에서도 뚜렷하게 나타난다. 〈표 6-2〉에 따르면 지난 15년간 1천 인 이상 기업 종사자가 전체 임금노동자에서 차지하는 비중은 1993년 13.6퍼센트에서 6.1퍼센트로 반 토막이 났다. 하지만 50인 미만은 같은 시기 58.4퍼센트에서 65.3퍼센트로 늘었고 특히 10인 미만 사업장의 경우에는 37.3퍼센트에서 41.2퍼센트로 증가했다.

그렇다면 늘어나고 있는 주변부 노동시장의 특성은 무엇일까? 중심

표 6-3 | 저임금 일자리 특성 (2009년; 단위 : %)

구성			구성		
전체 노동자 대비 규모		26.2	기업 규모	1~4인	52.1
고용 형태	정규직	17.3		5~9인	35.4
	비정규직	42.7		10~29인	25.1
성별	남성	16.7		30~99인	16.0
	여성	39.1		100~299인	10.6
근로시간	전일제	23.4		3백 인 이상	5.5
	시간제	55.3	노조 가입		2.2
사회보험 미가입	국민연금	63.3	기업 복지 적용	퇴직금	23.4
	건강보험	8.6		상여금	23.7
	고용 보험	67.7		시간외수당	12.0

자료 : 통계청, "경제활동인구조사 부가 조사"(2009).

부 노동시장의 특징이 장기근속, 정규 고용, 상대적 고임금, 사회보장 및 기업 복리 후생의 혜택 등인 반면, 주변부 노동시장의 특징은 단기 근속에 따른 잦은 직장 이동, 비정규 고용, 저임금, 사회보장 사각지대 등이다.

〈표 6-3〉에서처럼 주변부 노동시장의 가장 큰 문제점인 저임금 일자리는 전체 노동자의 26.2퍼센트를 차지한다. 또한 비정규직·여성이고, 기업 규모가 작을수록 저임금 노동일 가능성이 높아 주변부 노동시장 일자리의 특성을 일부 확인할 수 있다. 그리고 해당 일자리는 사회보험이나 기업 복리 후생의 혜택을 받지 못할 가능성이 크며, 〈근로기준법〉을 적용받지 않는 5인 미만 사업장의 조건은 평균보다 훨씬 더 열악하다. 반면에 노동조합 조직률은 2.2퍼센트로 매우 낮으며, 주변부 노동시장이 커질수록 노동조합은 조직화하기 어려워지고 노사 관계를 통한 보호 역시 기대할 수 없다. 물론 주변부 노동시장에 저임금 일자리만 있는 것은 아니지만 저임금이 아니더라도 그 특징이 크게 다르지는 않다.

또한 주변부 일자리는 사업체의 흥망성쇠가 매우 빨라 정규직일지

표 6-4 | 일자리 특성별 실직 확률 (2005~06년; 단위 : %)

		실직 전체	자발적 실직	비자발적 실직
전체		20.8	12.2	8.9
종사상 지위	상용직	8.5	5.7	2.1
	임시직	27.1	17.9	9.6
	일용직	53.6	24.3	33.1
고용 형태	정규직	13.3	9.0	4.0
	비정규직	33.7	17.6	17.4
사업체 규모	1~4인	35.4	21.0	16.2
	5~9인	29.1	16.2	14.0
	10~29인	21.5	11.7	9.6
	30~99인	12.7	8.7	3.5
	1백~299인	11.4	7.7	3.8
	3백 인 이상	6.5	3.1	2.5
임금 계층	저임금	38.1	22.2	17.1
	중간 임금	20.1	12.2	8.3
	고임금	5.0	2.5	1.8

주 : 음영은 평균을 초과하는 경우.
자료 : 이병희(2009, 14) 수정.

라도 실직 위험이 높아 비자발적 이직이 많을 뿐만 아니라 좀 더 나은 임금을 받기 위해서나 질병, 출산·육아, 성희롱에 따른 자발적 실직 역시 흔하다. 특히 중소 규모 사업체는 임금 지불 능력이 떨어져 임금 체불 역시 반복적으로 발생하며, 근로계약을 서면으로 체결하는 경우는 매우 드물고, 사업주의 인사·노무관리나 단체교섭 능력 역시 거의 없다.

〈표 6-4〉에 따르면 2005년부터 2006년까지 1년간 전체 임금노동자의 평균 실직 확률은 20.8퍼센트이다. 그런데 임시·일용직, 비정규직, 저임금 노동, 30인 미만 사업장의 실직률은 평균을 훨씬 상회한다. 또한 〈표 6-5〉에 따르면 실직 시 근로 빈곤에 떨어질 비율은 52.9퍼센트이며 3분기 이후에도 저임금 노동의 경우 빈곤 세대가 60퍼센트에 달한다.

그러므로 저임금이나 비정규 일자리에 취업한 노동자들은 생애 취업 경력 전반에 걸쳐 '저임금이나 비정규-실직-근로 빈곤'의 악순환에

표 6-5 | 가구주의 취업 상태 변화와 빈곤 이행 (2008년; 단위 : %)

	가구주 변화	비취업→비취업	비취업→취업	취업→비취업	취업→취업	계
빈곤 유입률	10.7	21.1	7.3	52.9	2.5	4.9
빈곤 탈출률	28.9	7.3	38.2	3.8	30.0	16.9

자료 : 통계청, "가계조사" 중 분기 패널 자료. 이병희(2010b)에서 재인용.

표 6-6 | 비빈곤 가구에서 가구주가 실직한 이후 가구 빈곤율 (단위 : %)

	전체	중하층	중간층	중상층	상위층
1분기 이후	60.3	84.2	68.0	44.0	33.3
2분기 이후	44.4	81.3	47.4	14.3	42.9
3분기 이후	35.7	60.0	43.8	20.0	0.0

자료 : 통계청, "가계조사" 중 분기 패널 자료. 이병희(2010b)에서 재인용.

빠질 위험이 크다(윤자영 2010; 이병희 2009; 이병희 2010b; 장지연·양수경 2007; 최옥금 2009). 이는 2010년 10인 미만 사업체 노사 50명의 생애 취업 경험에 대한 면접 조사에서도 뚜렷하게 나타난다. 은수미(2011b, 9)에 따르면 20대부터 50대 초반까지 연령을 불문하고 비공식 근로나 비정규 근로를 반복하며 여기에 자발적 이직이 결합되는 경우가 많고, 연령이 높을수록 하향 이동이 뚜렷하다. 또한 신용 불량, 질병, 이혼이나 사별, 노숙 등의 다양한 사회적 위험에 노출된 경험이 있다.

더군다나 노사 관계 형성이 어려운 주변부 노동시장의 확산은 중간 일자리의 축소 및 사회적 양극화와 긴밀한 연관이 있다. 〈그림 6-1〉에서 확인되듯이 지난 10여 년간 중위 일자리는 줄어들고 상위와 하위 일자리가 늘어났다. 상대적 빈곤율의 지속적 증가 역시 간접적 징표이다(〈그림 6-2〉 참고).

한국의 상대적 빈곤율은 1997년 8.7퍼센트에서 2008년 11.9퍼센트로 증가해 OECD 7위 수준이다. 또한 한국은 근로 빈곤층 중 근로 연령 가구주가 차지하는 비중이 78.14퍼센트로 OECD 67.92퍼센트보다 높

그림 6-1 | 일자리 10분위별 고용 비중 변동 (1993~2006년; 단위 : %p)

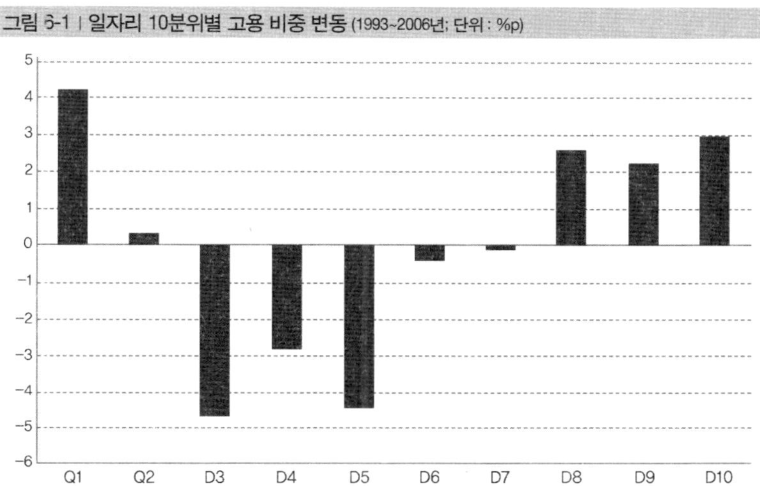

자료 : 통계청, "경제활동인구조사," "경제활동인구 고용 형태별 부가 조사." 이병희(2010b)에서 재인용.

그림 6-2 | 상대 빈곤율 추이 (시장 소득 기준; 단위 : %)

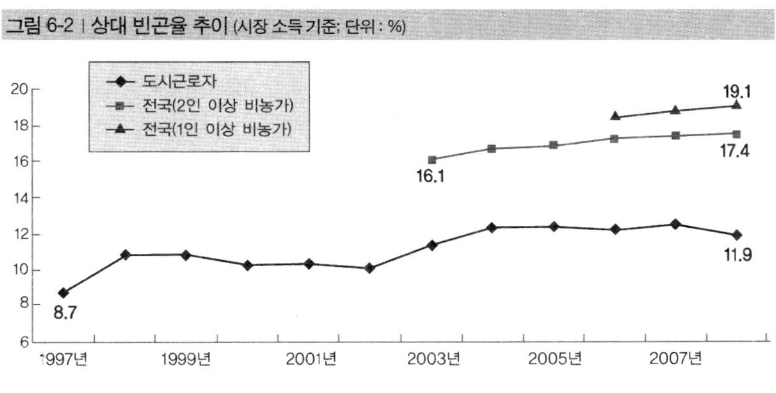

자료 : 통계청, "가계조사." 이병희(2010b)에서 재인용.

고, 취업 빈곤의 상대적 위험도[4]도 75.2퍼센트로 OECD 평균 69.0퍼센트보다 높다.

결론적으로 주변부 노동시장 확대, 중간 일자리 축소, 저임금 혹은 비정규 노동 확대, 근로 빈곤 위험 등은 분명히 복지 수요를 늘린다. 특히 연령별 경험에서 확인한 것처럼 20~40대가 겪는 사회적 위험은 상당히 커졌다. 경제적 측면에서의 복지 수요의 확산이 2011년 10월 26일 서울시장 보궐선거에서 2040 연대를 낳은 배경이라 해도 과언이 아니다.

4. 복지 수요의 확대와 복지 동맹의 형성

1) 한국 노동자 집단과 중간층

이와 같은 복지 수요의 확대가 복지 동맹의 형성이나 복지국가에 대한 강력한 지지로 나타날 것인가? 이에 대한 최근의 연구 결과로는 김영순(2009, 2011a, 2011b), 김영순·여유진(2011), 이주희(2011), 장지연(2011) 등이 있다. 여기서는 이 논문들을 비판적으로 검토하면서 한국의 복지 동맹 현황을 살펴볼 것이다.

김영순(2011b, 160)은 한국의 국민연금 개혁을 살펴보면서 "복지 정치에서 제도보다는 행위자, 행위자의 권력 자원 자체보다는 행위자 간 상호작용을 통해 만들어지는 권력관계가 더 중요하다."라고 한다. 이에 대해서는 다른 연구자들도 비슷한 시각에 선다. 이 글에서는 행위자의 권력 자원, 특히 노동자 집단에 초점을 맞추어 살펴본다.

김영순·여유진(2011, 225-227)은 한국인의 복지 태도에서 나타나는 특성을 비계급성과 비일관성이라고 규정한다. 빈부 격차 해소가 정부 책

---

4) $\frac{\text{취업 빈곤율}}{\text{근로 연령 빈곤율}} \times 100$

표 6-7 | 복지 태도의 일관성 정도 (단위 : %)

		경제성장을 위한 감세					
		매우 동의	동의	중립	반대	매우 반대	합계
빈부 격차 해소는 정부 책임	매우 반대	0.20	0.00	0.17	0.72	0.00	1.09
	반대	0.27	3.45	2.48	2.55	0.10	8.85
	중립	1.14	6.31	5.24	2.71	0.08	15.49
	동의	3.16	19.79	11.63	8.03	0.57	43.18
	매우 동의	2.94	13.51	8.30	6.24	0.41	31.39
	합계	7.72	43.06	27.81	20.25	1.16	100.00

주 : 짙은 음영은 일관성 있는 태도를 보이는 집단, 옅은 음영은 비일관적인 태도를 보이는 집단임.
자료 : 김영순·여유진(2011, 226).

표 6-8 | 고용 형태별 복지 태도

	세금 부담 높고, 복지 수준 높은 사회 희망	세금 부담 낮고, 복지 수준 낮은 사회 희망
전체	68명	10명
정규직	6명	1명
비정규직	62명	9명

자료 : 이주희(2011, 13)에서 수정.

임이라는 데 74.6퍼센트가 찬성하지만, 경제성장을 위한 감세에는 21.4퍼센트만이 반대하고 있기 때문이다. "특히 소득 격차 해소는 정부 책임이라는 의견에 대해 31.4퍼센트가 매우 강한 동의를 표했으나, 사회복지 확대를 위한 세금을 더 거둬야 한다는 의견에 대해서는 2.5퍼센트만이 매우 강한 동의를 표했다."라는 것을 비일관성의 증거로 제시한다. 더군다나 빈부 격차 해소는 정부 책임이라면서 감세에 동시에 동의하는 비일관적 집단(39.4퍼센트)이 소득 격차 해소가 정부 책임이 아니라면서 동시에 감세에 동의하는 일관적 집단(3.37퍼센트)의 11.7배라는 사실을 강조한다. 한마디로 복지 수요는 넓지만 그것이 복지 동맹의 형성으로 발전하기는 어렵다는 지적이다. 특히 〈표 6-9〉에서와 같이 전통적인 노동자 집단인 기능직이나 단순 노무직에서 비일관성의 특징이 매우 크다

표 6-9 | 복지 태도에서의 계급별 일관성과 비일관성 (단위 : %)

	계급 구분	진보적 일관성	보수적 일관성	비일관성
정부 분배 책임 + 경제 성장을 위한 감세	전체	15.25	3.92	42.77
	전문직 및 준전문직	19.40	4.48	30.34
	사무직 및 판매직	17.78	3.71	41.10
	기능 조립직 및 단순 노무직	12.10	3.92	47.59
정부 분배 책임 + 사회복지를 위한 증세	전체	29.89	4.25	30.22
	전문직 및 준전문직	37.51	7.49	16.38
	사무직 및 판매직	27.37	3.61	33.31
	기능 조립직 및 단순 노무직	29.64	3.83	31.78

자료 : 김영순·여유진(2011: 230)에서 수정

는 사실을 우려한다.

조사 결과가 비계급성이나 비일관성을 뒷받침하기에 충분한 증거인지에 대해서는 비판적인 검토가 필요하다. 특히 해당 질문에 공정 노동이나 괜찮은 일자리와 같은 요인이 빠져 있다는 것은 다양한 해석의 여지를 낳는다. 더불어 사회복지나 세금은 모두 직접 경험할수록 지지 혹은 반대가 늘어나는 경험재이다. 한국에서 감세 경험은 많지만 복지에 대한 경험은 상대적으로 적기 때문에, 이미 사회복지를 충분히 경험한 선진국과 동일 선상에서 비교하는 것 또한 조심스럽다. 그리고 계급이나 태도 역시 경험적이거나 구성적인 산물이라는 점이 함께 고려되어야 한다.

더군다나 예비 조사 수준이기는 하지만, 최근에 전혀 다른 조사 결과가 발표되었다. 이주희(2011)는 중소 규모 정규직 8명과 비정규직 72명 등 총 80명에 대한 면접 조사를 통해 이들 대부분이 세금 부담이 높고 복지 수준이 높은 사회를 원한다고 응답했다는 점을 밝혔다. 특히 이 연구는 복지 태도에 일자리 질 문제에 관한 문항을 충분히 고려했다는 점에서 김영순·여유진(2011)의 연구와 차이가 있다.

그러나 이 글에서는 김영순·여유진(2011)의 연구 결과, 즉 복지에 대

표 6-10 | 정규·비정규 노조 가입률 변화 (2007~10년; 단위 : %)

	2007년 3월	2008년 3월	2009년 3월	2010년 3월
전체	11.3	12.1	12.7	12.0
정규직	15.2	16.4	17.4	16.3
비정규직	4.7	4.2	3.4	3.1

자료 : 통계청 경제활동인구 부가 조사(각년도).

한 일관된 지지층이 아직 적다는 사실을 받아들인다 하더라도 그 사실을 거꾸로 해석할 수 있다는 것, 즉 상당히 일관된 집단이 최소 15퍼센트에서 최대 30퍼센트가량이 존재하며, 이제 막 복지국가 운동이 시작되어 구체적 지지층이 모습을 드러낸 만큼 규모가 크지 않더라도 확고한 지지층이 있다는 사실 자체에 주목해야 한다는 입장에 선다. 또한 이 지지층의 성격을 규명하는 것만큼이나 이들을 어떻게 확대할지가 매우 중요하다는 사실을 강조한다. 즉 복지 수요를 복지 동맹으로 바꾸어 낼 기반이 있는가에 초점을 맞추며 이를 위해 노동자 집단의 권력 자원을 구체적으로 살펴본다.

노동조합이 복지국가에 대한 관심이 적고 많고를 진단하기에 앞서 한국 노동조합의 권력 자원의 평가, 즉 강하냐 약하냐를 진단해야 하며 그 원인을 따져 봐야 한다. 2011년 11월 16일 고용노동부 발표에 따르면 한국의 노조 조직률은 9.8퍼센트에 불과하다. 노조 조직률이 두 자리 숫자 아래로 떨어진 것은 34년 만에 처음이지만 이미 2000년대 접어들면서부터 10퍼센트 초반의 조직률에 머물러 왔기 때문에 놀라운 일은 아니다. 게다가 공정한 노동과 사회보장이 필요한 집단일수록 조직률이 낮아서 2010년 현재 저임금노동자의 조직률은 1.2퍼센트, 비정규직 노동자의 조직률은 3.1퍼센트이며 이마저도 계속 떨어지는 추세이다. 기업 규모에 따른 조직률 격차도 커서 복지 수요가 많은 중소 영세 사업장 노동자는 고용 형태를 불문하고 조직률이 낮아 전체 임금노동자의 약

표 6-11 | 사업체 규모별 노동조합 조직률 (2009년; 단위 : 명, %)

	30인 미만	30~99인	1백~299인	3백 인 이상
임금노동자	9,602,000	3,361,000	1,646,000	1,946,000
조합원	22,548	98,080	210,046	825,659
조직률	0.2	2.9	12.8	42.4

자료 : 노동부.

60퍼센트를 차지하는 30인 미만 사업장의 조직률은 0.2퍼센트에 불과하다. 노동조합이 취약하다기보다는 노동조합이 사실상 존재하지 않는 셈이다.

한국의 노동조합이 강성이라거나 전투적이라는 의견은 한국 사회에서 꽤 지배적이다. 하지만 이 같은 의견을 노동조합이 강하다거나 영향력이 크다는 것과 혼동해서는 안 된다. 양자는 전혀 다른 차원의 문제이다. 노동조합의 힘이나 영향력은 노조 조직률, 단체협약 적용률, 전국적 혹은 산업 업종 수준에서의 사용자단체와 노동조합 결성 여부 등에 의해 판가름된다. 한국의 노동조합은 복지국가에 관심이 없어서 문제라기보다는, 노동조합 자체가 없는 것이 문제이다. 권력 자원을 잘못 사용해서라기보다는 권력 자원이 취약한 것이 복지 동맹 형성을 어렵게 하는 요인이다. 이는 조직률과 협약 적용률에 대한 국제 비교에서도 나타난다.

〈그림 6-3〉에 따르면 한국은 노조 조직률과 단체협약 적용률이 10퍼센트대에 불과해 미국·일본 등과 함께 노동조합이 취약하고 분권적 노사 관계를 형성하는 국가군(A)으로 분류된다. 전국이나 산업 수준의 사용자단체가 사실상 존재하지 않기 때문에 전체 조합원의 50퍼센트가 산별노조에 가입했고 그 비중은 조금씩 늘어나고 있지만 산별 교섭을 하기는 매우 어렵다. 기업·산업·전국 수준에서의 중층적인 노사 교섭이나 사회적 협의가 이루어지지 않는다. 더군다나 한국의 사용주는 전 세

그림 6-3 | 노조 조직률과 단체협약 적용률에 따른 노동조합 영향력 국제 비교

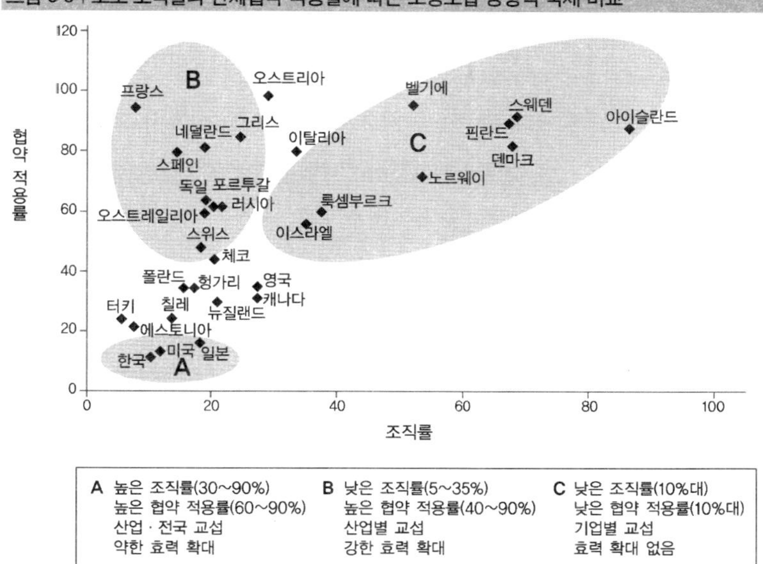

자료 : OECD; ILO 홈페이지(2010) 참고.

계적으로도 노동조합에 대한 적대감이 커서 노동조합의 영향력을 더욱 위축시키는 이유가 된다.

반면에 프랑스·독일·스페인 등은 조직률이 상대적으로 낮거나 중간 수준이지만, 교섭이 산업 수준에서 이뤄지고 단체협약의 포괄 범위 역시 산업 수준에서 이뤄지는 국가군(B)이다. 예를 들어 프랑스는 사용자단체가 노동조합 조직률 확대에 관심이 있으며, 정부는 적극적으로 노동조합 활동을 지원한다. 프랑스 최대 노조인 세제테CGT(프랑스노동총동맹)가 공산당 계열 노동조합이라는 점을 고려하면 한국에서는 상상하기 어려운 일이다. 또한 만인효erga omnes 원칙에 입각해 단체협약이 법에 의해 해당 산업 전체뿐만 아니라 다른 산업으로까지 확대되어 모든 사람,

즉 만인에게 그 효력이 발생한다. 심지어 프랑스 법률의 적용을 받지 않고 활동하는 외국 기업은 사용자단체에 가입하지 않고 산별 교섭에도 참여하지 않지만 해당 노동자들에게는 협약이 확대 적용된다(은수미·박제성 2009). 강력한 법·제도를 기반으로 노동조합의 영향력을 확대한 전형적인 사례이다. 다음으로 보편적 복지국가의 전형적인 사례로 소개되는 스웨덴·덴마크 등은 조직률이 높고 교섭이 산업 혹은 전국 수준에서 이뤄지고 단체협약의 포괄 범위 역시 산업 혹은 전국 수준인 국가군이다(C). 대체적으로 이 국가군에는 실업보험 등 사회보장에 대한 노동조합의 적극적인 역할이나 참여(예를 들어 겐트 시스템[5])를 통해 조직률 제고에 성공한 국가들이 포함되어 있다.

또한 B 국가군이나 C 국가군은 복지국가 형성기부터 확립기까지 노동조합 조직률이 높아지는 추세였거나 꽤 높은 수준을 유지한 반면, 한국은 복지 수요가 확대되고 복지국가 운동이 본격화되는 시점에 노동조합 조직률이 반비례하는 모습을 보인다. 노동조합 자체에 원인이 있을까? 노동조합은 기업별 노사 관계나 정규직 중심의 노조 활동을 넘어서려고 노력하지 않았을까? 혹은 노동과 복지를 연계하는 데 관심이 없었을까?

2) 한국 복지 동맹의 새로운 기반 : 노동자 집단을 중심으로

새로운 노동조합운동에 대한 시도는 2000년대 초반부터 시작되었

5) 실업보험 기금은 일반적으로 국가가 관리하지만, 덴마크·핀란드·스웨덴 등에서는 노동조합이 직접 관리한다. 이에 따라 실업 급여를 받기를 원하는 노동자들이 노조에 가입하는 방식으로 노조 조직률을 높일 수 있었던 제도로, 벨기에 겐트 지방에서 처음 실시되었다.

으며 거기에는 몇 가지 유형이 있다. 첫째, 아직 성공하지는 못했지만 여전히 지속되고 있는 산별 전환 노력과 그동안의 경험이다. 노동부 발표에 따르면 2009년 현재 산별노조 등 초기업별 노조(지역 및 업종 포함)의 조합원 비중은 전체의 52.9퍼센트(조합원 수 86만8,467명)를 차지한다. 상급 단체별로는 민주노총의 80.5퍼센트, 한국노총의 40.2퍼센트, 미가맹 노조의 31.1퍼센트로, 산별노조로의 전환은 민주노총이 주도하고 있음을 알 수 있다.[6] 2000년대 산별노조 운동은 2006년 6월 30일 현대자동차를 포함한 금속연맹 산하 13개 노조(조합원 8만7천여 명)가 산별 전환에 성공하면서 불붙었다. 이와 같은 산별 전략은 노동조합 조직률을 높이고 단결을 확대하는 한편, 비정규직 등 상당수 노동자가 노동조합에 가입하기를 원하지만 해당 사업장에 노동조합이 없거나 있다 하더라도 가입하기 어려워 가입하지 못하는 문제를 해소해 주는 것을 목표로 하는 것이다(윤진호 2002).

그동안 대표적인 산별노조인 보건의료노동조합과 금속노동조합은 산별 교섭을 통해 비정규직 문제를 해결하고자 했다. 예를 들어 2007년 보건의료노조는 정규직 임금 인상분의 30퍼센트(약 3천4백억 원)를 비정규직의 정규직 전환 기금으로 바꾸기로 결정하는 동시에 산별 협약을 통해 사용자 측의 동의를 얻었다. 그에 따라 산별 교섭에 참여한 병원 비정규직의 4퍼센트가 정규직으로 바뀌었는데, 이는 적지 않은 성과이다. 또한 2008년 미국산 쇠고기 수입 반대 촛불 집회가 전국적으로 확산되는 동안 보건의료노조는 산별 교섭을 통해 환자 및 보호자나 병원 방문객의 식단에 미국산 쇠고기를 쓰지 않을 것을 합의하고자 노력했

6) 최근 산별 노조 등 초기업별 노조 조합원 수가 감소한 데는 민주노총 조합원 수가 감소하고 미가맹 노조가 증가한 것과 연관이 있다.

표 6-12 | 2007년 금속 산별 협약 (비정규직 관련)

4. 비정규직 관련

[비정규직 노동자의 조합 활동 및 고용 보장]

① 금속노조 관계 사용자는 사내 하청 및 비정규 노동자와 이주 노동자의 노동조합 가입을 이유로 불이익을 처분을 하지 않으며 이로 인한 고용 문제 발생 시 고용이 보장되도록 한다.

② 금속노조 관계 사용자는 하청 업체 노동자의 노조 활동을 이유로 하청 업체와 계약을 해지하지 아니한다.

[불법 파견 및 용역 사용 금지]

① 금속노조 관계 사용자는 불법 파견 인력을 사용하지 않는다.

② 금속노조 관계 사용자는 관계 기관에 의해 불법 파견 확인 시, 소정의 절차에 따라 정규직 채용을 원칙으로 한다.

③ 금속노조 관계 사용자는 경영상 부득이한 사유로 일부 부서나 생산 물량을 외주 또는 하도급으로 전환하고자 하는 경우 조합원의 고용 안정, 노동조건에 관한 사항은 60일 전에 조합에 통보하고 합의해 추진한다.

[임시직의 정규직화]

① 임시직의 고용 기간은 3개월을 초과할 수 없으며, 다만 부득이한 경우 사전에 조합과 합의해 연장할 수 있다. 또한 계절적 업무의 경우 예외로 한다.

② 임시직 근무자가 있는 부서에서는 인원 보충 시, 결격사유가 없는 한 임시직 근무자를 우선적으로 채용한다.

③ 임시직에서 정규직으로 채용할 경우 임시직 근무 기간을 수습 기간에 포함한다.

[사내 하청 노동자의 처우 개선]

① 금속노조 관계 사용자는 사내 하청 노동자의 노동조합 가입을 이유로 어떤 종류의 불이익 처분도 행하지 않는다.

② 금속노조 관계 사용자는 사내 협력 업체가 근기법(〈근로기준법〉), 산안법(〈산업안전보건법〉), 산재보상법(〈산업재해보상보험법〉), 기타 노동관계법을 위반치 않도록 지도·감독한다.

③ 금속노조 관계 사용자는 사내 하청 노동자에게 동일한 작업복이 지급되도록 하고 복지 후생 시설을 공동으로 사용하도록 한다.

④ 금속노조 관계 사용자는 직접 생산 공정(조립, 가공, 포장, 도장, 품질관리 포함)에 종사하는 사내 하청 노동자의 퇴직금, 연·월차 휴가, 생리휴가, 주휴, 법정 공휴일에 대해 당해 사업장 노동자와 차별해 대우받지 않도록 한다.

다. 사용자 측이 현행 노조법에 따라 이는 임단협 교섭 대상이 아니기 때문에 합의할 수 없다며 반대했음에도 약 20여 개 병원과 보건의료노조 간에 이와 같은 협약이 맺어진 바 있다.

다른 한편 금속노조는 현대나 기아자동차와 같은 재벌 사업장이 빠져 있기는 하지만 하청 부품 업체를 중심으로 한 소규모 산별 교섭을 10여 년 동안 계속하면서 비정규직 보호 조항을 협약으로 체결했다. 물론 산별 교섭에 참여하는 사업장이 적고, 실행하지 않더라도 강제력이 없으며, 기존 법의 한계를 넘어서지 못하기 때문에 실질적인 효과가 있기보다는 상징적인 조치라는 성격이 강하다. 그러나 이 협약이 사내 하도급 규율에 대한 기본 아이디어를 제공하고 있다는 사실에 주목해야 한다. 더불어 재벌 대기업에서는 드물지만 그 이외의 기업에서는 사내 하청과 정규직이 통합·연대하려는 움직임도 존재한다. 따라서 이와 같은 시도가 지지부진하고 실현되기 어려운 이유를 살펴봐야 할 것이다.

둘째, 청년유니온이나 비정규직 노조, 지역별 노동 관련 조직의 새로운 시도이다. 산별 전환이 설령 성공했다 하더라도 중소 영세 사업장 노동자들은 노동조합에 가입하기가 쉽지 않다. 기업별이든 산별이든 현재의 노동조합과 노사 관계 시스템은 장기근속을 핵심으로 하는 중심부 노동자에게 적합하기 때문이다. 무엇보다 임금 및 단체교섭을 노동조합 활동의 중심에 둔다(특히 법·제도적으로 이것을 노동조합이라고 규정한다)는 점에서 그러하다.

잦은 이동을 하고 단체교섭 상대인 사용자가 불분명하거나 노동자성이 애매한 주변부 노동자들은 임금 및 단체교섭을 중심으로 한 활동만으로는 스스로의 문제를 해결하기 어렵고 노동조합에 가입했을 때 얻는 실익 역시 적다. 임금 및 단체교섭을 넘어서서 비정규직의 고용 안정성을 확보하거나 외주화를 억제해 잦은 이동 자체를 줄이려는 노력, 상향 이동을 위한 다양한 상담 및 취업 지원 서비스, 이동에 따라 줄어드는 소득 보장, 이동의 위험을 완화할 수 있는 사회보장제도 등에 주목하는 새로운 시도가 필요한 것이다.

특히 주변부 노동자들에게는 취업 알선 등의 일자리 문제 해결과 더불어 생활상의 제반 어려움에 대한 상담과 상호부조가 동시에 이루어져야 한다. 활동 단위 역시 현장이나 기업일 수도 있지만 시·군·구·동 등 생활상의 단위와 겹칠 수도 있다. 따라서 최소한 지역에 대한 강조가 필요하고 노동조합의 활동 방식이나 단위가 지역으로 확장될 뿐만 아니라 업종과 연계하는 것도 검토해야 한다. 이동에 따른 고용 형태나 종사상 지위 변화와 무관하게 노동조합의 성원이 될 수 있어야 한다는 것도 중요하다. 주변부 노동자들은 전형적인 일자리보다는 비전형적인 일자리에 종사하는 경우가 많고 특히, 직장 이동 시 고용 형태나 종사상의 지위가 바뀌거나 임금노동자에서 비임금노동자, 경제활동인구에서 비경제활동인구로의 이동 역시 크기 때문이다.

은수미(2010a)는 이를 노동조합의 새로운 역할 모델의 개발이라는 측면에서 접근한 바 있으며, 대표적인 사례로 청년유니온이 있다. 일종의 대표 소송7)을 통해 카페베네와 커피빈 아르바이트생의 주휴 수당 돌려받기에 성공하면서 세상에 알려진 청년유니온은 구직 청년이나 실업과 취업을 반복하는 10대에서 30대 후반까지의 청년을 회원으로 한다. 이들의 주요 활동은 임금 및 단체교섭이라기보다는 청년 일자리와 노동3권 사각지대 조사 및 상담, 노동3권에 대한 교육 토론과 부당한 처우와 관련한 의견 교환 및 경험 공유, 고소·고발 등 기존 노동조합의 주된 활동과는 다르다. 또한 조합원 수 50명으로 시작한 청년유니온은 2년여가 지난 이후에도 조합원 수가 3백 명이지만 전국 11개 지역에 모임을 개설하고 온·오프라인을 통해 연계할 뿐만 아니라 5천 명 가까운 후원 회원과 재능 기부 회원, 다양한 캠페인과 법정 투쟁 등을 통해 영향력을 확대하고 있다. 조직률을 늘리는 것 이상으로 일종의 이슈 공유와 문제해결을 중심에 두는 사회운동적 형태를 취하고 있는 것이다. 또한 커피전문점 주휴 수당 돌려받기에서 알 수 있듯이 조합원 여부와 무관하게 전국 사업장의 모든 노동자의 노동조건을 규율하려고 노력한다. 소송이

7) 정확하게는 대표 소송이 아니며 결과적으로 대표 소송 형태를 취했을 뿐이다. 커피 체인점에서 아르바이트를 하던 청년유니온 조합원이 청년유니온의 지원을 받아 카페베네가 아르바이트생에게 주휴 수당을 지급하지 않았다는 사실을 알리고 노동청에 고발했다. 또한 청년유니온은 고발자 개인뿐만 아니라 아르바이트생 전원에게 밀린 주휴 수당 지급을 요구했으며, 그 결과 커피빈은 총 5억 원의 주휴 수당을 아르바이트생 전원에게 지급했다. 이것은 청년유니온이 노동조합 설립 허가를 받지 못했으며 법률상 대표 소송이 어렵고 전국적으로 산재해 있을 뿐만 아니라 항상적인 해고 위협에 시달리면서도 전혀 조직화가 이루어져 있지 않은 아르바이트생의 노동 형태에 걸맞은 새로운 노동쟁의였다고 할 수 있다.

라는 외양을 띠었지만 사실상 협약의 효력 확대와 유사하다. 사업장이 전국에 흩어져 있고 노동자 역시 산재하며 이동이 잦은 단기간 노동자일 뿐만 아니라 사업장마다 조합원이 두어 명 수준에 불과한 특성 때문에 임금 및 단체협약이 불가능한 조건에서 다른 형태의 협약 적용을 이뤄 낸 것이다.

청년유니온은 2013년부터는 사회보험료 지원과 자발적 실직자에게 실업 급여를 지급하는 등의 고용 보험제도 개선 및 한국형 실업 부조 제도의 구축에 주력하겠다고 밝혔다. 그동안의 경험을 공유하고 실태 조사를 시행하는 과정에서, 고용 보험 및 실업 부조의 필요성을 절감했기 때문이라고 한다. 이는 필자가 2010년 10인 미만 사업체 노사 50명을 대상으로 실시한 면접 조사에서도 나타난다. 저임금을 받는 조건에서도 기존 직장에서 실업 급여 혜택을 받은 사람과 그렇지 않은 사람은 이후 일자리나 고용 보험 선호나 노동조합에 대한 관심에서 뚜렷한 차이가 나타나며 실업 급여 수혜자일수록 이후 일자리의 질이 개선된다. 따라서 청년유니온의 활동은 노동과 복지를 결합하는 주변부 노동자의 새로운 노동조합운동이라 하겠다.

이는 다른 비정규직 노동조합에서도 유사하게 나타난다. 전국여성노조 인천지부는 2010년 저임금 노동자들 간의 상호부조와 정보교환을 위한 공제회를 출범시켰고 부천 비정규센터 등 노동 관련 조직은 부천시 비정규 노동 개선 관련 조례를 부천시와 협의한 뒤 통과시켰다. 유사한 활동이 다른 지역에도 확산되는 추세이다.

셋째, 지자체, 중앙정부 기관 등의 공공 부문에서 저임금 일자리를 개선하고 노동3권을 확보하기 위한 새로운 시도가 이루어지고 있다. 주로 노정 협의나 시민 단체 혹은 관련 전문가의 지원으로 이루어지는 이 같은 활동은 지자체 비정규직의 정규직 전환, 지자체와 시민 단체 등의 공동출자 형식의 시민 위탁 기업 설립, 조달 시스템 개선, 조례 제·개정을 통한 주변부 노동자 지원 시설 설립 등으로 확산되고 있다. 병원 간병인 노동자와 지자체, 그리고 제3섹터 간의 협정을 통해 노동3권을 확보하는 방식 등 저임금 일자리 개선을 위한 방안이 다양하게 시도되고 있다. 이는 임금 및 근로조건을 개선할 뿐만 아니라 다양한 복지시설과 사회 안전망이 확충되는 것으로 이어질 수 있다는 점에서 또 다른 시도라 할 것이다. 노동자와 시민의 복지 경험을 확대하는 동시에 그 자체가 복지 동맹의 기반이 될 수 있다.

5. 나가며 : 복지 동맹의 형성, 무엇을 할 것인가?

그럼에도 앞서 살핀 세 가지 시도 모두 노동조합의 조직률을 높이거나 단체협약을 확대 적용하는 데까지 나아가지는 못하고 있다. 그 중요성을 모른다거나 시도하지 않았다기보다는 법·제도와 관행에 가로막혀 있다는 이유가 크다. 또한 이로 인한 부정적 경험이 광범위하게 공유되어 있다. 수백 일씩 집회 및 시위를 하거나 점거 농성을 한 결과가 결국 해고이거나 기껏해야 약간의 위로금이고, 이 같은 경험이 확대되면 새로운 노동조합운동을 꽃피우기 힘들다. 그나마 노동조합이 존재하는 대기업 정규직은 노동 유연화 속에서 기업 내부 노동자의 일자리 안전성에 집착하며, 위험을 감수하면서까지 새로운 시도를 하려 하지 않는다. 따라서 긍정적 경험을 공유·확산하고, 고통을 나누고 분노하는 데 함께하며, 서로를 지원하는 노동 복지 경험재를 만들어 낸다면 복지 수요의 확대를 복지 동맹 형성으로 바꾸어 낼 수 있을 것이다. 복지국가 운동의 이슈에 다음과 같은 것을 담아낼 수 있다면 상대적으로 쉽게 복지 동맹을 형성할 수 있다.

첫째, 노동관계법을 개정해 노동3권을 확보하려는 운동이 필요하다. 한국의 노동관계법은 크게 세 가지 측면에서의 개정이 필요하다.

① 주변부 노동자 모두에게 노동조합 가입이 허용되어야 한다. 한국의 〈노동조합 및 노동관계조정법〉(이하 〈노조법〉)은 노동조합 가입 자격 및 대표성을 기업에 정규적으로 고용된 임금노동자로 좁게 한정하고 있다. 예를 들어 한국의 〈노조법〉 제2조는 근로자를 '임금 근로자'로 한정하고 근로자가 아닌 자의 가입을 허용하지 않는다. 청년유니온처럼 구성원의 대다수가 구직자 혹은 실직자이거나 근로자성이 불분명한 노동자가 포함되어 있을 경우 노동조합으로 인정받기 어렵다. 법원은 구직자도 노동조합을 구성할 수 있다고 판결했지만, 고용노동부는 〈노조법〉 제2조 4항 라목 "근로자가 아닌 자의 가입을 허용하는 경우" 노동조합으로 보지 않는다는 조항을 들어 청년유니온의 노조 설립 신청서를 다섯 번이나 반려하고 여섯 번째에 이르러서야 노동조합 설립 필증을 발급했다. 게다가 최근 고용 형태가 다양화되면서 기존의 임금 근로자 기준에 근거할 경우 근로자성이 뒤흔들리는 경우가 많아 노조 가입 대상 노동자는 점점 줄어든다. 따라서 기업에 고용된 임금 근로자만으로 노동조합 가입을 좁게 허용한 〈노조법〉을 최소한 OECD 평균 수준으로 바꿀 필요가 있다.

또한 한국에서는 3백 인 이상 대기업의 54.5퍼센트가 사내 하도급[8]을 활용하며 현대자동차와 같이 정규직 노동자와 사내 하청 노동자가 한 라인에서 일하는 경우도 있다. 그러나 현행법에 따르면 사내 하청 노

8) 사내 하도급은 현장에서 사내 하청(제조업), 용역(청소 및 서비스업), 위탁(공공 부문) 등 다양한 이름으로 불린다. 이 글에서는 이들을 모두 통틀어 사내 하도급으로 지칭한다.

동자는 현대차 노동조합에 가입하기 어렵거나 아예 가입 대상이 아니다. 특히 기존의 기업별 노조가 산별노조 산하의 지부로 바뀌지 않은 경우 외주화된 노동자를 포괄할 방법은 없다. 또한 원청과 하청의 도급계약이 3개월 혹은 6개월 단위이거나 길어야 2년을 넘지 못해 도급 업체가 수시로 바뀌는 상황에서 사내 하청 노동자의 교섭 상대를 특정하기 어렵다. 사내 하청 노동자는 업체 변경과 무관하게 동일 현장에서 계속 일하지만 고용주가 계속 바뀌어 노사 관계 자체가 형성될 수 없기 때문이다. 사내 하도급 외에도 가사사용인 등의 호출 근로나 일일 근로, 자영업과 유사한 특수 고용 형태 노동자 등 기존의 노동자나 사용자 개념으로는 포괄하지 못하는 집단이 늘어난다는 점에서 심각한 문제가 아닐 수 없다.

② 노동조합 허가제를 신고제로 바꾸어야 한다. 〈노조법〉 제10조에 따르면 노조 설립 신고는 명칭, 조합원 수 등의 서류를 행정관청에 제출해야 하며, 설립 신고 관련 서류를 받은 행정관청은 보완을 요구하거나(〈노조법〉 제12조 2항), 반려할 수 있다(〈노조법〉 제12조 3항). 이는 노동부 및 행정관청이 청년유니온의 노조 설립 신고를 반려할 수 있었던 근거이기도 하다. 또한 청년유니온뿐만 아니라 공무원노조·건설노조·공공운수연맹 등도 유사한 문제로 노조 설립이 어렵다. 이처럼 노조 가입 범위를 제한하고 노조 설립을 어렵게 하는 법·제도가 사회적 지원을 필요로 하는 광범위한 집단의 복지 동맹으로의 전환을 어렵게 하는 요인이다. 그러다 보니 산별노조는 기존의 기업별 노조의 산별 확대체에 머문다.

물론 산별노조로의 전환이 직접 고용 비정규직의 조직률을 부분적으로 개선한 사례가 있다. 예를 들어 2008년 보건의료노조 산하 30개 병원의 고용 형태별 직원 및 조합원 현황을 살펴보면 전체 직원 중 직접 고용 비정규직의 비중은 11.3퍼센트(정규직 대비 14.1퍼센트) 간접 고용 비

표 6-13 | 보건의료노조 산하 30개 지부의 직원 및 조합원 현황 (단위 : 명, 괄호 안과 조직률은 %)

	전체	정규직	직접 고용 비정규직	간접 고용 비정규직
직원	61,549 (100.0)	49,153 (79.9)	6,952 (11.3)	5,349 (8.7)
조합원	35,752 (100.0)	34,658 (96.9)	955 (2.7)	139 (0.4)
조직률	58.1	70.5	13.7	2.6

자료 : 2008년 보건의료노조 30개 지부 실태 조사 결과.

중은 8.7퍼센트(정규직 직원 대비 10.9퍼센트)이다. 조직률은 정규직이 70.5퍼센트이고 직접 고용 비정규직은 13.7퍼센트, 간접 고용은 2.6퍼센트이다. 최소한 직접 고용 비정규직의 조직률은 다른 비정규직에 비해 높은 것이다.

하지만 이 역시 기업별 노조가 존재하고 이를 발판으로 보건의료노조 지부로 바뀐 병원에 한해서이다. 기존에 미가입한 중소 병원이나 개별 병원은 여전히 보건의료노조 외부에 있어서 보건의료노조 전체의 조직률은 전체 노동자 조직률과 유사하게 10퍼센트 수준이다. 따라서 노조 가입을 좀 더 용이하게 하는 것은 시급한 과제다. 동시에 노동조합에 가입하지 않았더라도 산별노조와 사용자단체가 맺은 단체협약이 중소 병원이나 개별 병원의 노동자들에게도 적용되어야 한다. 이를 위한 첫걸음이 〈노조법〉 제29조의 개정, 즉 노동조합 대표성의 법적 확대이다.

③ 〈노조법〉 제29조는 "노동조합의 대표자는 그 노동조합 또는 조합원을 위해" 단체교섭을 해야 한다고 명시했다. 노동조합의 대표성을 근로자 혹은 종업원이 아닌 조합원으로 한정하는 것은 조합의 대표성을 제한할 뿐만 아니라 노동3권의 사각지대를 확대한다. 앞에서 지적한 것처럼 최근에는 하나의 사업장에 다양한 비정규직 노동자가 함께 일하는 경우가 대부분이다. 여기에는 고용주가 동일한 기간제·시간제 등의 직접 고용 노동자도 있지만, 아예 고용주가 다른 사내 하청, 파견, 용역, 위

탁 등의 간접 고용 노동자도 있다. 그런데 노동조합의 대표성이 조합원으로 한정되어 있는 상황에서는 미가입된 종업원 혹은 노동자의 이해관계를 노동조합이 대변할 수 없다. 물론 그와 같은 한계를 넘어선 노동조합이 없지 않다. 울산의 D 병원 노동조합은 간호사와 아웃소싱 노동자(주로 청소 및 식당 노동자)를 하나의 노동조합으로 통합했다. 아웃소싱 자체를 막지는 못했지만 도급 업체 변경 시 고용 승계, 사회보험 및 퇴직금 등의 문제를 해결했다. 그러나 이조차도 보편적이기보다는 예외적인 사례이다. 2008년 보건의료노조 산하 30개 지부(병원)의 간접 고용 현황을 조사한 결과 전체 병원이 경비, 주차 관리, 시설 관리, 세탁, 청소, 조리 및 배식, 진료 및 사무 보조, 차트 관리 및 파일 작업, 입출고 관리, 컴퓨터 유지 보수, 승강기 운행, 전화 교환 및 예약, 안내, 간병인, 사체 염습, 물품 배송 등의 업무 중 1개 이상을 아웃소싱하며 거의 전부를 아웃소싱하는 병원도 있다. 노동조합이 대부분 비조합원인 해당 직무의 아웃소싱을 제어하지 못한 것은 물론이며, 아웃소싱 이후에 노동조합으로 가입시킨 사례는 매우 적다.

둘째, 새로운 노동운동을 시도할 때 드러나는 것처럼 임단협을 넘어선 노동-복지의 연계 활동을 펼치고, 지자체와의 협력을 통한 노동 복지 종합 서비스를 확립할 필요가 있다. 이때 노동-복지 연계 활동은 돌봄 등 사회 서비스 영역에서의 사회권이 확보되는 일자리 만들기와, 노동과 복지 전반에 걸친 상담 및 지원을 결합하는 것이 있는데, 특히 돌봄 서비스 영역에서 전형적인 사례를 발굴해 확산하는 것이 필요하다.

지난 10년간 돌봄 서비스는 가장 많이 성장한 영역이다. 보건복지부 사회 서비스 사업 일자리와 노인 장기 요양 보험의 예산이 2007년 1천5백억 원에서 2010년 3조3천억 원으로 증가했으며, 비공식 노동을 뺀 돌봄 노동자 역시 최소 40만 명에서 최대 60만 명 정도로 추산되는데, 이는 향후 3~4배 이상 늘어날 것으로 보인다. 고령화가 심화되고, 사회적 위험에 내몰린 집단이 확대되며, 여성의 사회적 진출이 증가한 점을 고려하면 당연한 결과이다.

하지만 대부분이 여성인 돌봄 노동자의 임금 및 근로조건은 매우 취약하다. 2009년 사회 서비스 인력 실태 조사(보건복지부)에 따르면 정부지원 일자리의 3개월간 월평균 임금이 79만4천 원이며 장애 아동 재활치료가 115만6천 원으로 가장 높고 노인 돌봄 서비스가 56만7천 원으로 가장 낮다. 이것은 일주일 평균 근로시간이 30.3시간으로 상대적으로 짧은 탓도 있지만 43.8시간을 근무하는 산모·신생아 도우미의 월평균 임금도 78만7천 원으로 낮은 수준이다. 또한 시간당 임금에 포함되지 않는 일자리와 일자리 간의 이동 시간이 1주일에 평균 5.1시간인 것도 한 가지 요인이다(재가 서비스의 특성상 가구 이동이 빈번하다). 돌봄 노동의 계약은 시간제 혹은 기간제로 이뤄지는 것이 일반적이지만, 적어도 의무적으로 사회보험에 가입하게 되어 있기 때문에 사회보장은 이루어진다.

반면에 정부가 지원하지 않는 민간 영역의 돌봄 일자리의 상당수는 이 수준에도 미치지 못해 비공식 노동의 특성을 강하게 띠며 간병 노동에서와 같이 최저임금을 받지 못한다. 그러므로 정부가 직접 관리·운영하거나 최소한 제3섹터와 연계하는 공공적인 돌봄 노동을 창출하고, 돌봄 서비스 전달 체계, 즉 노동 복지 종합 서비스를 결합해야 한다. 노동복지 종합 서비스는 정부와 제3섹터에 의해 만들어진 돌봄 일자리 등 사회 서비스 일자리에 대한 취업과 직업훈련을 지원할 뿐만 아니라 실업 급여나 실업 부조의 연계, 부당해고 및 부당노동행위에 대한 해결 지원, 기타 다양한 복지 관련 문제에 대한 상담 및 자원 연계, 사례 관리 활동을 결합하는 것을 뜻한다(은수미·장지연 2011). 동시에 노동조합의 적극적인 참여가 필수적이며 이것이 노동조합의 조직률을 높이고 협약 적용률을 확대할 수 있다. 겐트 시스템은 아닐지라도 실업 급여나 실업 부조에 노동조합이 참여할 수 있는 방법인 것이다.

셋째, 사회보험료 지원과 한국형 실업 부조 도입이다. 이병희(2011, 189-191)에 따르면 전체 임금노동자의 33.4퍼센트(477만 명)는 국민연금·건강보험 등 4대 사회보험 중 어느 것 하나에도 가입하지 않았으며, 23.5퍼센트(4백만 명)는 사회보험에 모두 미가입했다. 근로계약이 없거나 사회보험에 가입하지 않고 고용 보호를 받지 못하는 비공식 노동의 규모가 상당하다. 또한 이들은 실직 등 노동시장 위험에 노출될 가능성이 높다. 예를 들어 고용 보험 적용 대상임에도 미가입한 노동자의 1년간 직장 유지율은 41.0퍼센트인 반면, 가입한 노동자의 직장 유지율은 76.3퍼센트이다. 생애 취업 경력에서 하향 이동과 '저임금-실직-근로 빈곤'의 악순환도 고용 보험 미가입 노동자에게서 뚜렷하다. 최근에는 20~30대 청년층에서도 이 같은 현상이 나타나며, 아예 고용 보험 가입 자격이 없는 청년 구직자나 근로자성이 애매한 집단, 영세 자영업자도 최소 8백만 명에서 최대 1천2백만 명으로 그 범위가 상당히 넓다(은수미 2011a).

고용 보험 적용 대상이지만 실업 급여를 받지 못한 원인을 살펴보면 고용 보험에 가입하지 않은 경우가 45.0퍼센트, 자발적 이직 등 이직 사유 미충족이 22.9퍼센트이다. 또한 6개월 미만의 단기간 고용 등에 따른 기타 비수급도 6.8퍼센트나 된다. 따라서 고용 보험 제도 개선을 통해 적용 대상을 확대하는 것이 시급하다.

고용 보험 적용 대상의 확대는 상대적으로 짧은 기간 내에 복지 경험을 넓히는 것과 긴밀하게 연관이 있다. 따라서 최저임금 준수를 전제 조건으로 10인 미만 영세 사업장의 노사 모두에게 사회보험료를 지원해 헌법에 보장된 사회권을 확립하고 자발적 이직자에게도 실업 급여를 주는 등의 고용 보험 제도 개선은 복지 동맹을 확대하는 데 중요하다.

표 6-14 | 1년 미만 실직 임금노동자의 실업 급여 수급 여부와 비수급 사유 (단위 : %)

비수급					수급
고용 보험 미가입	이직 사유 미충족	피보험 단위 기간 미충족	기타 비수급	수급 종료	
45.0	22.9	11.1	6.8	2.9	11.3

자료 : 이병희(2011, 192).

더불어 고용 보험 가입에서 제외된 사람들에게도 그와 유사한 실업 부조를 지급하는 것을 적극적으로 검토해야 한다. 현재 고용 보험 가입 제외자는 최소 8백만 명에서 1천2백만 명으로 상당히 많다. 이들에 대해 직업훈련을 보장하고 훈련 시 생계 보조비를 지급하는 실업 부조를 도입해 사각지대를 완화하고 상향 이동을 지원하는 것이 시급하다. 이미 앞에서 지적한 것처럼 실업 부조 제도를 도입·운영하는 데는 노동조합 참여가 필수적이다.

넷째, 괜찮은 일자리의 확산이다. 앞에서 지적한 것처럼 중간 일자리의 축소와 저임금 일자리의 양산은 복지 재정에 기여할 수 있는 사람을 줄일 뿐만 아니라 복지 사각지대를 넓혀 국가의 부담을 강화하는 방식이다. 또한 사회권을 보장받는 괜찮은 일자리의 확대는 그 자체로 복지국가의 목표이자 복지 동맹 형성의 중요한 과제일 것이다. 이와 관련해서는 ① 사내 하도급 규제가 우선적이다. 현행 파견법 개정을 통해 아웃소싱·사내 하청·용역 등으로 통칭되는 사내 하도급 중 불법적인 형태를 구율하고 적법한 하도급을 안착시켜야 한다. ② 아웃소싱에 대한 규제는 법적 접근뿐만 아니라 공공 부문에서의 아웃소싱 규율을 통해서도 이루어져야 한다. 최근 지자체에서 실시하고 있는 공공 부문 비정규직의 정규직 전환 및 조례 재정, 조달에서의 고용 공시 제도 등을 통한 규제 등 고용 친화적인 공공 부문 개혁을 통해 사내 하도급을 규제해야 한다. ③ 근로시간 단축을 통한 일자리 나누기는 중간 일자리 등 괜찮은 일자리의 확산에 기여할 것이기 때문에 노사정 합의뿐만 아니라 불법적인 장시간 근로에 대한 규제 등을 통해 정착시켜야 한다. ④ 이미 지적한 것처럼 공공적인 돌봄 노동 등 사회 서비스 노동의 확산이다. 정부뿐만 아니라 노동조합과 시민 단체, 제3섹터가 협력해 이와 같은 문제를 해결한다면 복지 동맹의 강화와 실질적인 사각지대의 완화 등에 큰 역할을 할 수 있다.

한국에서의 복지 동맹의 형성은 이제 시작일 뿐이다. 그러므로 복지 수요의 확대가 자연스럽게 복지 동맹으로 이어지지 않는다는 점을 고려해, 양자를 어떻게 연계할지에 주목해야 한다. 또한 노동 연대인가, 시민 연대인가를 넘어서서 새로운 형태의 연대(무한 연대)의 내용과 형식을 갖춰야 한다. 그 방법을 모색하는 것이 향후 연구 과제일 것이다. 특히 노동자 집단뿐만 아니라 중간층의 권력 자원에 대한 분석 그리고 노동자 집단과 중간층의 관계 형성에 대한 고민을 담아야 한다.

참고문헌

강성태. 2011. “사회보험료 지원정책의 법적 의의와 쟁점.” ‘고용주도형 복지전략과 사회보험료 지원을 통한 고용촉진 방안’(한국노동연구원 개원 23주년 기념토론회).

권혜원. 2009. “한국통신의 정원관리.” 『공공 부문 정원관리의 한일비교』. 한국노동연구원.

김영순. 2009. “노무현 정부의 복지 정책: 복지국가의 제도적·정치적 기반 형성 문제를 중심으로.” 『경제와 사회』 통권 82호, 161-185쪽.

_____. 2011a. “보편적 복지국가를 위한 복지 동맹: 조건과 전망.” 『시민과 세계』 19호, 14-33쪽.

_____. 2011b. “한국의 복지 정치는 변화하고 있는가?: 1, 2차 국민연금 개혁을 통해 본 한국의 복지 정치.” 『한국정치학회보』 제45집 1호, 141-163쪽.

김영순·여유진. 2011. “한국인의 복지 태도: 비계급성과 비일관성 문제를 중심으로.” 『경제와 사회』 91호, 211-240쪽.

박준식. 1991. “중공업 대기업에서의 노사 관계 유형에 관한 비교 연구: 철강, 자동차, 조선산업의 세 기업을 중심으로.” 연세대 사회학과 박사 학위논문.

쉬피오, 알랭. 2012. 『필라델피아 정신 : 시장전체주의를 넘어 사회적 정의로』. 박제성 옮김. 한국노동연구원.

양재진. 2009. “왜 한국의 대기업 노동은 복지국가 건설에 나서지 않는가?.” 『한국 복지국가 성격논쟁』. 인간과 복지.

윤자영. 2010. “기혼 여성취업이 근로 빈곤에 미치는 영향.” 『근로 빈곤의 실태와 지원정책』. 한국노동연구원.

윤진호. 2002. “비정규 노동자의 실태와 조직화 문제.” 『산업노동연구』 제8권 2호, 1-39쪽.

은수미. 2009. “촛불과 한국 사회 중산층의 자화상.” 당대비평 기획위원회 엮음. 『그대는 왜 촛불을 끄셨나요』. 산책자.

_____. 2010a. “노동조합의 새로운 역할 모델.” 전국여성노동조합 심포지엄 발제문.

_____. 2010b. “기업별 노사 관계와 조합원 대표성: 보건의료노조와 금속노조를 중심으로.” 비판사회학회 2010년 추계학술대회 발표문.

_____. 2011a. “고용안전망 사각지대: 기여회피인가, 규제회피인가.” 2011년 사회정책연합 공동학술대회 발표문.

_____. 2011b. “저임금 노동 발생 원인: 병원 산업 국제비교.” 미발간 논문.

은수미·박제성. 2009. “프랑스의 산별 교섭 구조와 최근 동향.” 『산별 교섭의 이론과 실제: 산업별·국가별 비교를 중심으로』. 한국노동연구원.

은수미·장지연. 2011. 『한국 YWCA 돌봄사업』. 한국YWCA연합회.

은수미·이병희·박제성. 2011. 『사내 하도급과 한국의 고용구조』. 한국노동연구원.

이병희. 2009. “임금 근로자의 노동시장 이행과 고용 보험.” 『고용안전망과 활성화전략 연구』. 한국노동연구원.

_____. 2010a. “사회보험료 지원을 통한 사회보험 사각지대 해소방안.” 『동향과 전망』 82호, 185-211쪽.

_____. 2010b. “근로 빈곤의 노동시장 특성.” 『근로 빈곤의 실태와 지원정책』. 한국노동연구원.
_____. 2011. “사회보험료 지원을 통한 공식고용 촉진방안.” ‘고용주도형 복지전략과 사회보험료 지원을 통한 고용촉진 방안’(한국노동연구원 개원 23주년 기념토론회).
이주희. 2011. “비정규직의 사회권 의식과 영향요인.”
장지연. 2010. “노동시장 이중구조의 변화.” 비판사회학회 추계학술대회 발표문.
_____. 2011. “사회보험을 통한 소득 보장체계 정착의 과정: 영국, 독일, 스웨덴을 중심으로.”
장지연·양수경. 2007. “사회적배제 시각으로 본 비정규고용.” 『노동정책연구』 제7권 1호, 1-22쪽.
정이환. 1992. “제조업 내부노동시장의 변화와 노사 관계.” 서울대학교 사회학과 박사 학위논문.
_____. 2010. “노동시장체제를 통해서 본 한국자본주의.” 2009년 한국 사회학회 특별심포지엄 발표문.
정이환·전병유. 2001. “1990년대 한국 임금구조의 변화: 내부노동시장은 약화되고 있는가.” 『경제와 사회』 통권 52호.
조영철. 1993. “분단시장과 노동의 효율적 배분.” 고려대학교 경제학과 박사 학위논문.
최옥금. 2009. “근로 빈곤층의 경제활동상태 전환 및 노동경험의 유형화.” 『고용안전망과 활성화전략 연구』. 한국노동연구원.

『중앙일보』. 2011/11/12. “청년 백수가 무슨 벼슬인가.”

Dimaggio, Paul and Walter Powel eds. 1991. *The New Institutionalism in Organizational Analysis*. The University of Chicago Press.
Doeringer, P. B. and M. Piore. 1971. *Internal Labor Market and Manpower Analysis*. Lexington: Heath.
Edwards, Richard. 1979. *Contested Terrain*. New York: Basic Books.
Elbaum, Bernard. 1984. “The Marketing and Shaping of Job and Pay Structures in the Iron and the Steel Industry.” in Paul Osterman(ed.). *Internal Labor Markets*. The MIT Press.
Finley, W. 1983. “One Ocupation, Two Labor Markets: The Case of Longshore Crane Operators.” *ASR*. 48: 306-315.
Jacoby, Sanford M. 1984. “The Development of Internal Labor Markets in American Manufacturing Firms.” in Paul Osterman ed. *Internal Labor Markets*. The MIT Press.
ILO. 2003. “Guidelines concerning a statistical definition of informal employment, endorsed by the Seventeenth International Conference of Labour Statisticians” (November-December 2003).
Kerr, C. 1954. “The Balkanization of Labor Market.” in Reynolds, L. et al. eds. *Readings in Labor Economics and Labor Relations*(1986, 4th edition). Prenrice-Hall.
Meyer, John W. and Brian Rowan. 1977. “Institutionalized Organization: Formal Structure

as Myth and Ceremony." *American Journal of Sociology*. 83(2).
Rubery, J. 1978. "Structured Labor Markets, Worker Organization and Low Pay." *Cambridge Journal of Economics*. 2: 17-36.
Stone, K. 1975. "The Origins of Job Structures in the Steel Industry." in Edwards et al. eds. *Labor Market Segmentation*. D.C. Heath and Company.
Williamson, Oliver E. 1981. "The Economics of Organization: The Transaction Cost Approach." *American Journal of Sociology*. 87(3).

7장

연합 정치의 유형과 복지국가의 진로

유럽 국가들의 사례와 한국에서의 시사점

고원

1. 들어가며

복지국가 이론의 대가인 에스핑-안데르센(Esping-Andersen 1996, 265)은 "복지국가는 정치가 낳은 아이이며, 그러므로 정치의 미래이기도 할 것"이라고 말한다. 또 미국의 정치학자 셰리 버먼Sheri Berman은 복지국가의 배경을 이루고 있는 사회민주주의에 대해 "국가와 정치를 통해 사회를 변화시킬 수 있다는 신념 위에서 탄생한 적극적인 민주주의자들의 비전"이라고 말한다. 복지국가는 바로 정치적 힘을 조직함으로써 이를 통해 자본주의 시장경제 체제를 조절해 내고, 일정하게는 탈상품화하는 정치경제적 기획이다. 그만큼 복지국가의 형성과 발전에 미치는 정치의 영향력은 다른 어떤 체제에서보다 비중이 큰 것이다.

복지국가를 구성하는 정치의 요체는 흔히 복지 동맹welfare coalition이라는 개념으로 불린다. 전형적인 복지 동맹 모델은 가장 탄탄한 보편적 복지국가를 실현한 스웨덴 사례이다. 일반적으로 많은 연구자들이 지적하듯이, 스웨덴 복지 동맹의 특징은 다음과 같다(Korpi 1983; Esping-Anderson

1990).

첫째는 유능하고 강력한 사민주의 정당의 존재이다. 19세기 후반 유럽에 등장한 사민주의 정당들은 산업 노동자계급이 성장하면서 형성된 사회적 균열 구조에 조응하는 정치적 형태였다(신진욱 2011, 51). 스웨덴 사민당은 1928년 페르 알빈 한손Per Albin Hansson의 지도하에 '국민의 집'이라는 슬로건을 들고 복지국가의 토대를 닦기 시작했으며, 1977년까지 44년간의 장기 집권을 이룰 만큼 폭넓은 지지를 받았다. 둘째는 강력한 노동운동의 전통이다. 스웨덴의 노동조합은 전통적으로 조직률이 높고 고도의 중앙 집권성을 갖는 정치화된 조직이었다. 노조는 코포라티즘의 기제 속에서 경제정책과 사회정책의 조정에 깊숙이 간여해 성장과 분배를 조화시킬 모델을 제안했을 뿐만 아니라 연대 임금정책을 통해 이 모델의 작동을 가능하게 했다(김영순 2011a, 17). 셋째는 이런 바탕 위에서 복지국가를 위한 중간계급과의 동맹을 성공시켰다는 점이다. 1932년 선거에서 스웨덴 사민당은 농업 보조금 지급이라는 농민들의 요구를 수용함으로써 적·녹 연정, 즉 사민당과 농민당의 연정을 탄생시켰다. 또 1959년에는 보충 연금 개혁을 통해 화이트칼라 중간계급을 새로운 동맹자로 받아들임으로써 복지국가의 강력한 지지층을 형성시켰다. 넷째는 노동과 자본 사이에 계급 타협이 이루어졌다는 점이다. 스웨덴노동조합총연맹LO은 자본과 타협을 통한 노동문제의 해결을 꾀했고, 이것이 결국 '살츠셰바덴 협정'이라는 역사적 대타협으로 성사되었다.

이상 네 가지 주요 요인들이 바탕이 되어 스웨덴에서는 보편적 복지국가가 탄생했고, 오랫동안 탄탄하게 작동해 올 수 있었다. 이런 조건들은 에스핑-안데르센이 분류한 세 가지 복지국가의 모형 중에서 스웨덴 같은 사민주의 복지국가에만 적용되는 것은 아니고, 적어도 유럽에서는 독일 같은 보수주의적 복지국가나 영국 같은 자유주의적 복지국가에도 거의 비슷하게 적용될 수 있는 것이다.

하지만 이 같은 복지 동맹의 조건들을 보편적으로 적용하기는 어렵다. 그것은 원래부터 선진 자본주의국가 중에서도 극히 일부에서 실현된 매우 예외적인 복지 모델의 조건들이었다(김영순 2011a, 15). 게다가 지금은 이런 조건들에 많은 변화가 일어나고 있다. 스웨덴에서도 1980년대 이후부터 코포라티즘 기제에 의한 중앙 임금 협상이 와해되기 시작했고 지금도 그 원형이 복원되지 않고 있다. 이와 더불어 사민당과 노조(LO)의 긴밀한 관계도 상당히 변화해 갈등과 협력의 이중적인 긴장 관계로 변화되었다(안재홍 2005, 347-349). 무엇보다 기존의 계급을 기준으로 한 사회 균열의 성격이 탈산업사회가 도래함에 따라 사회시스템과 계급 구조가 크게 바뀌고 있다. 또 세계화와 신자유주의의 영향으로 노동 등 각 계급들 내부의 격차가 현저히 커짐으로써 계급적 단결에 기초한 사회제도의 설계와 작동 가능성이 크게 제약받게 되었다. 이에 더해 정당정치의 변화 또한 복지국가의 발전에 지대한 영향을 미쳤다. 오늘날 정당정치와 대의 기구에 대한 대중들의 신뢰가 급격히 떨어지고, 무당파층이 확대됨에 따라 정당의 전반적 영향력은 쇠퇴해 왔다. 이는 복지국가의 축을 이뤄 온 국가의 역할에 직간접적 영향을 미치지 않을 수 없다. 바로 이런 조건들 속에서 전통적 복지 동맹은 커다란 변화를 겪고 있다.

그렇다면 이처럼 복지 동맹 체계 속에서 일어나고 있는 커다란 변화가 복지국가의 변화와 발전에 미친 영향은 무엇인가? "오늘날 정치의 문제는 후기 산업사회에 맞는 새로운 사회적 시민권과 평등주의 모델을 위한 동맹을 어떻게 만들어 낼 것인가이다."라는 에스핑-안데르센의 말에서도 나타나지만, 미래에 복지국가를 유지시키는 새로운 동력은 어디서 나올 수 있는가? 복지국가를 지탱하는 근본적 동력이 정치에서 나온다고 했을 때, 정치 동력의 구성은 어떻게 변화되고 있는가? 좀 더 구체적으로 사회적 지지 기반과 정당 체제 사이의 관계는 복지국가의 존립에 어떤 상관관계를 갖고 있는가? 이 글은 주로 정당 체제, 그중에서도 연합 정치(정당 연합)에 초점을 맞춰 유럽을 중심으로 복지국가의 변화를 고찰해 볼 것이다.

이와 함께 이런 것들이 한국 복지국가의 발전에 어떤 함의를 갖는지를 고찰하고자 한다. 한국은 원래부터 복지국가의 전통적 조건을 크게 결여했을 뿐만 아니라, 1990년대 이후 신자유주의·세계화·탈산업화에 따른 영향을 상당히 강하게 받아 왔다. 그럼에도 한국은 1980년대 중반 민주화 이후 사회복지의 양적 규모가 꾸준히 확대되어 왔다. 급기야 근래에는 복지의 단순한 확대를 넘어 보편적 복지 체제의 건설을 둘러싸고 복지 논쟁이 전 사회적으로 뜨겁게 펼쳐져 왔다. 그렇다면 이런 현상들은 지금 한국 사회에 보편적 복지 논쟁이 벌어질 만큼 어떤 실체성이 있는 것인가? 그런 복지국가 논쟁에 상응하는 정치적 조건이 있다면 무엇인가? 이런 문제와 관련해 이 글에서도 근래에 한국에서 벌어지고 있는 정당 체제 재편 논의가 한국 복지국가의 발전에 기여할 수 있는 시사점을 논의하고자 했다.

2. 이론적 논의와 분석 시각

복지국가의 형성·성장·지속·변화를 설명하는 이론에는 크게 권력자원론의 시각과 제도주의의 시각이 있다. 먼저 권력 자원론은 자본과 노동의 계급 간 대립을 중심에 놓고 출발한다(Korpi 1983). 여기서는 노동계급의 권력 동원이 가장 중요한데, 노동자계급의 정치적 동원화가 성공을 거둘수록 복지국가는 강화되고 제도화된다고 본다. 권력 자원론은 사회적 계급 기반을 강조하는 시각과 정당 및 정부의 성격을 강조하는 시각으로 나뉘기도 한다. 이런 시각은 유럽에서 복지국가 형성 과정을 설명하는 데 적실성을 갖고 있다. 그러나 노동계급의 동질성이 약한 한국 사회에 적용하기에는 현실적인 한계가 많다. 게다가 계급 외에도 다층적 사회 균열과 다중적 쟁점이 출현하는 탈산업사회의 조건에서 적용하는 데도 구조적인 한계가 있다.

다음으로 제도주의의 시각은 주로 '경로 의존성' 개념을 통해 현존 제도 자체의 역할을 강조하며, 증가하는 수익과 긍정적 피드백 메커니즘에 의해 제도가 유지·강화된다고 주장한다(Pierson 2000, 256-259). 복지국가 연구에서는 역사적 유산인 제도의 제약과, 현존 제도에 내재된 이해관계 집단의 거부권에 의해 복지국가가 강한 지속성을 지닌다고 본다. 이 같은 제도주의의 시각은, 권력 자원론이 사회 계급의 역할 변수를 강조하는 것과는 달리 대체로 수많은 위험 범주별로 구분되는 이해관계 집단들의 선호와 균열 구조가 복지국가의 변화를 결정짓는 정책 선택에 더 중요한 영향을 끼친다고 본다(Baldwin 1990, 21-31). 이런 시각은 정책 선택이 사회집단들의 이익 협상 결과들을 단순히 인준하고 반영하는 것이 아니라, 제도가 개인이나 집단의 정책 선택 행위를 제약하고 정의하며 구조화하는 데 의해 영향을 받아 이루어진다는 것을 설명해 준다(Immergut 1992; Thelen and Steinmo 1992; Hall and Taylor 1996). 복지국가 연구에서 제도주의 시각들은 복지국가의 변화와 적응에서, 복지 프로그램 자체의 제도적 특성이 미치는 영향을 강조하는 시각과, 헌정 구조나 국가 구조 등 정치제도가 미치는 영향을 강조하는 시각들로 나뉘는데(김영순 2011b), 특히 후자의 시각은 복지국가의 발전이 왜 단순 다수 정치제도보다는 비례성이 높은 정치제도를 택하고 있는 곳에서 더

집증적으로 이루어지는지를 설명하는 데 유용할 수 있다. 하지만 이런 시각은 제도의 영향을 과장함으로써 사회적 행위자들이 갈등·협상·타협의 과정을 통해 제도의 제약을 극복해 가는 역동성을 경시하는 경향이 있다.

이 글은 권력 자원론의 기본적 관점을 수용하되 권력 자원의 주체를 계급에서 좀 더 유연하게 다양한 행위자 집단들로 넓히고, 행위자들의 갈등·협상·타협을 통해 드러나는 역관계의 규정성을 일차적 변수로 파악하고자 한다. 또한 경제적 계급 개념에 지나치게 중심을 두지 않고 정치적 계급 개념과 경제적 계급 개념이 다양하게 상호작용하는 양상을 강조할 것이다. 그리고 그런 기초 위에서 행위자들이 제도의 제약을 이용하고 극복하기 위해 다양한 제도적 실천을 기획한다는 관점을 취하고자 한다.

이 글은 복지국가에 영향을 미치는 정당 체제의 변수에 주목한다. 그러나 정당의 변수를 지나치게 일면적으로 강조하는 후버Evelyne Huber와 스티븐스John D. Stephens(Huber and Stephens 2001)의 주장은 과도한 것이라고 본다. 유럽을 기준으로 볼 때 복지국가의 변화는 정책 결정 영역에서 정당의 역할을 강화했다. 코포라티즘이 쇠퇴한 지점에서 상대적으로 정당과 의회를 중심으로 갈등·협상·합의·균열이 일어나는 현상이 나타났다. 그러나 여전히 정당–사회 관계의 중요성은 지속된다. 정당의 변화 또한 깊게 진행되고 있고, 기성 정당 구조는 갈수록 한계에 봉착하고 있으며, 그에 따라 정당 개념이 새롭게 재편되는 현상이 나타나고 있기 때문이다. 따라서 이 글은 정당의 변수에 주목하되, 이를 정당–사회의 역동적 변화라는 관점 속에서 파악할 것이다.

한국에서 정당 체제가 복지국가에 미치는 영향에 관한 연구는 제도주의의 시각에서 많이 시도되어 왔다. 예를 들어 김영순(Kim 2010), 안재홍(2005), 최태욱(2011)의 연구 등이다. 이들은 정치제도의 여러 배열 방식이 복지국가의 발전에 미치는 효과에 주목해 제도적 실천의 중요성을 역설했다. 하지만 지나치게 제도의 논의에만 시야가 국한될 때, 행위자(정당)들의 갈등·협상·타협을 통해 드러나는 역관계의 역동적 변화를 다 담아내는 데 한계가 있을 수 있다. 그러므로 연합 정치의 과정에서 나타나는 역동적 세력 재편의 과정을 동태적으로 파악해 가면서 그와 함께 제도적 실천의 과정을 결합할 필요가 있다.

3. 복지국가의 재편과 복지 동맹의 변화 : 유럽 국가들의 사례

1) 코포라티즘의 쇠퇴와 정당-사회의 재편

정당은 대의 민주주의 체제 속에서 사회의 복잡한 여러 이해관계를 집약하고, 중개하며, 조정할 뿐만 아니라 그것들을 공공 정책에 반영하는 역할을 수행한다. 민주주의는 사회 세력의 참여를 유발하면서도 여기서 발생하는 갈등을 권위적으로 조정할 때 통치 가능한데, 갈등과 통합의 중심에 서있는 매개자가 바로 정당이다(Lipset and Rokkan 1967). 그만큼 정당은 민주주의 사회에서 가장 중요한 이익대표의 제도이다. 사회복지 역시 사회 세력들이 참여하는 중요한 이익 대결 및 정책 경쟁의 장이라고 했을 때, 바로 정당의 구조가 어떻게 짜여 있는가는 그 나라의 사회복지의 발전에 커다란 영향을 끼치는 요인이다. 쉬운 예로 노동계급을 대변하는 정당이 있는 나라와 그렇지 못한 나라들 간의 차이는 복지국가의 발전 수준에 결정적 영향을 미친다. 즉 복지 모델이란 정당과 정치 계급, 다양한 이익 선호 집단들 간 타협과 정치적 교환에 의한 정책 선택이 제도화된 결과라고 할 수 있는 것이다(김혜란 2008, 267-268).

하지만 정당의 지배 체제 내지 대표 체계의 특성만으로 복지국가의 발전과 변화를 설명해 내기에는 한계가 있다. 왜냐하면 지역적 대표 원칙에 기초해 간헐적으로 이루어지는 선거와 고도로 집약된 정당의 정책 프로그램만으로는 사회 구성원들의 다양한 이익과 가치들을 적절히 대표하기 어렵기 때문이다(Kim 2010). 그래서 이런 대의 민주주의의 한계를 보완하기 위해 기능적 대표 원칙에 기초한 이익집단의 정치가 발생하게 되는데, 복지 제도의 발전과 변화를 고찰하기 위해서는 정당으로 대표되는 대의제 정치와 함께 이익집단의 정치를 묶어서 볼 필요가 있다. 그렇게 보았을 때, 서구 복지국가의 형성과 발달 과정에서는 대체로 정치적 대표 체계인 의회정치와 기능적 대표 체계인 코포라티즘이 맞물려 돌아가면서 복합적으로 갈등을 조정했음을 알 수 있다. 정당과 이익집단의 대표 체계 사이에는 긴밀한 조응과 협력이 이루어졌다. 물론 그 같은 조응과 협력 구조는 나라마다 다소간 차이가 있었다(신진욱 2011, 62). 가령 영국에서는 노동자 정당보다 노동조합, 사회복지 기관들이 먼저 발달했는데, 국가 복지 체제도 그만큼 뒤늦게 제한적으로 발달했다. 반면에 독일에서는 1860~70년대에 강력한 노동자 정당이 건설되었고, 1910년대에는 35퍼센트대에 육박하는 지지율을 얻었다. 독일의 복지국가는 사민당의 빠른 정치적 성공에 힘입어 발전할 수 있었다. 스웨덴에서는 노조가 높은 조직률과 독자적 복지 제도를 갖춘 바탕 위에서 사민당이 이를 보편적 국가 복지 체제로 확장시켰는데, 이는 정당-노동관계가 가장 완전한 형태로 만난 사례라고 볼 수 있다. 그러나 이런 차이가 있음에도 전반적으로는 정당과 코포라티즘이 서로 상호 보완적으로 작용함으로써 복지국가 전반의 발전을 이끌어 갔다고 볼 수 있다.

그러나 1980년대 이후 그런 체제에 균열이 오기 시작했다. 케인스주의의 쇠퇴와 신자유주의 세계화의 확산, 탈산업사회의 진전에 의한 계급 구조의 변화로 인해 코포라티즘에 의한 의사 결정 양식에 균열이 오기 시작했다. 스웨덴의 경우 사민당과 LO는 이념적·조직적으로 강하게 연계되어 있었으나 1980년대 이후 상호 자율적인 관계로 발전해 갔다. 1981년 사민당은 LO가 추진해 왔던 임노동자 기금이라는 급진적 노선을 LO가 반대했음에도 탈정치적 이슈로 전환시키고자 했다. 1990년에 사민당은 LO지도부와 협력해 2년간 쟁의 금지와 임금·물가 동결을 선언했으나, LO는 소속 노동조합과 조직 활동가들의 반대 시위에 부딪치자 사민당과의 협력에서 이탈했다. 또 1996년에 사민당은 LO에 고용과 해고의 유연화와 임금 협상의 과감한 분권화를 제안했는데, LO는 이에 반발해 당비 지원 중단이라는 초강경수로 맞서기도 했다(안재홍 2005, 347). 1987년에는 LO 소속 단위 노동조합의 사민당 집단 가입 제도가 폐지되었다. 사민당이 이를 폐지한 것은 이 제도가 LO의 급진 노선에 사민당을 얽매이게 함으로써 집권을 위한 포괄 정당화라는 목표와 맞지 않았다고 판단했기 때문이었다.

이런 사정은 다른 나라들에서도 비슷했다. 네덜란드에서는 1960년대 후반부터 이미 중앙 임금 협상이 와해되기 시작했고, 정부가 두 차례에 걸쳐 노동법을 개정해 임금 조정을 강제하고자 했으나 노동조합 및 사용자 연합의 반대에 부딪쳐 실현되지 않았다. 덴마크에서도 1973년 오일쇼크 와중에 실업이 급증하자 사민당 정부와 덴마크노동조합총연맹이 중앙 임금 협상에 개입해 임금을 억제하도록 했으나 노조와 사용자들의 반대에 직면했다. 1970년대 중앙 임금 협상은 번번이 무산되었다. 영국에서도 제3의 길을 표방한 노동당의 개혁 작업으로 인해 블록투표제가 폐지됨으로써 당과 노동조합의 강력한 연계 장치가 크게 약화되었다. 이처럼 1980년대 이후 정당과 코포라티즘의 긴밀한 연계와 협력에 의한 의사 결정 기제는 크게 약화되어 왔다.

코포라티즘적 노사정 관계가 약화되면서 이를 대체한 것은 일차적으로 의회와 정당이었다. 복지 개혁의 정치는 주로 정당정치를 중심으로 전개되었다. 이익집단들은 코포라티즘 기제가 작동하지 않자 정당과 의회를 상대로 로비에 집중하는 경향을 보였다(안재흥 2005, 347-348). 복지 이슈에 대한 대응에서도 정당들 간의 경쟁과 협상의 비중이 커지고, 이익집단들도 이를 중심으로 재편되는 양상을 보였다. 이는 실제적 경험으로도 뒷받침된다. 스웨덴에서는 복지 개혁의 정치가 정당을 중심으로 진척되었다. 1991년에 등장한 중도-우파 연합 정권은 연금 개혁을 위해 '연금실무위원회'를 구성했는데, 여기에는 사민당을 포함한 5개 정당들이 초청된 반면에 LO를 비롯한 이익 단체의 참여는 배제되었다. 그럼에도 사민당은 연금 개혁의 필요성에 합의하고 연금실무위원에 협력했다(안재흥 2005, 347). 이런 사정은 다른 나라들에서도 비슷하게 나타났다. 덴마크에서도 1993년 사민당 연합 정부는 우파 연합이 제기해 온 복지 삭감에 대한 합의를 도출했다. 네덜란드에서는 1982년 기민당이 사회보험 급여를 동결했을 때 사민당은 이에 심각하게 반발하지 않았으며, 1986년 선거에서는 기민당·자유당·사민당 모두 사회보험 급여를 삭감하는 데 동의했다.

유럽의 복지 정치에서 정당의 중요성은 복지 삭감 과정에서만 입증된 것이 아니고, 복지국가의 기본 틀을 유지하는 데도 매우 중요했다. 후버와 스티븐스의 연구에 의하면, 1980년대 이후 신자유주의 세계화에 의해 복지가 축소되던 시기에도 영국과 뉴질랜드를 제외한 대부분의 나라들은 실제로 복지 시스템의 큰 변화를 겪지 않았다. 이는 정당정치의 특성에 있는데, 정당정치가 복지국가의 재조정에 영향을 미치는 국가 구조에 대한 결정력이 가장 크기 때문이었다. 집권당의 이념 및 정당 연합의 성격이 성장 지향적인가 분배 지향적인가에 따라 정책 메뉴와 방향이 달라지고, 복지 정치에 중대한 영향을 미치기 때문이다(송호근·홍경준 2006, 183). 그래서 후버와 스티븐스는 선진 민주주의국가들에서 복지국가의 발전과 위기를 분석하면서, 정당정치야말로 복지국가의 변화와 다양한 차이들을 설명하는 데서 가장 중요한 요인이라고 말하고 있다.[1)]

이상에서 살펴본 바와 같이 서구 복지국가들에서는 코포라티즘의 기제가 약화되면서 정당과 의회의 역할이 증대되고 그와 함께 정당 간 연합 정치가 강화되는 움직임이 일어났다. 그러나 정당 역시 복지국가의 변화에 대응할 수 있는 능력이 충분하지 않았다. 코포라티즘이 약화되면서 정당정치 또한 지속적으로 쇠퇴했다. 정당정치와 대의 기구에 대한 유권자들의 신뢰는 급격히 떨어졌고, 정치 혐오나 정치 무관심이 투표율 하락 등으로 표현되어 왔다. 기존의 거대 정당들은 지속적으로 자신을 지지해 주는 유권자들을 잃어 왔다. 정당 체제는 다양화되었으며, 보수주의·사민주의 정당 외에 녹색당이나 우익 포퓰리즘 정당이라는 변수가 크게 작용하게 되었다(신진욱 2011, 56). 부동층이 늘어나고 투표 유동성이 증가했으며, 이에 따라 권력 구조가 급변하는 경우가 잦아졌다. 전통적으로 자본·노동 균열 구조에 상응하는 계급정당 구조가 뿌리내렸던 유럽에서조차 정당 체제의 다원화가 깊숙이 진행되었던 것이다(Decker 2010, 31-34).

복지 정치에서 코포라티즘이 약화되면서 정당정치의 위상과 비중이 증대했지만 그것은 어디까지나 상대적인 것이었다. 정당정치가 코포라

---

1) 후버와 스티븐스는 복지국가의 변화는 제도의 경로 의존성에 의해 영향을 받지만, 과거에 지배적이었던 것과는 다른 정치적 색채를 지닌 정부가 등장해 복지국가를 새로운 경로로 움직일 수 있었다고 말한다.

티즘의 쇠퇴를 대체할 만큼 충분하지 못했던 것이다. 결국 정당정치의 불충분성은 사회적 기반에 의해 보완되어야 했다. 이런 맥락에서 1990년대에 들어서 사회적 협의social concertation라고 불리는 변형된 형태의 코포라티즘이 부활하기 시작했다(Baccaro and Samoni 2008). 기존의 코포라티즘이 고도로 중앙집권화·집중화된 이익 조직, 이익의 대표 독점, 친노동자 정당의 집권이라는 제도적 조건 위에서 성립된 것이었다고 한다면, 사회적 협의는 노동조합 조직률이 비교적 낮고 조직이 분권화된 나라들에서 주로 출현했다. 기존의 코포라티즘이 강했던 나라들에서도 조직적 분권화가 진행되었다. 여기에는 이익집단과 함께 정당 및 사회단체가 참여하며 정치적 합의를 목표로 삼는다. 여기서 다루는 의제도 노동정책뿐만 아니라 사회정책 및 조세정책 전반을 포괄했다. 사회적 협의는 당연히 기존의 코포라티즘에 비해 노동자계급의 협상력을 떨어뜨렸다. 그럼에도 유럽에서 노조는 사회적 협의 체제에 불참하기보다 참여하는 것이 유리한 대안임을 깨닫고 전략적으로 이를 선택했다(김학노 2011, 238-245; 김영순 2011b).

전통적 코포라티즘에 입각한 정당-사회 관계가 재편되면서 나타난 사회적 협의의 현상을 좀 더 확대된 시각으로 해석할 수 있다. 그것의 본질적 의미는, 첫째로 정당-이익집단이라는 이분법적 역할 모형이 약화되고 양자 사이의 경계와 구분이 모호해졌다는 것이고, 둘째로는 정당-사회 관계가 새롭게 재편되면서 형성되는 새로운 상호작용의 질서가 강렬한 정치화의 경향을 보인다는 점이다. 북유럽 국가들의 경험과는 달리 이탈리아의 올리브 동맹의 사례는 그 같은 추이와 흐름을 단적으로 드러내는 사례이다. 올리브 동맹은 이탈리아 정치 지형의 급격한 우경화와 급진적 신자유주의 복지 개혁에 맞서 정당들뿐만 아니라 사회단체·이익집단을 망라해 대항 정치 연합으로 결성되었고, 이것이 다시 선거 연합으로 발전했으며, 나아가서는 통합 정당으로까지 전환된 사례이다. 일종의 시민 정치 운동이라는 새로운 지평을 통해 기존 정당–사회 관계의 질서를 새로운 정당 질서로 재편한 것이다.

요약하자면, 이상에서 살펴본 바와 같이 서구 유럽에서 전통적인 계급적 사회 균열을 바탕으로 한 복지 동맹의 균열은 새롭게 재편되어 왔다. 그 주된 내용은 일차적으로 정당과 의회의 역할이 증대해 왔다는 것이다. 이는 오늘날 복지국가의 변화를 설명하는 데 정당 체제 및 정당 간 연합 정치의 내용이 차지하는 비중이 커졌음을 의미한다. 하지만 정당의 변수가 복지국가의 변화를 설명하는 데 일면적으로 과대평가되어서는 안 된다. 비록 전통적 의미의 코포라티즘은 약화되었지만 사회적 기반의 조직화는 정당을 보완하는 데 여전히 중요하다. 정당과 사회적 기반은 상호 보완하는 관계에서 한 걸음 더 나아가 양자가 서로 섞이고 융합하면서 새로운 정치적 시스템을 만들어 가고 있다. 이 같은 변화는 복지국가의 변화를 설명하는 기존의 복지 동맹 패러다임의 한계를 드러낸다. 정당과 사회적 기반 모두를 함께 고려하면서도 그것들이 강한 정치화의 특성을 띠면서 융합해 가는 현상을 담을 새로운 복지 동맹 패러다임이 필요함을 말해 주고 있다.

2) 연합 정치의 다양한 유형과 복지국가의 변화

앞서 살펴본 것처럼 복지 동맹의 재편은 정당 간의 협상과 거래의 중요성을 일정하게 배가하는 쪽으로 움직여 왔다. 그런 점에서 연합 정치(정당 연합)는 복지국가의 형성과 변화에 영향을 끼치는 중요한 요인이다. 또 정당 체제가 다원화되고 가변적으로 되면서 각 정당들이 다중적 가치와 노선을 혼합하고 있고, 그에 상응하는 당내 분파 구조를 만들어 가고 있는 양상은 연합 정치의 중요도를 증대시킨다(신진욱 2011, 64). 그래서 연합 정치의 양상이 어떤 형태로 진행되고 있고, 그것이 복지국가의 변화에 어떤 영향을 미치는가는 중요한 연구 대상이다.

연합 정치는 일률적으로 정의할 수 없을 정도로 매우 다양한 형태로 나타난다. 그러므로 연합 정치는 그 사회의 역사적 맥락과 제도적 조건, 사회정치적 상황 속에서 이해해야 한다. 복지국가의 변화에 연합 정치가 미치는 영향은 일차적으로는 연합의 이념적 성격이 무엇인가에 달려 있다. 연합 정치의 이념적 성격은 우선적으로 연합의 대상과 범위라는 측면에서 규정될 수 있다. 즉 연합의 범위가 최소 승리 연합인가 과대 규모 연합인가, 과대 규모 연합 중에서도 대연정식인가 소연정식인가에 따라 연합의 이념적 성격이 많이 좌우된다(Dodd 1976). 물론 정당 연합의 대상과 범위에 따른 형태적 구별이 이념적 성격을 기계적으로 결정하지는 않는다. 정당 연합의 형태적 속성이 비슷해 보여도 그것을 둘러싸고 있는 사회적 지지 기반이 어떤 역학 구조로 이루어졌는지에 따라 복지국가의 변화에 미치는 영향은 크게 다르다. 이를테면 칠레의 경우 피노체트 군사독재 정권이 종식되고 민주화 이후 중도 좌파 동맹인 콘세르타시온Concertacion의 집권이 이어져 왔지만 피노체트가 신자유주의 개혁을 통해 구조화해 놓은 각종 복지 제도의 기본 틀을 벗어나지 못하고 있다(마인섭 2007, 142). 이처럼 정당 연합의 형태가 정책 효과에 미치는 영향은 일률적이지 않고 사회적 기반과의 상호작용 속에서 각각 상이하게 발현된다. 하지만 사회적 지지 기반이라는 변수를 통제하고 보면 정당 연합의 대상과 범위는 정책의 이념적 성격에 상당히 일관된 규정성을 얼마간 갖는다고 볼 수 있다.

유럽의 진보 정치 세력을 기준으로 볼 때, 복지국가의 재편을 둘러싸고 세 가지 연합 정치의 유형을 보이고 있다. 첫째는 복지 정책을 결정할 때 보수정당과 진보 정당들 사이에 정당 간 합의를 중심으로 움직이는 합의주의 정치의 유형이다. 여기서는 정당들이 이념적 블록을 뛰어넘어 연립정부에 참여하기도 한다. 1990년대에 네덜란드 사민당PvdA이 보수자유당VVD과 연합해 '보라색 연립정부'를 구성한 것이나 덴마크에서 비슷한 시기에 좌우 연합 정부를 구성한 것 등이 그 예이다(안재홍 2005, 349). 그리고 독일에서 2005년 기민당과 사민당이 대연정을 구성해 복지 개혁의 정치를 가동한 것 등도 비슷한 사례이다. 이런 경향은 비단 좌우 대연정을 수립한 나라들에서만 일어나는 것은 아니다. 블록 체제를 유지하더라도 스웨덴에서 보이는 것처럼 좌우 정치 세력 간에 합의 정치를 강화한 것도 크게는 비슷한 맥락에서 읽힐 수 있다. 이런 유형의 복지 정치의 특성은 대체로 복지 체제의 급격한 변동을 피하는 데 기본적 합의가 이루어져 있다는 것이다. 독일의 경우 앙겔라 메르켈 정권은 과거 기민당 정권들보다 더 중도적이다(고원 2010, 52). 스웨덴의 보수당 역시 2003년 선거 캠페인에서 보면 사회민주당의 노선에서 이데올로기를 뺀, "친복지·친노동자 정당"을 천명할 정도로 복지국가의 기본 틀을 벗어나지 않고 있다(『한겨레 21』 2011/02/11).[2] 이처럼 보수정당들이 복지 체계의 기본 틀을 와해하려 하지 않는 반면, 진보 정당들은 노동조합 조직의 요구에 조직적으로 강하게 얽매이지 않으면서 정책 선택의 유연성을 발휘해 복지 지출 삭감에 동의한다.

둘째는 복지 정책의 결정 과정에서 보수 정권의 급진적 신자유주의 개혁에 맞서 좌파 세력만이 아니라 중도 우파 세력까지 아우르는 최대

---

2) 앙겔라 메르켈 정부는 고용 안정을 위해 기업들로 하여금 정리 해고를 하는 대신에 노동자들의 노동시간을 줄임으로써 비용을 절감하고 고용을 계속 유지하도록 하는 내용의 '단축 근로제'를 추진했으며, 2009년 보수 연정 수립 이후 일부 감세 등을 추진하고는 있으나 '자본주의 규제 강화' 등을 천명하는 등 중도 노선을 견지해 왔다.

연합을 결성하는 유형으로 이탈리아의 올리브 동맹이 그 예이다. 이탈리아 올리브 동맹의 출현은 이탈리아 정치 지형의 급격한 우경화에 따른 정치적 양극화를 배경으로 한다. 1990년대 들어 마니폴리테로 붕괴한 기민당 주도 중도 보수 연정 체제를 대체한 것은 베를루스코니의 '전진 이탈리아'라는 신생 정당이 주도하는 우파 연정이었다. 여기에는 중도 우파 세력도 없지 않았지만 남부 지방을 중심으로 뿌리를 내리고 있는 '민족 연맹'이라는 파시스트 세력과, 연방주의·지방분권을 주장하면서 북부 지방을 중심으로 활동하는 우파·극우 성향의 북부 동맹, 그리고 과거 부패했던 기민당 정치인들이 대거 참여했다. 사실상 명백한 극우 정권이 등장하면서 이탈리아에는 과도한 친재벌 정책이 추진되었고, 이 때문에 노동계급과 커다란 마찰을 빚었다(고원 2010a, 46). 복지 정책에서도 베를루스코니 정권은 연금, 교육 예산 등 각종 복지 지출과 교육 관련 일자리 삭감 등을 거세게 밀어붙였다. 이에 중도좌파 세력인 좌파민주당이 중심이 되어 올리브 동맹이라는 대항 정치 연합을 만들어 맞서는데, 여기에는 좌파 세력뿐만 아니라 중도 우파 세력인 과거 기민당의 후신들까지도 참여했다. 그리하여 올리브 동맹은 1996년 선거에서 정권을 장악했다. 하지만 중도 인사인 로마노 프로디Romano Prodi를 총리로 하는 연합 정권은 연금 지출 삭감, 기업들의 사회복지 부담금 인하, 예산 동결, 이라크 파병 등 신자유주의 정책을 추진함으로써 이를 둘러싸고 올리브 동맹과 재건공산당 사이에 시각차가 발생함으로써 연합의 동력이 떨어졌다. 결국 2001년 선거에서 올리브 동맹은 우파 연합에 완패했고, 2006년에 재건공산당이 직접 선거 연합에 가입함으로써 또 다시 선거에서 승리했으나 파병 문제를 놓고 공산당의 반대로 진통을 앓다가 중도 우파 세력이 연정에서 탈퇴해 연합이 붕괴하면서 베를루스코니의 우파 연합이 재집권하게 되었다. 이상의 이탈리아 올리브 동맹의 사례는 선거 승리를 위해 중도 우파까지 포함하는 최대 연합을 유지해야 할 필요성과 정책적 정체성을 유지해야 할 필요성 사이의 괴리를 잘 보여 준다(고원 2010, 48). 이런 괴리는 오늘날까지도 해소되지 못하고 있다. 올리브 동맹은 번번이 우파 연합에 선거에서 패하거나, 집권하더라도 곧바로 권력을 내주고는 했는데, 패배가 거듭될수록 올리브 동맹은 최대 선거 연합을 강화하고자 했다. 그 결과 급기야 등장한 것이 올리브 동맹을 아예 하나의 통합 정당으로 합친 민주당이었다. 하지만 그럴수록 재건공산당 같은 좌파 세력과의 마찰은 계속 반복되었다. 그렇다고 좌파 세력들이 대안 세력으로 떠오르지도 못했다. 재건공산당을 비롯해 민주당에 합류하지 않은 다양한 좌파 세력들이 2008년 총선에서 '좌파-무지개'라는 선거 연합을 구성했지만 원내 의석 확보의 마지노선인 4퍼센트 득표율을 돌파하는 데 실패했다(장석준 2009/05/07).

셋째는 중도 우파와 중도좌파가 복지 개혁에 서로 협력하는 가운데 이에 불만을 가진 좌파 세력들이 독자적인 블록을 결성해 유권자들의 지지를 얻어 내는 경우로 독일의 신생 좌파당die Linke이 그 예이다. 실업률이 8퍼센트를 넘을 정도의 대량 실업 문제로 골머리를 앓고 있는 상황에서 정권을 잡은 사민당 슈뢰더Gerhard Schroder 정부는 노동시장 개혁을 추진했는데, 개혁의 핵심은 일자리를 적극 중재하고 복지 혜택을 축소해 고용 의지를 강화함으로써 대량 실업을 극복하는 데 있었다. 하지만 사민당의 전통적 지지 기반인 노조와 사민당 내부 좌파 그룹이 강력하게 반대하고 저항했는데, 이는 사민당이 2005년 총선에서 패배하는 결정적인 원인이었다. 또 2005~09년까지 기민당-사민당 대연정 기간에 추진된 연금 개혁 정책 '연금 67'(연금 수령 나이를 67세로 상향하는 개혁안)은 2009년 총선에서 뜨거운 쟁점이 되었고 사민당이 선거에서 패배하는 결정적 원인이 되었다(김성수 2011, 60-63). 2009년 선거의 득표율을 보면, 기민당은 약간 하락했거나 현상을 유지했고, 사민당은 대폭 하락했으며, 나머지 3개 군소 정당들(자유민주당·녹색당·좌파당)은 약진했다. 여기서 좌파당은 강한 복지 정책을 주장하면서 사민당의 복지 정책에 반감을 가진 유권자들을 흡수하는 데 성공함으로써 이탈리아의 좌파-무지개가 원내 진출에 실패한 것과는 달리 2009년 연방 총선에서 11.9퍼센트를 얻어 원내 제4당으로 도약했다.[3] 신생 좌파당은, 슈뢰더 사민당 정부의 신자유주의에 편향된 정책에 반발해 모인 '노동과 사회정의를 위한 대안'WASG과 사민당을 탈당한 좌파 거두 라퐁텐 그룹, 그리고 옛 동독 공산당 후신인 민사당PDS이 결합한 선거 연합당이다. 이 좌파 선거 연합당은 라퐁텐Oskar Lafontaine과 그레고어 기지Gregor Gysi라는 걸출한 스타 정치인의 지도하에 2005년 총선에서 8.7퍼센트(54석)를 획득하며 가능성을 확인했고, 2007년 공동 전당대회를 개최해 합당을 결의했다. 당명은 '좌파당·민사당'으로 변경했다. 좌파당은 기본 노선으로 '민주사회주의'와 '자본주의 극복'을 내걸고 있지만 그 내부는 워낙 다양하고 복잡하다. 신생 좌파당은 선거에서 중도좌파 세력인 사민당과 선명한 대조를 이루었다. 중도좌파인 사민당이 앙겔라 메르켈Angela Merkel 정권에서 기민연과 대연정의 길을 선택함으로써 타협 노선을 추구했다면, 좌파당은 좌파 세력의 분열을 불사하고 신자유주의 노선과는 분명하게 선을 그음으로써 유권자들의 지지를 얻었다(고원 2010a, 51-52). 이탈리아의 올리브 동맹이 최대 연합을 지향한다면 독일의 좌파당은 최소 연합을 지향한다고 볼 수 있다. 이는 기민당과 사민당의 대연정으로 양당 간의 정책적 차별성이 크게 약화된 조건에서는 복지 후퇴를 막는 노력이 이탈리아처

3) 같은 좌파 진영의 사회민주당은 23.0퍼센트, 녹색당은 10.7퍼센트를 얻었고, 우파 진영에서는 기민·기사연합이 33.8퍼센트, 자유민주당이 14.6퍼센트를 얻었다.

럼 극우파의 집권을 저지해야 하는 목표와 맞물릴 필요가 없었기에 가능한 것이었다. 또 한편으로는 강력한 복지 정책이 지속되기를 원하는 조직화된 유권자들이 존재했기에 가능한 것이기도 했다. 이 같은 좌파당의 약진은 비록 집권 연합에는 이르지 못했지만 좌파 진영의 우경화 행진에 일정한 제동을 걸 수 있는 발판을 마련했다는 점에서 정치적 의미가 적지 않다.

이상에서 우리는 유럽 진보 정치 세력을 중심으로 복지 개혁에서 연합 정치가 가동되는 여러 가지 주요 유형을 살펴보았다. 유형 간의 차이는 일차적으로 각국이 처한 정치 및 정책 지형의 조건을 반영하는데, 이를 다음과 같이 요약할 수 있다.

첫째, 복지국가의 기본 틀을 유지하면서 점진적 복지 개혁을 추진하고 있는 북유럽 국가들의 경우, 기존 주요 정당들 간에 합의의 정치를 활성화함으로써 현실의 변화에 대응하고 있다. 둘째, 정치적 우경화와 양극화가 급속히 진행되는 가운데 복지국가 체제의 기본 틀에 대한 파괴의 위협이 증대하는 이탈리아의 경우, 좌파에서 중도 우파까지를 묶는 최대 대항 연합을 결성함으로써 이에 대응하고 있다. 그러나 대항 연합이 정권 교체에 성공하더라도 신자유주의적 복지 개혁의 기조를 역전시키지 못함으로써 연합 내부가 분열되고 동력이 약화되어 우익 세력 연합에 정권을 다시 내주는 일이 반복되고 있다. 게다가 노조와 좌파 세력 등 친복지 세력 역시 지리멸렬한 상태를 극복하지 못한 채 실질적 대안이 되지도 못하고 있다. 셋째, 기존 복지국가의 기본 틀을 변형할 정도까지는 아니지만 복지 정책이 상당히 후퇴하고 있는 독일의 경우, 기민당과 사민당 등 주요 정당들 간의 합의의 정치가 가동되고는 있지만, 국가의 복지 정책이 지속되기를 원하며 정치적으로 조직화된 유권자들의 강력한 저항에 직면하고 있다. 그 결과로 주요 정당들의 지지율이 하락하고 군소 정당들의 지지율이 상승하는 현상이 나타난다. 특히 복지 정책이 지속되기를 요구하는 유권자들을 흡수함으로써 좌파 블록을 형성하는 데 성공한 좌파당의 사례는 독일 복지 개혁의 미래에 상당한 변수가 될 수 있을 것이다.

한편 이 같은 연합 정치의 차이는 각국 선거제도의 특성이 다른 데서 기인하는 것이기도 하다(고원 2010a, 46-52). 특히 이 요인은 이탈리아와 독일의 연합 정치에서 나타난 특성을 설명할 때, 결정적이지는 않지만 매우 중요한 지점이다. 이탈리아에서 최대 정치 연합을 촉진한 주요 배경에는 선거제도의 개정이라는 요인이 있었다. 1993년에 이루어진 이탈리아의 선거법 개정은, 그 전에 완전 비례대표제를 실시하면서 발생한 정당의 난립과 연립 정권의 잦은 붕괴를 막고 정치 안정을 도모하기 위해 전체 하원 의석수의 75퍼센트를 소선거구제로, 25퍼센트를 전국 명부에 의한 비례대표제로 뽑는 것을 내용으로 했다. 그런데 다당제의 질서 위에서 소선거구로의 전환은 정당 간 선거 연합을 가속화하는 효과를 가져왔다. 당장에 고만고만한 여러 정당들이 각축하는 체제하에서 개별 정당들은 소선거구제를 통해 절대 다수를 형성할 수 없는 만큼 연합 공천을 통해 당선 가능성을 높이고 연합 진영의 안정적 다수를 확보하고자 함으로써 양당제와 비슷한 효과를 산출하는 것이다. 이탈리아 올리브 동맹은 급속한 정치적 우경화에 대한 대응과 소선거구 제도로의 변경이라는 조건이 결합해 만들어 낸 산물이었다. 이에 반해 독일은, 소선거구에 방점이 찍힌 이탈리아의 선거제도와 달리, 정당 명부 비례대표에 방점이 찍힌 선거제도를 채택하고 있다. 정당 투표의 득표 비율에 따라 비례 의석을 배분하는 한국의 방식과 다르게 주州 단위 정당 투표 득표율에 지역-비례의 총의석수를 맞추는 독일식 선거제도 방식은 좌파 세력 내부의 각개약진을 상당 부분 허용했다. 독일의 좌파당 선거 연합은 기민당과 사민당의 정책적 차별성이 무화된 가운데, 이탈리아처럼 우파 연합에 맞서 승리하기보다는, 친복지 세력의 블록을 형성하는 것이 급선무인 정치적 상황과 정당 명부 비례대표라는 선거제도가 결합해 만들어 낸 산물이라고 할 수도 있다.

4. 한국 복지국가의 발전을 위한 정치 동맹의 방향

1) 한국 복지국가의 발전을 위한 정치 동맹 형성의 조건

근래 한국에서도 복지국가의 발전을 위해 복지 정치 동맹을 어떻게 형성할 수 있는가 하는 논의들이 학계와 진보적 야권 세력들을 중심으로 꽤 활발하게 전개되어 왔다. 학계에서 이루어진 복지 동맹에 대한 논의는 주로 사회 세력을 중심으로 한 것들이었다. 복지에 대해 자신의 이해관계를 자각하고 일관된 의식과 태도를 가지면서 복지국가를 지지하는 사회적 이해 집단들이 존재하는가, 존재한다면 누구인가에 대한 논의가 주를 이루었다. 그런 논의의 출발점이 되는 준거는 북유럽 복지국가 모형이었다. 그리고 한국에서도 그 같은 모형을 적용할 수 있다고 보는 관점이 있는가 하면, 그 같은 모형이 적용될 수 없다고 보고 다른 패러다임을 통해 한국 사회의 복지 문제를 검토하려는 관점이 있었다.

전자는 전통적 복지 동맹의 원론에 충실하게 한국에서 복지국가가 발전하려면, 첫째로 민주노동당 같은 진보 정당이 성장해야 하고, 둘째로 노동운동이 강화되면서 민주노총 같은 노동운동 주체들이 비정규직 문제에 관심을 갖고 비정규직을 조직화함으로써 노동계급의 연대성을 높여야 하며, 셋째로 복지국가를 균열시키는 세계화(신자유주의)에 대항하는 대항 연합이 결성되어야 한다고 주장했다(손호철 2007, 150; 강병익 2007, 120-126).

후자는 다양한 지류가 있는데, 대표적으로는 친복지 동맹을 탈계급적 시각에서 파악하는 연구들이 있다. 이 시각은, 좀 더 다양한 사회 균열들을 포괄해 이해할 수 있기 위해서는 복지 정책의 결과에 영향을 미치는 이익집단의 선호가 사회 계급이 아니라 기존 복지 체계에 의해 정의된 위험 범주에 따라 달라져야 한다는 점을 강조한다(안상훈 2003, 83-85; 김혜란 2008, 267).

하지만 이는 이념적 유형 분류인 것이고, 대부분의 학자들은 양자를 절충적으로 고려해 분석틀을 짜고, 그런 기초 위에서 한국 사회가 복지국가로 갈 수 있는 특수한 경로에 대해 연구해 왔다. 하지만 그 같은 경로가 무엇인지에 대한 논의는, 문제의식이 아직 선명하지 못했을 뿐만 아니라 실질적인 대안을 제시하지 못했다. 다행히 최근 몇몇 연구자들이 그것의 실질적 가능성과 경로에 대한 연구를 조금씩 제출하고 있기는 하다(김영순 2011a; 은수미 2011).

최근 한국에서 복지국가 건설을 위한 경로로서 정당 체제의 재편에 주목하는 흐름들이 있다. 근래 한국에서 진행된 복지국가 논의를 지켜보면 정당정치의 역할이 중요해진 측면이 있다. 지금까지 한국의 정당정치가 복지국가의 발전에 수행한 역할에 대한 평가는 지극히 부정적이었다. 한국에서 정당은 민주화 이전이나 민주화 이후나 거의 똑같이 사회의 다양한 이익을 대표하는 데 실패해 왔다. 신진세력이 진입하기 용이하지 않은 기득권의 진입 장벽, 지역주의의 대결 구도는 복지 정책 의제의 발전을 크게 제약하는 요인이었다. 복지 정책의 설계에서도 대통령과 관료, 시민 단체가 주도했고 한국의 정당들은 주변적 역할을 벗어나지 못했다. 특히 한국처럼 유럽에서 발전한 전통적 복지 동맹의 역사적 조건이 존재하지 않는 상황에서는 더욱 그렇다. 한국에서 복지국가의 지체는 정당정치의 저발전과도 상통한다(Kim, 2010).

이와는 약간 뉘앙스가 다른 평가도 존재한다. 가령 정책 연결망 분석을 통해 복지 정책의 정책 결정 과정을 경험적으로 분석한 송호근·홍경준(2006, 229)에 의하면, 한국 복지 정치의 특징은 노동의 정치에 비해 정당들이 더 많은 역할을 수행했다는 것이다. 이는 복지 정치가, 계급적인 쟁점으로 사회적 여론이 첨예하게 대립하는 노동문제보다는, 보편성을 갖고 있고 더 많은 유권자의 관심을 끌 수 있기 때문일 것이다. 심지어는 친자본적이고 우익적인 한나라당까지도 복지 문제에 있어서 때때로 전향적인 모습을 보여 주는 것이다(손호철 2007, 147). 하지만 이 양자를 꼭 상반된 평가라고 볼 수는 없다. 한국의 사회복지 발전에서 정당의 역할이 차지하는 비중은 무엇을 강조해 평가하는지에 따라 상대적으로 달라질 수 있기 때문이다.

하지만 최근 정당 체제의 역동성과 가변성이 증대하고 있는데, 이 같은 현상을 복지국가의 추동력으로 작용할 가능성으로 볼 수 있다(신진욱 2011, 63-65). 근래 한국에서 복지 이슈의 확산은 주로 선거·정당·의회라는 공간을 통해 이루어져 왔다. 물론 복지 이슈는 일차적으로 시민사회 내부에 응축된 힘이 기반이 되어 폭발적으로 제기되었지만, 그것이 분출되고 집약되는 공간은 주로 선거·정당·의회라는 공간이었다. 예를 들면 2009년 경기도 교육감 보궐선거에서 김상곤 후보가 무상 급식을 공약으로 내걸어 복지 논쟁을 촉발한 것이나 2010년 한나라당의 유력 정치인이던 박근혜 의원이 '한국형 복지'를 제기한 것, 2010년 지방선거에서 민주당을 비롯한 범야권 진영이 복지 공약을 내걸고 정책 연합을 시도한 것, 민주당이 '3무 1반'의 복지 정책을 내걸고 나온 것, 2010년 서울시 무상 급식 찬반 주민 투표 등이 그러했다. 이처럼 최근 한국 정치와 유권자들의 정치 성향이 복지국가에 우호적인 방향으로 급속하게 변화하고 있고, 이것이 여러 정당들 속으로 투영되는 모습들을 보며, 우리는 서구의 경로와는 다른 방식의 복지국가로 진입할 가능성을 조심스럽게 타진해 볼 수 있다.

그렇지만 어디까지나 정당 체제가 재편되고서야 그 같은 가능성도 기대할 수 있을 것이다. 다른 나라에서도 마찬가지이지만 오늘날 한국의 정당정치가 직면한 핵심 과제는 사회적 기반에서 진행되고 있는 새로운 사회적 균열과 그 지점에서 새롭게 형성되고 있는 시민적 동력을 어떻게 정당 체제 안으로 흡수할 것인가이다. 그런 점에서 복지국가 발전을 위한 정치 동맹의 논의는 근본적으로 사회적 기반으로부터 재구성될 필요가 있다. 전통적 의미의 복지 동맹에서 코포라티즘의 역할이 현저히 쇠퇴했지만 사회적 기반은 여러 변형을 겪으면서 정당 체제, 나아가 복지국가의 변화를 제약하고 있다. 정당 체제가 복지국가에 대한 사회계층적 기반의 지지를 어떻게 동원 혹은 배제하는가에 따라 복지국가의 유지 혹은 해체가 크게 규정받고 있다. 특히 최근에 사회적 기반 수준에서 시민적 동력이 탈정당화를 넘어서 새로운 방식으로 정치화되고 있는 현상에 주목할 필요가 있다. 즉 과거에는 정치적 의사 표현이 주로 조직화된 운동에 대한 지지와 참여, 제도화된 정당에 대한 지지를 통해 나타난 반면, 최근에는 개인의 다양한 의사 표현이 온라인은 물론 오프라인에서까지도 적극적으로 확산되고 있으며, 이것이 새로운 시민 정치 운동을 태동·성장시키고 있다는 것이다(김영순 2011, 23; 박원석 2011, 95). 이에 따라 정당정치가 크게 영향을 받고 있으며, 정당과 시민사회의 영역을 파괴해 정치적 세력을 구축하려는 재편 압력이 커지고 있는 상황이다.

이와 관련해 최근 한국에서 정당정치가 중요한 변화의 징후를 보이고 있다는 점을 간과해서는 안 된다. 지금 한국의 정치권에서는 진보적 야권 세력을 중심으로 보편적 복지국가를 위한 정당 체제 재편 논의를 본격적으로 진행하고 있다. 아직 이들 논의는 당면한 단기적 정치 과제를 달성하기 위해 정당 수준에서 진행되는 실용적 논의로 한정되어 있기에 포괄적 복지 동맹을 위한 이론적 논의로는 매우 부족하다. 일반적인 복지 동맹 이론 속에서 그런 논의들이 이론적 위상을 차지한다고 보기도 힘들다. 무엇보다도 선거 승리라는, 협소한 정당 차원의 좁은 스펙트럼에서 벗어나지 못하고 있다. 따라서 이런 논의들이 복지 동맹을 논의하는 차원까지 이르기 위해서는, 사회적 기반을 포함해 훨씬 넓은 정당 체제에 관한 스펙트럼으로 확장될 필요가 있다.

그럼에도 이들이 진행하고 있는 정당 체제 재편 논의는 권력의 이합집산이라는 기존의 논의 수준과는 상당히 다르다. 현재 야권을 중심으로 진행되는 정당 재편 논의를 촉발한 계기는 지방선거 전에 폭발한 무상 급식 등 복지 이슈였다. 이 같은 이슈가 복지 균열에 입각한 정당 질서로의 재편을 추동하는 힘으로 작용하기 시작하면서, 복지 이슈에 대한 사회적 지지가 급속하게 강해지자, 중도적 자유주의 정당이었던 민주당이 적극적인 태도로 대응했던 것이다.[4] 이명박 정권에 대한 반대와 선거 승리를 위한 선거 연합의 수준을 넘어서 정당 연합, 심지어 정당 통합으로 나아가자는 정당 체제 재편 주장들이 개진되었던 배경에는 복지 동맹 결성이라는 목표가 자리 잡고 있다(고원 2010b, 47). 요컨대 한국에서 보편적 복지국가를 출범시킬 계급적 연대의 기반이 약하다 할지라도, 민주화 운동과 사회 개혁 운동으로 이어져 내려온 시민적 정치 참여의 전통 위에서 최근 새롭게 태동·성장하고 있는 시민사회 동력의 정치

4) "정책이 정치를 만든다."라는 표현은 이런 경우에 대표적으로 통용되는 말일 것이다.

화 현상을 정당 체제의 재편으로 결합해 낼 수 있다면 복지국가로 발전할 경로를 개척할 수 있다는 것이다.

나아가 정당 체제 재편과 관련해 중요하게 부상하는 개념이 바로 연합 정치이다. 유럽 국가들의 경험에 비추어 볼 때, 연합 정치의 성격은 복지국가의 변화에 커다란 영향을 미치는데, 다양한 연합 정치 유형들이 출현하고 있다. 한국에서도 정당 체제의 재편은 연합 정치 현상과 직결되어 있으며, 진보 정당을 포함한 모든 야권 세력들을 한곳에 모아 보편적 복지국가를 가치로 하는 단일한 통합 정당을 건설하자는 민주·진보 통합 정당론의 주장과, 민주당을 제외한 야당들과 시민사회가 새로운 통합 진보 정당을 만든 후 총선에서 민주당과 선거 연합을 하자는 진보 통합 정당론의 주장이 각각 제기되어 왔다(이상이 2011, 81; 최윤정 2011, 135-141). 이런 논쟁 속에 담긴 차이는 한국에서 복지국가의 진로와 관련해 상당히 의미가 있다. 따라서 이에 대한 이론적·실천적 개입이 중요하다.

2) 복지국가를 위한 연합 정치 논의에 대한 평가

기존에 진행되어 온 복지 동맹의 실현을 위한 정당 체제 재편 관련 논의의 중심에는 연합 정치(정당 연합)의 문제가 자리 잡고 있다. 특히 야권 진영에서는 복지국가를 위한 연합 정치(정당 연합)의 경로 및 전략과 관련해, 앞서 말했듯이 민주·진보 통합 정당론과 진보 통합 정당론이 각각 제출되어 상당히 중요한 실천적 문제로 떠올랐다.

이를 간략히 소개하자면, 먼저 민주·진보 통합 정당론은 진보 정당을 포함한 모든 야권 세력들을 한곳에 모아 보편적 복지국가를 가치로 내걸고 단일한 통합 정당을 건설하자는 주장인 데 반해, 진보 통합 정당론은 민주당을 제외한 야당들과 시민사회가 새로운 통합 진보 정당을 만든 후 총선에서 민주당과 선거 연합을 하자는 주장이다(이상이 2011, 81; 최윤정 2011, 135-141). 그 외에도 여러 주장들이 개진되었지만, 대부분 이 두 가지 기본 입장에서 파생된 것이라고 보면 된다.

먼저 민주·진보 통합 정당론이 제기했던 주장의 요지를 살펴보자. 참여연대의 핵심 활동가였던 김기식은 "야권 구도를 근본적으로 재편하는 연합 정치의 대안을 적극적으로 추진해야 하며, 그 내용은 민주와 진보 세력이 가치와 비전을 가지고 복지 동맹을 매개로 하여 하나의 연합 정당을 공동으로 건설하자."라고 말한다. 그는 그 근거로 지방선거와는 달리 다가오는 총선에서는 선거 연합–후보 단일화 방식을 통한 연합 정치의 전망이 어둡기 때문에 국민에게 감동을 주고 각 후보를 지지하는 유권자층을 화학적으로 통합하기 위해서는 선거 연합, 연립정부를 넘어선 '연합 정당'을 건설해야 한다는 것이다. 민주당 최고위원인 이인영은 같은 선상에서 한국 사회가 평화 복지 국가로 가기 위해서는 정권 교체를 이루어야 하고, 이를 위해서는 민주·진보 진영이 승리할 수 있는 일대일 구도를 만들어야 하는데, 이를 위해 민주·진보 대통합 정당의 건설이 필수적이라고 말한다(이인영 2011, 70-71). 또 '백만 민란'이라는 대중 정치 단체를 이끌고 있는 문성근도 거의 비슷하게 현재의 선거법, 정당법에서는 연합 공천에서 탈락한 후보가 탈당해 출마하는 것을 방지할 수 없고, 탈락한 후보가 속한 당이 비협조적 태도를 보일 가능성이 크다는 이유를 들어 연합당 건설을 주장한다. 문성근은 여기서 나아가 하나의 블록으로서 개별 정파의 존재를 인정하는 '개방형 연합 정당'의 건설을 제기한다.

다음으로 진보 통합 정당론이 주장하는 요지를 살펴보자. 진보 통합 정당론은 좀 더 명확한 진보 노선에 입각한 정당 질서의 재편을 수반한 연합 정치론을 제기하면서 반신자유주의와 보편적 복지국가 건설을 위한 전선으로 결집할 것을 주장한다. 진보통합시민회의라는 대중 정치단체는 장기적으로 합리적 진보-보수정당 체제로의 정당 질서 재편이 필요하다고 하면서, 다가오는 2012년 선거에서 민주당을 제외한 진보제 정당들이 차이를 넘어 하나로 통합하고, 시민사회 운동 세력들을 그 통합 정당에 끌어들여 새로운 대중적 진보 정당을 만들 것을 주장한다. 이를 통해 진보 진영은 연합 정치의 가치로 평화와 복지의 가치를 제시하고 이에 기초해서 모든 정치·사회 세력이 하나로 모여 선거 연합 국민 기구를 만들어야 한다는 것이다.

여기에서 제3의 중간적 입장을 취하는 주장도 나온다. 복지국가소사이어티라는 대중 정치단체는 '가치 중심의 정치 재편'과 이를 통한 '복지국가 단일 정당론'을 강조한다. 이들은 민주·진보 통합 정당론의 주장이 사실상 이념 정당을 추구하는 진보 정당들이 현실적으로 수용하기 어렵기 때문에 '세력 중심 통합'과는 다른 '복지국가의 가치'를 높이 세우고, 이를 중심으로 중도 진보 영역에 복지국가 단일 정당을 건설하자는 것이다.

이상과 같이 복지국가의 건설을 위한 정당 체제 재편 논의는 크게 민주·진보 통합 정당론과 진보 통합 정당론으로 나뉜다. 이런 차이는 앞에서 소개한 이탈리아 올리브 동맹과 같은 최대 대항 연합의 길에 우선순위를 두는가, 아니면 독일 좌파당과 같은 좌파 블록의 길에 우선순위를 두는가의 차이에 비교될 수 있다. 이렇게 볼 때 각각의 주장에 대해 몇 가지 평가와 문제 제기가 가능해진다.

우선 민주·진보 통합 정당론은 이탈리아 올리브 동맹이 정권 교체를 위한 최대 선거 연합을 지향할 때 발생하는 정체성 혼돈과 좌파 블록의 이탈이라는 딜레마를 막을 장치에 대한 명확한 해결 방안을 제시하지는 못하고 있는 것으로 보인다. 민주당과 진보 정당들 간의 이념과 가치의 차이가 결코 작지 않음에도 단순히 정권 교체라는 목적 아래 하나의 정당으로 통합하자는 것은 정당정치의 퇴행일 수 있다. 더구나 지금까지 진보 정당들은 민주당의 이런 통합 주장을 경계하며 단호하게 거부하고 있는 상황에서 정권 교체를 위해 통합을 요구하는 것은 패권적 정략으로 받아들여질 수 있다. 그리고 이 주장은 노동조합운동 등 각계각층의 대중운동이나 시민운동 진영은 물론이고, 생활 정치 영역에서 새롭게 커지고 있는 풀뿌리 시민사회, 2008년 촛불을 기점으로 꾸준히 증폭되어 온 온라인·오프라인에서의 시민들의 자율적 목소리나 발언들을 어떻게 흡수할지에 대한 뚜렷한 방안이 없다. 그리고 또 다른 한 가지 문제는 정치학적으로 논쟁적인 이슈인데, 지금까지 제도주의 정치학자들의 연구에 의하면 단순 다수 선거제도와 양당제는 우파 정권의 집권을 가져와 결국 소득 불평등을 심화시키는 데 반해 비례대표제와 다당제는 좌파 정권의 집권을 가져와 재분배적 정책, 다시 말해 복지 친화적 정책이 나올 수 있다는 것이었다(Iverson and Soskice 2005; 문우진 2011). 선거에서 비례성을 높이면 다양한 계층·집단 의견이 동일하게 정치에 입력돼 좌파·중도·우파 블록의 다당제가 형성되고 사각지대는 최소화된다. 이 경우 좌파·우파·중도정당 어느 정당도 과반 의석을 점할 수가 없어 각 정당은 중위층을 의식할 필요 없이 각자 지지 기반(고객)의 이해관계를 대변하고, 이와 함께 정당 간 정책 협의인 연합 정치가 작동된다. 그런데 정치학자들의 이런 연구에 비춰 보면 민주·진보 통합 정당론자들의 정당 체제 재편론은 복지 동맹을 위한 정당 재편이라는 외관상의 주장과는 달리 복지국가의 후퇴를 가져올 수도 있다는 것을 암시한다. 물론 제도주의 정치학자들의 연구 가설을 절대화할 필요는 없겠지만, 복지 동맹을 위해서는 여러 정당들을 성급하게 동질화하는 통합보다는 역동성을 강화하는 방안이 일차적이라는 것을 보여 주며, 그런 점에서 적어도 비례성을 높이는 선거제도 개혁을 구체적 프로그램으로 제시해야 할 것이다.

다음으로 진보 통합 정당론은 한국에서 다당제의 정당 체제를 지향하고 있다는 점에서 제도주의 학자들이 말하는 친복지 정당 체제에 부합하는 것이라고 볼 수 있을는지 모른다. 그러나 이탈리아에서 올리브 동맹과 갈등하고 있는 좌파-무지개연합의 실패를 벗어날 수 있는 확실한 방안을 제시하지는 못하고 있다. 한국에서는 우선 수구적 보수 정치 세력에 의한 일반 민주주의에 대한 위협이 증대하는 가운데 중도 자유주의 정당인 민주당이 이념적으로 좌선회할 가능성이 있다. 이 점은 독일의 정치 지형과는 다른 조건이다. 또 독일에서는 기존 복지 체제의 지속을 요구하는 지지자들의 층위가 두터웠던 데 반해 한국에서는 계급적 대중정당 운동의 경험이 적고 복지국가를 경험한 수혜자 층이 두텁지 않다는 것도 차이점이다. 독일에서는 정당 명부 비례대표제의 비중이 커서 좌파 블록의 선거 정치 공간이 그만큼 넓다는 것도 중요한 차이이다. 한국에서는 단순 다수 소선거구제의 비중이 압도적이고, 집권 세력의 급속한 우경화를 견제해야 하는 목표가 현실적으로 우선될 수밖에 없는 조건에서 당장의 선거에서 표 분열을 걱정해야 하는 상황의 압력을 무시할 수 없다. 이 때문에 진보 통합 정당론자들이 장기적 비전으로 제시하고 있는 보수·중도·진보의 삼분위 정당 구도로의 발전이나, 민주당이 합리적 보수가 되고 좀 더 근본적으로 사회를 재편하고 있는 세력들이 합리적 진보가 되는 방향으로의 발전은 당장의 현실 속에서 작동하기가 어렵게 된다. 더구나 현재 진보 정당들이 추구하고 있는 계급적 대중정당의 패러다임은 한국에서 유효성이 갈수록 제약되고 있다. 탈산업사회의 진행에 따른 탈계급적 균열의 확대와 새로운 형태의 시민 정치 운동의 출현과 확산은 계급적 균열에 입각한 보수-진보의 구도 형성을 갈수록 어렵게 만들고 있기 때문이다. 그런데 진보 통합 정당론 역시 민주·진보 통합 정당론과 마찬가지로 새롭게 전개되고 있는 사회 기반에서의 흐름들을 제대로 흡수해 내지 못하고 있다.

5. 나가며

지금까지 주로 정당 체제에 초점을 맞춰, 유럽 국가들에서 계급적 균열에 입각한 복지 동맹이 어떻게 변화를 겪고 있는지를 살폈다. 대체로 유럽 국가들에서는 진보 정당과 노동운동이라는 두 개의 권력 자원에 기초해 형성된 코포라티즘의 토대가 약화되고, 상대적으로 정당의 역할과 위상이 강화되었으며, 이로 인해 집권한 정당의 성격, 정당들 간의 협상과 거래에 의해 복지 정책이 크게 영향을 받아 왔다. 그리고 그에 따라 정당 체제 및 정당 간 연합 정치의 내용이 차지하는 비중이 커졌다. 하지만 연합 정치의 양상은 단선적으로 나타나지 않고, 각국이 처한 상황에 따라 다르게 나타난다는 점을 확인했다.

그러고 나서 이들이 한국의 복지국가 발전에 주는 함의를 고찰했는데, 복지국가의 조건을 거의 완전히 결여한 한국에서 보편적 복지 논쟁이 벌어질 수 있었던 현상에 천착해 정당 체제의 변화를 통해 복지국가의 추동력을 찾을 수 있는 가능성을 타진했다. 이런 맥락에서 이 글은 근래에 한국에서 주로 야권을 중심으로 벌어지고 있는 정당 체제 재편 논의를 검토하면서 민주·진보 통합 정당론과 진보 통합 정당론이 각각 복지국가의 발전에 어떤 함의를 갖는지 검토했다.

그 결과 우리는 민주·진보 통합 정당론이 형식적인 동질화에 급급해 내적 역동성을 불어넣을 방안을 제시하지 못하고 있으며, 정치적 대표성을 오히려 협소화할 우려마저 있음을 살펴보았다. 이에 반해 진보 통합 정당론은 집권 세력의 급속한 우경화를 견제해야 하는 목표가 현실적으로 우선될 수밖에 없고 단순 다수 소선거구제가 압도적 비중을 점하는 환경적 조건을 극복할 방안을 제시하지 못한 데다가, 계급적 대중정당의 노선을 고수함으로써 시민 정치의 동력을 담아내지 못했다.

그렇다면 결국 관건은 이런 양자의 약점을 지양하고 종합해 새로운 대안을 만들어 낼 수 있는 방법은 무엇인가가 될 것이다. 그것은 결국 정치적 대표성을 높여 유권자들의 다양한 이해관계를 대변함으로써 재분배정책 및 복지 발전에 순기능적으로 작동하는 정당 체제를 만들어 내는 일일 것이다. 그러나 한국 진보적 야권 진영의 두 축을 이루는 민주당과 진보 정당이 각각의 구조적 한계, 즉 민주당의 이념적·기득권적 한계와 진보 정당의 이념적·조직문화적 경직성으로 인해 그 문제를 혁신하지 않는 한 설령 어떤 방식의 연합을 해도 시너지 효과가 제한될 것이다. 혹자는 통합론이 내포하고 있는 각 진영 내 혁신 유발 효과를 강조하기도 하나 기성의 정치 세력들을 재정렬하는 방식의 한계는 여전히 해결되지 않는다. 그러므로 이런 상태에서 어떻게 통합을 이루어 내느냐의 문제 이전에 각 진영 내부 혹은 외부에서 혁신의 동력을 어떻게 유발해 내고, 동시에 그것을 연합 정치의 과정과 결합할지가 중요하다. 연합 정치 내부의 역동성을 최대로 극대화할 수 있는 방안을 다양한 각도에서 끌어내 이를 종합할 수 있어야 한다.

그러나 지금까지 현실 정치권에서 전개되고 있는 정당 재편의 과정은 선거 일정에 종속된 이합집산의 현상을 보여 왔다. 시민 정치 운동과의 관계 설정도 문제이다. 미국에서는 무브온 운동이나 티파티 운동과 시민 정치 운동이 진보-보수 양당들의 혁신을 유발함으로써 권력 지형에 중요한 변화들을 가져왔다. 이탈리아 올리브 동맹에서도 좌파 민주당은 당의 '개방화'를 지향하면서 '자율적 사회들'이라는 일종의 시민 정치 운동 조직을 제안하는데, 여기에는 비당원도 가입할 수 있고, 운동 및 정치결사들의 집합적 멤버십도 가능하게 하여, 이 조직이 당 대회에서 후보 선출에까지 개입할 수 있게 만들었고, 연합 후보를 협의하기도 한다(고원 2010a). 이렇게 정당 체제의 개혁에 시민 정치 운동을 추동력으로 만드는 과정들이 진행되었다. 이에 반해 한국에서는 다양한 형태의 시민 정치 운동이 나타나고 있기는 하나 정당정치의 재편에 충격을 주는 수준에 전혀 이르지 못하고 있으며, 최근에는 시민 정치의 독자적 토대가 형성되기도 전에 각자도생으로 각 정당에 흡수되어 가는 양상마저 보이고 있다. 또 제도적 관점에서 복지국가 친화적인 정당 체제를 만들기 위해서는 현행 단순 다수 소선거구제를 개선해 정당 명부 비례대표제를 대거 확대해야 하는데, 이를 연합 정치의 조건으로 삼기 위한 노력은 간과되고 있다. 이는 정당 재편의 논의들이 조직적 통합에만 매몰되어 내부의 진통을 유발할 혁신의 조건들에 대한 논의는 기피하고 있다는 증거이기도 하다.

지금까지 한국 사회에서 정당 체제 재편 논의는 진보적 야권 정당들을 중심으로 해서 진행되어 왔지만, 이제는 그 불길이 보수 진영으로까지 옮겨 붙는 태세이다. 지금 진행되고 있는 정당 체제 재편의 논의들은 과거 3당 합당, 이회창-조순 연합, DJP 연합, 노무현-정몽준 연합과 같은 권력을 배분하는 차원을 뛰어넘어 한국 사회의 새로운 발전 체제에 대한 모색과 결합되어 있다는 점에서 각별히 주목할 만한 의미를 담고 있다. 이는 앞으로 한국의 복지국가 발전 양상에도 매우 결정적인 영향을 미칠 것이다. 그러므로 이는 현재의 정치 주체들에게 새로운 정당 체제에 대해 지금까지와는 질적으로 다른 차원의 안목을 가질 것을 요구한다.

참고문헌

강병익. 2007. "한국 민주주의 심화를 위한 과제: 복지 정치를 중심으로." 『비교민주주의연구』 제3집 2호.

고원. 2010a. "연합 정치의 조건과 한국적 함의." 『이기는 진보』. 한국미래발전연구원.

_____. 2010b. "2010 한국지방선거와 연합 정치의 쟁점." 『동향과 전망』 통권 80호.

김성수. 2011. "독일의 복지 정책개혁과 정당 구조 변화: 지난 10년의 현황과 전망." 『한국 사회와 행정연구』 제21권 4호.

김영순. 2011a. "보편적 복지국가를 위한 동맹." 『시민과 세계』 제19호.

_____. 2011b. "한국의 복지국가와 복지 정치의 제도들: 문제점과 개혁과제." 참여사회연구소 창립15주년 국제심포지엄 '복지국가의 길을 묻다'(2011/10/14).

김학노. 2011. "서유럽 사회적 협의체제의 변천: 민주적 코포라티즘의 쇠퇴와 변천." 구춘권 외. 『서유럽의 변화와 탈근대화』. 아카넷.

김혜란. 2008. "이탈리아식 복지 모델 제도화의 정치: 정당지배체제, 파편화된 선호구조, 정치적 교환." 『국제정치논총』 제48집 4호.

마인섭. 2007. "남미 신자유주의 경제개혁과 복지 개혁의 정치: 칠레, 아르헨티나, 브라질." 『한국정치외교사논총』 제29집 1호.

문우진. 2011. "정치정보, 정당, 선거제도와 소득불평등." 『한국정치학회보』 제45집 2호.

박원석. 2011. "복지국가정치 동맹과 사회연대운동." 『시민과 세계』 제19호.

버먼, 셰리. 2011. 『정치가 우선한다』. 김유진 옮김. 후마니타스.

손호철. 2007. "세계화, 민주화 시대 한국의 노동과 복지의 정치." 『사회과학연구』 제15집 2호.

송호근·홍경준. 2006. 『복지국가의 태동 : 민주화, 세계화, 그리고 한국의 복지 정치』. 나남.

신진욱. 2011. "한국에서 복지국가운동의 조건과 전략." 『시민과 세계』 제19호.

안상훈. 2003. "친복지 동맹의 복지지위균열에 관한 정치사회학적 비교연구: 스웨덴의 경험과 한국의 실험." 『사회복지연구』 제21호.

안재흥. 2005. "생산레짐과 정책레짐의 연계, 복지개혁의 정치, 그리고 노사정 관계의 변화: 스웨덴, 덴마크, 네덜란드, 오스트리아 비교 ." 『국제정치논총』 제45집 4호.

은수미. 2011. "복지국가를 위한 노동의 사회적 연대: 혼합형 복지동맹의 가능성." 『시민과 세계』 제19호.

이상이. 2011. "역동적 복지국가와 복지국가 정치 동맹." 『시민과 세계』 제19호.

이인영. 2011. "민주진보대통합당과 평화복지정권." 『사람과 정책』 창간호.

장석준. 2009/05/07. "이탈리아 좌파도 '진보의 재구성'." 『레디앙』.

조혜정. 2011. "집권 선물한 연합의 기술." 『한겨레 21』 제847호(2011/02/11).

최윤정. 2011. "복지국가정치 동맹, 왜 문제인가." 『사회운동』 통권100호.

최태욱. 2011. "복지국가건설과 '포괄정치'의 작동을 위한 선거제도 개혁." 『민주사회와 정책연구』 제19호(2011년 상반기).

Baccaro, Lucio and Marco Samoni. 2008. "Policy Concertation in Europe. Understanding Government Choice." *Comparative Political Studies*. 41(10).

Baldwin, Peter. 1990. *The Politics of Social Solidarity: Class Bases of the European Welfare State 1875-1975*. Cambridge: Cambridge University Press.

Cheibub, Jose Antonio. 2007. *Presidentialism, parliamentarism, and democracy*. New York, NY: Cambridge University Press.

de Swaan, A. 1973. *Coalition Theories and Cabinet Formations: A Study of Formal Theories of Coalition Formation Applied to Nine European Parliaments After 1918*. Amsterdam: Elsevier.

Decker, Frank. 2010. "Neue Konturen der parteienlandshaft in Europa." in *Neue Gesellshaft/Frankfurter Hefte*. 57: 31-34.

Dodd Lawrence C. 1976. *Coalitions in parliamentary government*. Princeton, N.J.: Princeton University Press.

Esping-Anderson, Gosta. 1990. *The Three Worlds of Welfare Capitalism*. Cambridge: Polity Press.

Espinng-Andersen, Gosta ed. 1996. *Welfare State in Transition, National Adaptation in Global Economies*. London: Sage publications.

Flanagan, S. C. and R. J. Dalton. 1990. "Models of Change." P. Maier ed. *The European Party System*. Oxford: Oxford University Press.

Hall, Peter and Rosemary Taylor. 1996. "Political Science and the Three New Institutionalism." *Political Studies*. No. 44.

Huber, Evelyne and John D. Stephens. 2001. *Development and Crisis of the Welfare State: Parties and Policies in Global Markets*. Chicago: University of Chicago Press.

Immergut, E. 1992. *Health Politics: Interests and Institutions in Western Europe*. Cambridge: Cambridge University Press.

Iverson, Torben and David Soskice. 2005. "Electoral Systems and the Politics of Coalitions: Why Some Democracies Redistribute more than others?." *American Political Science Review*. 100(2).

Joseph Wong. 2004. *Healthy Democracies: Welfare Politics in Taiwan and South Korea*. Ithaca, NY: Cornell University Press.

Kim, Yeong-Soon. 2010. "Institutions of Interest Representation and the Welfare State in Post-Democratization Korea." *Asian Perspective*. Vol. 34, No. 1.

Korpi, Walter. 1983. *The Democratic Struggle*. London: Routledge & Kegan Paul.

Lipset, Seymore Martin and Stein Rokkan. 1967. *Party Systems and Voter Alignments*. New York: Mcmmillan.

Pierson, Paul. 2000. "Increasing Returns, Path Dependence and the Study of Politics." *American Political Science Review*. 94(2).

Sjolin, Mats. 1993. *Coalition Politics and Parliamentary Power*. Lund University Press.
Thelen, Kathleen and Seven Steinmo. 1992. "Historical Instituitonalism in Comparative." Seven Steinmo, Kathleen Thelen and Frank Longstrech eds. *Structuring Politics: Historical Institutionalism in Comparative Analysis*. New York: Cambridge University Press.
Western, Bruce. 1997. *Between Class and Market: Postwar Unionization in the Capitalist Democracies*. Princeton, N.J.: Princeton University Press.

8장

복지국가 건설과 '포괄 정치'의 작동을 위한 선거제도 개혁

최태욱

1. 들어가며

앞선 장들을 통해 우리는 최근 한국의 주요 정당들이 여와 야, 진보와 보수할 것 없이 모두 복지를 최우선 정책으로 내세우기 시작했으며, 심지어는 복지 이슈를 중심으로 정당 체제의 재편 움직임도 일고 있다는 사실을 확인했다. 이 장에서 제기하고 답하고자 하는 질문의 요점은 이 같은 정당들의 선호 변화가 결국 시민사회가 원하는 보편적 복지국가의 건설로 이어질 수 있겠는가 하는 점이다. 다시 말해, 복지국가 건설의 핵심 주체인 정당들의 변화로 인해 한국이 과연 보편주의에 입각한 제도적 복지 체계를 갖출 수 있을지, 아니면 그저 잔여주의 선별적 복지 체계의 확충 정도에 그칠지에 대해 논하겠다는 것이다. 본고의 이론 틀로 삼고 있는 신제도주의론에 의하면 아무리 행위자 변수를 강조

● 이 글은 최태욱(2011)을 이 책의 흐름에 맞추어 일부 수정·보완한 것이다.

한다 할지라도 제도 변수를 고려하지 않고는 주요 정책의 유의미한 변화를 설명하거나 예측하기는 어렵다(Scharpf 1997). 주체 또는 행위자는 언제나 주어진 제도에 구속되어 그 안에서 자기 나름의 합리적인 선택을 취해 갈 뿐만 아니라, 그 선택의 정책 효과 역시 상당 부분 제도에 의해 결정되기 때문이다. 그렇다면 행위자의 선호 변화 그 자체만으로 복지국가 형성의 가능성을 논할 수는 없다. 그들의 정책 행위와 그 결과를 규정하는 제도 변수를 동시에 고찰해야 한다.

복지 정책 영역에서의 이해관계자들은 분석의 편의상 크게 친親복지 세력과 반反복지 세력으로 나눌 수 있다. 친복지 세력을 보편적 복지국가의 건설을 선호하고 지지하는 사회경제 집단들의 총합으로 정의할 때, 거기에는 복지 확대의 수혜 계층 모두가 포함된다. 한국적 상황에서는 특히 복지 수요가 매우 높은 실업자, 비정규직 노동자, 그리고 자영업자 계층 등이 가장 적극적인 (실제 및 잠재적) 친복지 세력 구성원으로 이해되고 있다.[1] 한편, 반복지 세력은 국가 복지나 사회보험 등의 확대를 별도로 필요로 하지 않는, 즉 복지 자급 능력이 있는 금융 및 산업 자본가와 자산 소유자 그리고 전문직 고소득자 등의 부유 계층들로 이루어진다. 이들은 복지국가 건설에 따른 자신들의 비용 부담 증가를 우려해 복지의 탈상품화 기조에 반대한다. 스완크Duane Swank의 복지 정치 분석 맥락에서 보자면 그들은 이른바 신자유주의 세력에 해당한다(Swank 2002).

앞선 장들의 여러 곳에서 보고된 바와 같이, 한국에서는 현재 친복

1) 주로 대기업에 집중돼 있는 한국의 정규직 노동자들은 상대적 고임금 수준에 더해 기업 복지의 혜택을 상당히 받고 있으므로 증세 등이 요구되는 복지국가 건설에는 적극적으로 나서지 않는 것으로 파악되고 있다. 국가 혹은 사회 차원에서의 복지 확충을 위해 필요한 추가 비용 부담을 꺼린다는 것이다. 결국 한국의 유력한 친복지 세력은 비정규직 노동자와 자영업자 중심으로 이루어질 전망이다(김정진 2010).

지 세력의 복지 확대 요구가 크게 증가하고 있다. 신자유주의의 폐해가 쌓여 감에 따라 그 반작용으로 복지에 대한 잠재적 욕구가 현실에서 서서히 분출하고 있는 것이다. 그러나 한국의 정치 현실에서 '지배 연합 집단'winning coalition을 형성하고 있는 쪽은 예나 지금이나 여전히 반복지 세력들이다. 정계·관계·재계·학계·언론계·문화계 등 사회 전반에 걸쳐 이들 신자유주의 세력은 견고한 기득권 체제를 형성하고 있다. 몇 겹으로 둘러싸인 이 두터운 기득권층을 통과해 친복지 세력의 합당한 요구가 소기의 정책 결과로 이어지기 위해서는 사회경제적 약자를 위해 효과적으로 작동하는 정치적 소통 채널이 필요하나 한국 정치에는 아직 그것이 제대로 마련되어 있지 않다. 말하자면 사회경제적 약자의 선호와 이익을 대변하고 대표해 줄 수 있는 제도적 기제, 즉 누구에게나 효과적이고 동등한 정치 참여를 보장해 주는 포괄적인 정당 체제가 아직 미비하다는 것이다. 이런 제도 환경하에서라면 설령 사회경제적 약자들의 복지 증대 요구가 지금보다 훨씬 강력해진다 할지라도 그것이 (현 기득권 체제를 붕괴시킬 정도로 폭발적이지 않은 한) 정책 결정 과정에 제대로 반영될 가능성은 앞으로도 매우 낮다. 결국 한국에서의 보편적 복지국가 탄생은 요원한 일이라는 것이다.

제도 결핍에 근거한 이런 부정적 진단은 거꾸로 제도적 처방이 적절히 가해진다면 복지국가의 건설도 가능하다는 긍정적 진단으로 전환된다. 정치제도 개혁을 통해 친복지 세력의 과소 대표 현상을 치유할 수 있는 '포괄의 정치'politics of inclusion가 작동되도록 하면 한국형 보편 복지국가의 발전 가능성이 높아지리라는 이 장의 주장은 이 역전의 논리에 근거하고 있다. 사실 보편주의 복지 체제를 수십 년간 유지해 온 유럽의 선진 복지국가들은 모두 이 포괄의 정치에 의해 그들의 복지 및 사회경제 정책 결정 과정을 운영하고 있다. 그렇게 할 수 있는 정치 및 사회경제 제도가 구비돼 있기 때문이다.

복지국가의 발전에 포괄의 정치가 어떻게 기여하며, 그 포괄의 정치를 작동케 하는 정치제도는 과연 무엇인지에 대해서는 2절에서 논할 것인데, 특히 선거제도의 비례성이 정치의 포괄성 정도를 결정하는 핵심 변수임을 강조한다. 3절은 한국 정치의 포괄성 증대를 위해서는, 그리하여 한국형 보편 복지국가의 건설 가능성을 높이기 위해서는 기존의 선거제도를 어떻게 개혁하는 것이 바람직한지를 논한다. 4절은 본장의 주장이, 최근 다시 이슈로 떠오른 바 있는 권력 구조 개편에 미치는 함의에 대해 언급하며 글을 마무리한다.

2. 복지국가와 포괄의 정치

1) 복지국가의 합의제 민주주의

포괄의 정치가 복지국가 발전에 기여하는 근본적 이유는 그것이 일반 시민들 모두가 정치적 자유와 사회적 자유를 평등하게 누릴 수 있는 여건을 조성해 주기 때문이다. 포괄의 정치가 작동될 때 사회경제적 약자들을 포함한 모든 시민들이 정치적 결정 과정에 동등하고 효과적으로 참여할 수 있는 정치적 자유가 보장되며, 시민들의 그런 자유로운 정치 참여를 통해 정부나 사회의 적극적 시장 개입이 인정되고 제도화될 때, 자본주의하에서의 승자 독식 혹은 약육강식 현상이 통제되어 약자와 소수자를 포함한 모든 시민들이 빈곤과 격차 그리고 실업 등의 공포로부터 사회적 자유를 누릴 수 있게 된다. 만약 한국에서 이 포괄의 정치가 제대로 작동하기 시작한다면 사회경제적 약자의 정치적 대표성과 정책

표 8-1 | 다수제 민주주의와 합의제 민주주의의 5대 특성

	다수제 민주주의	합의제 민주주의
(국회의원) 선거제도	일위 대표제 등의 상대 다수 대표제(승자 독식제)	비례대표제 또는 비례성 높은 혼합형 선거제도
정당 체계	양당제	(온건) 다당제
행정부 구성	일당 혹은 소수 정당에 의한 독과점	복수 정당에 의한 분점, 즉 연립정부
행정부-입법부 간 힘의 분배	행정부의 압도적 우위	입법부-집행부 간의 균형 혹은 전자의 우위
이익집단 간의 경쟁 구도	다원적·분산적·분쟁적·대립적	코포라티즘의 발달로 협력적

참여 능력이 개선됨으로써 친복지 세력의 정치적 영향력은 증대될 것이며 그에 따라 복지국가의 건설도 앞당겨질 것이다.

그런데 포괄의 정치는 '다수제 민주주의'majoritarian democracy가 아닌 '합의제 민주주의'consensus democracy에서 좀 더 순조롭게 발전해 가는 경향을 보인다(Crepaz and Birchfield 2000).[2] 다수제 민주주의는 기본적으로 '배제의 정치'politics of exclusion에 의해 운영되기 때문이다. 〈표 8-1〉은 다수제 민주주의와 합의제 민주주의의 5대 특성을 요약한 것이다.[3] 물론 이 특성을 이념형 그대로 유지하고 있는 민주국가는 소수에 불과하다. 거의 모든 민주국가들은 다수제와 합의제의 원형을 양극단으로 하는 연속선상의 어느 한 지점에 위치하고 있을 뿐이다. 그러나 중간 지점으로부터 전형적인 다수제나 전형적인 합의제의 어느 한쪽에 가까이 갈수록 해당 국가의 민주주의는 다수제적 혹은 합의제적 성격이 강한 것이라고 평가할 수 있다.

---

2) 여기서 다수제와 합의제 민주주의의 구분은 〈표 8-1〉에 요약한 레이프하르트(Lijphart 1999)의 연구에 따른다.

3) 레이프하르트는 각 민주주의 유형의 열 가지 특성을 제시하며, 그중 다섯은 '집행부-정당 차원'(executives-parties dimension)이고 다른 다섯은 '연방제-단방제 차원'(federal-unitary dimension)이라고 했다. 이 글에서는 집행부-정당 차원에 속하는 특성을 '5대 특성'으로 규정하고, 오직 그 다섯 변수에 의해서만 합의제와 다수제 민주주의를 유형화하기로 한다.

그런 기준으로 볼 때 현재 지구상에는 합의제적 민주주의 국가가 훨씬 많다. 특히 선진국들의 경우 합의제 민주주의는 확실한 대세를 이루고 있다. 영국이나 프랑스 등 소수의 예외를 제외한 거의 모든 유럽 선진국들은 합의제 민주주의 국가로 분류된다. 한편, 뒤에 이어질 논의를 통해서도 알 수 있듯이 민주주의의 유형을 결정하는 가장 핵심적인 정치제도는 선거제도인데, 경제 선진국들의 모임인 OECD 30개 회원국 중 다수제 민주주의의 전형적 선거제도인 다수대표제를 택하고 있는 곳은 미국·영국·캐나다 등 대여섯 나라에 불과하고 나머지는 모두 합의제 민주주의의 전형인 비례대표제 혹은 비례성이 상당히 보장되는 혼합형 선거제도를 택하고 있다. 이 같은 사실은 선진국 민주주의의 표준이 합의제 민주주의임을 확인해 주는 것이라 할 수 있다. 특히 유럽의 선진 복지 자본주의 국가들은 모두 합의제 민주주의 국가라는 사실에 주목해야 한다.

2) 합의제 민주주의의 포괄성

다수제와 합의제 두 민주주의의 특징은 다음과 같이 요약해 볼 수 있다. 승자 독식 모델인 다수제 민주주의에서는 선거에서 승리한 정치 세력이 정치권력을 독차지한다. 그들은 자신들만으로 정부를 구성하고 패자나 저항 혹은 거부 세력에 대한 배려에는 별 신경을 쓰지 않는다. 결국 정권 교체기마다 정치과정에서의 배제 세력은 양산되고, 따라서 이들과 정부 간 그리고 입장이 다른 이익집단들 간의 적대적 대립과 갈등은 상시적 문제로 존재한다. 포괄의 정치가 아닌 배제의 정치가 작동하는 것이다. 반면에 승자 독식이 제도적으로 불가능하거나 매우 어려운, 그리하여 정치 세력 상호 간의 의존과 협력이 필수적인 합의제 민주주의에서는 정치권력이 분산되며 따라서 정치과정은 양보와 타협에 의해 진행된다. 여기서는 약자나 소수자 그리고 저항 혹은 거부 세력에 대한 포용이 일상의 정치 문화로 자리 잡게 된다.

합의제 민주주의의 본질이 포괄의 정치에 있다고 할 때, 그것을 작동케 하는 핵심 기제는 비례대표제라 할 수 있다. 선거제도의 높은 비례성 덕분에 약자와 소수자를 포함한 다양한 사회 세력들을 대변하는 다수의 정책 및 이념 정당들이 의회에 진출할 수 있으며, 이는 대부분의 경우 다당제하의 연립정부 형태로 이어지고는 한다. 한편, 이 제도 패키지, 즉 비례대표제·다당제·연립정부 등에 의해 가동되는 '협의주의'consociationalism 정치는 '사회(적) 코포라티즘'social corporatism(이하 코포라티즘) 방식에 의한 이익집단 대표 체계 혹은 거버넌스 체계와 '함께 가는' 경향을 띤다.[4]

이는 무엇보다 협의주의가 코포라티즘과 동일한 구조적 성격을 지니고 있기 때문이다. 협의주의는 다당제와 연립정부(더 정확히는 단일 다수당 정부가 아닌 정부) 형태가 정상 상태인 국가에서 정당 간의 연합 정치 방식으로 운영되는 민주주의를 지칭한다.[5] 연합 정치 성공의 핵심 변수는 포괄성과 포용성이므로 협의주의는 상이한 세력들 간에 협상과 타협의 정치가 수월하게 작동될 수 있는 구조를 띠고 있다. 이 같은 구조적 특성이 경제 거버넌스 영역에서 재현된 것이 바로 코포라티즘이라 할 수

---

4) 'social corporatism'은 흔히 '사회(적) 조합주의'라고 번역되어 쓰이고는 하나, 그보다는 '사회 합의주의'가 본래의 의미를 더 잘 전달하는 번역어라고 생각한다. 그러나 이 용어는 본장에서 자주 등장하는 합의제 민주주의와 합의제 조정시장경제 등의 개념과 같이 쓰일 경우 불필요한 혼돈을 가져올 수 있으므로 여기서는 코포라티즘이라고 부르기로 한다.

5) 다당제를 촉진하는 선거제도가 비례대표제임을 감안하면 협의주의를 이루는 핵심 제도는 비례대표제·다당제·연립정부라고 할 수 있는바, 그것은 결국 합의제 민주주의의 정치제도 요소와 동일한 것임을 알 수 있다. 따라서 합의제 민주주의의 5대 특성은 정치제도 측면에서의 협의주의와 사회경제제도 측면에서의 코포라티즘이 결합해 나타나는 것으로 요약할 수 있다.

있다(van Waarden 2002, 50). 즉 양자 공히 정치적 혹은 사회경제적으로 다양한 이해를 갖는 여러 세력들을 하나의 시스템으로 통합시켜 그들 간의 협의 혹은 합의를 통해 정치 혹은 사회경제적 결정을 내리게 하는 구조를 갖고 있다.

양자 간에는 구조 개념 측면에서만 친화성이 있는 것이 아니다. 많은 경우 양 제도의 주요 행위자들은 현실에서 상호 밀접한 연대 관계를 맺고 있다. 전국 단위의 노동조합이 노동당이나 사민당의 안정적 지지 기반을 이루는 것이 그 대표적 예이다. 좀 더 일반적으로 말하자면 협의주의 정치를 수행해 가는 여러 정당들이 각자 자신들의 정치적 입지를 강화하기 위해 특정 이익집단의 전국 조직화를 도와 그들과 '후원자-고객'patron-client 관계라는 특수 관계를 맺기도 하고, 코포라티즘에 참여하는 여러 이익집단들이 각각 자신들의 사회경제적 이익 증대를 위해 특정 정당의 창당 혹은 지지층 확대 및 영향력 증대를 돕기도 함으로써 코포라티즘과 협의주의는 서로 맞물려 발전해 가는 것이다. 협의주의와 코포라티즘 간의 높은 상관관계는 실증적으로도 이미 여러 연구에서 증명된 바 있다(Lijphart and Crepaz 1991; Crepaz and Lijphart 1995; Lijphart 1999). 협의주의 수준이 높은 민주주의일수록 코포라티즘의 발전 정도도 높다는 것이다.

결국 합의제 민주주의는 비례대표제를 시작으로 하여 상호 맞물려 있는 다당제 및 연립정부 등의 포괄성 혹은 포용성 높은 정치제도, 그리고 그것들과 다시 친화성을 유지하는 코포라티즘이라는 사회경제제도로 이루어진 민주주의 체제인 것이다. 따라서 (다른 조건이 일정하다면) 다수제 민주주의에서보다는 포괄의 정치가 제도화돼 있는 이 합의제 민주주의에서 사회경제적 약자들의 선호와 이익이 (동등하고 효과적인 참여 보장에 의해) 정치과정에 더 제대로 투입될 수 있는 것은 당연한 이치라 할 것이다(Crepaz and Birchfield 2000). 여기서는 복지 및 사회경제 정책 등이 반복지 세력 등과 같은 사회경제적 강자들의 이익에 편향되어 수립되거나 집행될 가능성이 낮다. 이것이 합의제 민주주의에 가까울수록 조세나 복지 정책 등을 통한 정부의 재분배 수행 능력이 높게 나타나는 이유이다(Crepaz 2002). 다수제 민주국가들보다 합의제 민주국가들에서의 빈부 격차가 덜하고, 복지 수준이 더 높으며, 약자나 소수자 배려가 더 철저하다는 것(Lijphart 1999, ch. 16; 선학태 2005, 402-408), 그리하여 합의제 민주주의가 다수제 민주주의보다 사회 통합과 정치 안정 측면에서 뛰어나다는 점은 실증 연구에 의해서도 증명되고 있다(Armingeon 2002). 이는 결국 합의제 민주주의에서 분배 친화적 자본주의 혹은 복지 자본주의가 발전할 가능성이 높음을 의미한다.

3) 코포라티즘의 포괄성

실제로 합의제 민주주의의 이 포괄성은 영미식 자유시장경제에 비해 좀 더 분배 친화적 자본주의 유형이라고 하는 (대륙)유럽식 합의제 조정시장경제와의 친화성으로도 이어진다. 합의제 민주주의를 구성하는 협의주의 정치제도와 코포라티즘적 거버넌스 체제가 분배 친화적 자본주의의 형성 및 유지에 기여하기 때문이다. 협의주의 정치제도의 기여는 앞서 말한 대로 그 제도들 자체가 정치과정에서 노동 등 사회경제적 약자 집단들의 이익을 효과적으로 집약할 수 있게 함으로써 분배의 정의가 왜곡되는 것을 방지하는 방식으로 이루어진다. 합의제적 정치제도의 시장 조정 효과가 정당 체계를 중심으로 직접적으로 나타나는 경우라 할 수 있다.

한편, 이 정치제도들은 앞에서 말한 것처럼 코포라티즘 체계와 친화성을 유지함으로써 합의제 민주주의의 분배 친화적 시장 조정 능력을 배가시킨다. 즉 협의주의 정치제도의 시장 조정 효과가 코포라티즘의 발전을 통해 간접적으로 나타나는 경우인 것이다. 코포라티즘이 발달할수록 소득 불평등 정도가 줄고 사회경제적 형평성이 높아진다는 사실은 이미 여러 실증 연구에서 증명된 바 있다(Crepaz 2002; Minnich 2003). 또한 코포라티즘이 복지 자본주의의 발전에 크게 이바지한다는 점도 여러 연구물들에 의해 강조되고 있다(Hicks and Swank, 1992; Katzenstein, 1985; Lehmbruch, 1984). 사실 합의제 조정시장경제의 경우 그 체제를 유지해 주는 핵심 시장 조정 기제는 바로 코포라티즘이다. 이는 주요 이익집단들을 복지 및 사회경제 정책의 수립 과정에 직접 참여케 함으로써 (정당 혹은 정치 엘리트들만의 타협에 의한 것이었으면 상당히 컸을) 사회적 불만과 저항을 최소화하는 가운데 시장 조정 기능을 수행할 수 있는 매우 훌륭한 사회경제 거버넌스이다. 요컨대, 코포라티즘이야말로 합의제 조정시장경제의 근간에 해당한다는 것이다.

그렇다면 합의제 민주주의가 합의제 조정시장경제와 친화성을 유지하는 것은 당연한 일이다. 합의제 민주주의와 합의제 조정시장경제의 교집합에 해당하는 코포라티즘이 양 체제를 친화성의 관계로 연결해 주기 때문이다. 더 나아가, 양 체제 간에는 친화성을 넘는 일정한 인과성이 존재할 수도 있다. 설령 인과성까지는 아닐지라도, 포괄성을 특징으로 하는 합의제 민주주의가 합의제 조정시장경제의 발전을 촉진할 수 있다는 것은 분명해 보인다. 합의제 민주주의는 합의제 조정시장경제의 발전에 좀 더 유리한 제도 조건을 제공하기 때문이다. 이 관계를 코포라티즘의 작동 조건을 중심에 놓고 좀 더 자세히 살펴보자.

물론 코포라티즘에는 다양한 형태가 있지만 그것이 무엇이든 일단 나름의 코포라티즘을 제도화해 그것을 토대로 하는 합의제 조정시장경제를 발전시켜 가겠다고 한다면, 거기서 중요한 것은 무엇보다 참여 집단들 간의 동등한 파트너십 보장이다. 그것이 보장되지 않을 경우 사회적 협의나 합의의 장은 지속되지 못한다. 예컨대, 만약 사회적 합의 과정이나 이후 그 합의 내용에 관해 벌어지는 정치적 결정 과정에서 노동의 의견이 무시되기 일쑤라면 노동은 더는 그런 거버넌스 운영에 참여하지 않을 것이고, 따라서 코포라티즘은 작동을 멈추게 될 것이다. 여기서 정부의 역할이 중요하다. 정부는 노동이나 중소 상공인 등과 같은 사회경제적 약자 집단들을 '특별' 지원함으로써 그들이 자본이나 대기업 등의 강자 집단과 동등한 파트너십을 유지할 수 있도록 해주는 역할을 수행해야 한다.

그런데 정부의 이런 역할은 바로 합의제 민주주의에서 기대하기 용이한 것이다. 예컨대, 그 정부는 약자일 수밖에 없는 노동에 힘을 실어주어 노사 관계가 동등한 파트너십을 전제로 하여 건설적이고 평화적으로 유지될 수 있도록 해야 한다. 이를 위해서는 유력한 친親노동 정당이 있어 그 정당이 노동의 편에 서서 정부의 정책 결정에 상시적으로 상당한 영향을 끼칠 수 있어야 한다. 중소 상공인이나 농민의 경우도 마찬가지이다. 이들 그룹 역시 (그들이 만약 사회 협약 체제의 파트너로서 참여할 필요가 있는 것이라면) 각각 자신들의 정치적 대리인을 확보하고 있어야 한다. 말하자면, 합의제 조정시장경제의 기초인 코포라티즘이 제대로 작동되기 위해서는 주요 사회경제 집단들의 선호와 이익을 정치적으로 대리할 수 있는 이념 혹은 정책 정당들이 포진해 있는 이른바 '구조화된' 다정당 체계가 필요하다는 것이다(Hamann and Kelly 2007).[6] 이것이 합의제 민주주

---

6) 이념이나 정책 중심 정당들이 포진되어 있고 이들 정당이 상당한 정체성과 영속성을 유지하고 있을 경우, 그 나라의 정당 구도는 '구조화'되어 있는 것이라고 평가한다. 그렇다면 이념이

의의 전형적 정당 체계임은 앞서 지적한 대로이다. 결국 코포라티즘을 근간으로 하는 합의제 조정시장경제의 발전은 합의제 민주주의를 필요로 한다는 것이다.

복지국가 정치경제의 최고봉이라 일컬어지는 스완크의 연구에 의하면 보편주의 제도적 복지 체계를 '안정적으로' 유지해 온 북유럽 국가들은 하나같이 코포라티즘의 발전 정도가 매우 높은 나라들이다(Swank 2002).[7] 그들은 또한 모두 비례성이 매우 높은 선거제도를 채택하고 있다. 이 두 가지의 제도 공통점이 시사하는 바는 간단명료하다. 포괄의 정치를 가능케 하는 비례대표제가 포괄성 높은 사회경제 거버넌스인 코포라티즘과 조우해 보편적 복지국가를 형성·유지케 한다는 것이다. 앞에서 말한 대로 비례대표제는 다당제와 연립정부로 이어지는 협의주의 정치를 추동한다. 협의주의 정치는 다시 코포라티즘 방식에 의한 거버넌스 형성을 촉진함으로써 복지 자본주의로 이어질 수 있는 합의제 조정시장경제의 발전에 기여한다. 결국 비례성 높은 선거제도가 복지국가 발전의 제도적 기초라는 것이다.

나 정책이 아닌 지역과 인물이 중심이 되어 이합집산을 거듭하는 '족보 없는' 정당들로 이루어진 한국의 정당 체계는 비구조화된 것이라고 규정할 수 있다.

7) 여기서는 특히 '안정적인' 보편주의 복지국가라는 형용사에 주목할 필요가 있다. 영국도 한때는 칭송받는 복지국가군에 속했다. 그러나 '복지병'을 치유하겠다는 대처 수상의 집권 이후 영국의 복지 체제는 급격하게 잔여주의 성격이 강해졌다. 영국만이 아니다. 다수제 민주주의 국가들은 대부분 신자유주의 세계화에 직면하자 복지 축소 정책을 과감하게 단행했다. 포괄의 정치가 아닌 승자 독식 혹은 배제의 정치가 발달한 까닭에 '정책 안정성'(policy stability)이 보장되지 않기 때문이었다.

3. 한국 정치의 포괄성 증대를 위한 선거제도 개혁 방안

선거제도의 높은 비례성이 복지국가 발전의 제도적 기초라고 한다면, 최근 정치권과 시민사회의 여러 주체들이 앞다투어 내놓고 있는 "선진 복지국가로 가자!"는 주장은 한국 선거제도의 개혁 방안과 함께 제기되어야 비로소 현실성 있는 미래 구상으로 평가될 수 있다. 현 국회의원 선거제도의 비례성을 획기적으로 높일 수 있는 방안을 내놓아야 한다는 것이다. 그래야 주로 사회경제적 약자들로 이루어진 친복지 세력의 정치 참여가 안정적으로 보장되는 포괄의 정치가 발달할 수 있으며, 그래야 코포라티즘 방식에 의한 조정시장경제의 작동으로 보편적 복지국가가 건설될 수 있기 때문이다.

사회에는 다양한 이익과 요구가 존재하므로 그들을 대표하고자 하는 정당의 수는 여럿이기 마련이다. 비례성이 보장되는 선거제도하에서는 설령 군소 정당의 난립을 방지하기 위한 봉쇄 조항이나 저지 조항 등이 있더라도 그것이 요구하는 (대체로 2~5퍼센트 정도의) 최소 득표율 이상만 획득하면 어느 정당이나 자신의 득표율에 비례하는 의석을 배분받는다.[8] 사회적 맥락에 부합하는 분명한 이념과 가치 그리고 현실성 있는 정책 기조를 갖춘 정당이라면 이 정도로 자유로운 '정치 시장'에서 상당 규모의 '고객'을 안정적으로 확보해 원내 정당이 된다는 것이 그리 어려

---

8) 비례대표제의 원칙 그대로, 즉 모든 정당에게 그들의 득표율에 비례해 의석을 배분할 경우 군소 정당의 난립 현상에 따른 정치적 무질서 혹은 혼란이 초래될 가능성이 있다. 따라서 비례대표제를 택하는 대부분의 국가들은 저지 조항이나 봉쇄 조항이라고도 불리는 문턱(threshold) 조항을 도입해 이 문제를 해결한다. 예컨대, 2퍼센트, 3퍼센트, 혹은 5퍼센트 이상의 득표율을 확보한 정당들에게만 의석을 배분하는 방식이다. 이렇게 되면 국회를 구성하는 정당의 수가 과도하게 많아지는 현상은 일어나지 않는다. 즉 정당의 수가 6~8개에 이르는 극단 다당제가 아니라 3~5개 정도인 온건 다당제가 일반적인 형태가 된다.

운 일은 아니다. 비례성이 높은 선거제도하에서 포괄 정치의 기본인 이념과 정책 중심의 다정당 체계가 발전하는 까닭이다.

그런데 한국의 선거제도는 어떤가. 주지하듯, 지역주의와 결합돼 있는 한국의 소선거구 일위 대표제는 이념·정책 정당의 과소 대표와 지역·인물 정당의 과다 대표 현상을 만연케 해왔다. 비례성이 현저히 낮은 선거제도이기 때문이다. 그것은 포괄 정치 발전의 기본 조건인 정당의 구조화를 오히려 억제해 온 제도 환경을 조성해 왔다. 이 환경을 바꾸고 포괄의 정치가 작동되도록 하기 위해서는 비례성 높은 선거제도를 도입해야 한다. 다행인 것은 최근 선거제도의 개혁 필요성에 대한 사회적 논의가 과거 그 어느 때보다 활발해졌다는 점이다. 크게 세 가지 정도의 개혁안이 주목받고 있다. 중대 선거구제, 전면 비례대표제, 그리고 비례성이 보장된 혼합형 선거제도 등의 도입이 그것들이다. 간략하게나마 하나씩 살펴봄으로써 무엇이 가장 바람직한 선거제도 개혁안인지 평가하도록 한다.

1) 중대 선거구제의 도입

현재 우리 사회에서 논의되고 있는 '중대 선거구제'의 도입은 현행 상대 다수대표제를 유지하되 선거구의 크기 즉 한 선거구에서 선출되는 국회의원의 수만을 늘리자는 이른바 '소폭 개혁론'이다. 지금과 같이 각 지역구에서 단 한 명만을 선출하는 것이 아니라 지역구에 따라 두 명 이상의 다수 의원을 득표 순서에 의해, 즉 상대 다수제로 선출하자는 것이다.[9] 2인 선거구제라면 지역구 득표 순위 2등까지, 5인 선거구제라면 5등까지, 그리고 8인 선거구제라면 8등까지 국회에 보내는 방식이다. 이 경우 (물론 비례대표제에 비할 바는 아니지만) 다수대표제임에도 소선거구 일위 대표제보다는 분명 비례성이 높아진다. 특히 선거구의 크기를 크게 잡을수록 과소 대표 현상은 더욱 줄어든다. 한 선거구에서 여러 명을 선출할수록 소수 정당이나 신생 정당의 후보들이 당선 순위에 들어갈 가능성은 커지기 때문이다. 예를 들어 5~6인 선거구제를 도입한다면 호남권에서는 새누리당 그리고 영남권에서는 민주당 후보의 당선율이 지금보다는 훨씬 높아질 것이다. 진보정의당이나 통합진보당 역시 양 지역에서 나름대로 유의미한 성과를 낼 수도 있다.

그러나 이런 중대 선거구제에는 몇 가지 문제들이 있다. 이 문제들은 중대 선거구제가 비례성을 높여 준다고는 해도 그것의 전격 도입에는 선뜻 찬성하기가 어려울 정도로 심각한 것들이다. 그리고 사실 중대 선거구제가 보장하는 비례성의 정도는 객관적 기준으로 볼 때 그리 높은 것도 아니다. 1996년의 중의원 선거 이전까지 일본이 택해 왔던 단기 비이양식 중선거구제가 그 사실을 입증한다. 36개국의 민주주의를 대상으로 한 레이프하르트(Lijphart 1999, 163-164)의 실증 분석에 의하면 1945년에서 1996년 사이 일본 선거 결과의 비례성 정도는 (물론 다수제 민주주의 국가들보다는 높았지만) 합의제 민주주의 국가 중에서는 최하위에 속했다. 중대 선거구제 도입의 개혁 효과가 대단하지는 않으리라는 것이다. 그런데 그 부작용은 매우 심각할 수 있다. 두 가지만 짚어 보자.

하나는 '소수대표'minority representation의 문제가 소선거구 일위 대표제

---

9) 사실 중대 선거구제를 택하고 있는 민주국가에서 상대 다수제로 지역 대표를 선출하는 것은 매우 드물다. 유럽에서는 중대 선거구제라고 하면 으레 쿼터 방식에 의한 '단기 이양식 선거제도'(single transferable voting system, STV)나 정당 명부식 비례대표제로 지역 의원 다수를 동시에 선출하는 제도를 말한다. 중대 선거구제와 상대 다수제가 결합한 선거제도는 '단기 비이양식 선거제도'(single non-transferable voting system, SNTV)라고 불리는데 이는 선거제도 개혁 이전의 일본과 타이완이 취했던 특이한 제도이다. 그런데 우리 사회에서는 이 SNTV를 중대 선거구제로 지칭하므로 이 장에서도 그 통칭을 따르기로 한다.

에서보다 오히려 더 악화될 수 있다는 점이다. 이것은 특히 비례성을 높이기 위해 선거구의 크기를 크게 할 경우 매우 빈번히 발생하는 문제가 될 수 있다. 소선거구 일위 대표제하에서의 소수대표 문제를 여실히 보여 주었던 경기도 안양시 만안구의 15대 총선 결과를 사례로 살펴보자. 당시 문제된 것은 1, 2, 3위가 각각 28.5퍼센트, 28.2퍼센트, 28.0퍼센트라는 엇비슷한 득표율을 기록했음에도 매우 근소한 차이로 2위와 3위를 앞선 1위 후보만이 오직 28.5퍼센트라는 소수 지역구민의 대표로 국회의원에 당선됐다는 것이었다. 그런데 만약 만안구가 5인 선거구제였다면 어땠을까? 그 경우 1위와의 표 차이가 크지 않은 2위와 3위는 물론이고 상당한 차이가 나는 4위와 5위까지도 선출된다. 그런데 4위의 득표율은 7.9퍼센트였고 5위는 겨우 3.1퍼센트였다. 결국 선거구 유권자의 3퍼센트 정도의 지지만으로도 당선될 수 있었다는 것이다. 이 정도라면 국회의원의 대표 자격을 의심할 정도라고 말하지 않을 수 없다. 더구나 이와 같이 지나친 소수대표의 문제가 여러 선거구에서 발생한다면 국회 자체의 대표성에도 의문이 제기된다.

중대 선거구제의 또 다른 문제는 정당 투표가 아닌 인물 투표 경향이 강화될 수 있다는 점이다. 이 경우는 명백히 개악에 해당한다. 소선거구 일위 대표제는 '1당 1후보' 원칙을 따른다. 모든 정당이 한 지역구에 (자기 정당의 대표 격으로) 한 후보만을 세운다는 것이다. 따라서 여기서는 인물 변수 못지않게 정당 변수의 중요성도 상당하다. 그런데 중대 선거구제에서는 한 정당이 한 지역구에 복수의 후보를 공천할 수 있다. 이 경우 후보들은 다른 정당은 물론 같은 정당 소속끼리도 득표 경쟁을 해야 한다. 동일 정당 후보들 간의 경쟁은 특히 자기 정당에 대한 지지가 강한 지역구에서 치열해진다. 이런 곳에서는 이른바 '정당 프리미엄'이 작동하기 때문이다. 지금의 한국에서라면 영남권 지역구에서는 새누리당 후보들끼리, 호남권 지역구에서는 민주당 후보들끼리의 경쟁이 (타당 후보들과의 경쟁보다 더) 치열하게 벌어질 것이다. 이 경쟁은 어차피 정당의 차이로 우열을 가리는 것이 아니므로 개별 후보들은 유권자들에게 어떻게든 자기 개인을 부각시키기 위해 최선을 다한다. 정당 변수가 상수常數에 불과한 이 상황에서의 투표는 결국 인물 중심으로 이루어지기 마련이다.

인물 투표 경향이 강해지면 선거 정치 과정에서 많은 부작용이 일어난다. 소속 정당의 이념이나 가치 지향 혹은 정책 기조가 아니라면 각 후보들은 대체 무엇으로 지역구민들의 개인적 지지를 획득할 수 있겠는가? 당연히 개인 후원회와 같은 사조직을 지역 내에 많이 거느리려 들 것이고, 그런 자기 조직에 가능한 한 많은 수의 지지자들을 안정적으로 확보하기 위해 그들에게 끊임없이 물질적 혹은 정책적 혜택을 제공하고자 노력할 것이다. 이런 정치적 토양에서 금권 부패 정치나 '사익 제공 정치'pork barrel politics가 만연할 수 있다. 이것은 선거제도 개혁 이전의 일본 정치가 그대로 보여 준 현실이기도 하다. 집권 자민당 후보들끼리의 격한 선거 경쟁이 금권정치와 파벌 정치를 고착화했으며, 그 와중에 지역 사익 집단들의 정치적 영향력은 과도한 정도가 되었고, 그것들이 결국 일본을 1990년대 초반까지도 부패한 신중상주의 국가로 머물게 했다는 반성이 선거제도의 개혁으로 이어졌다는 분석은 설득력이 있다.

이와 같이 중대 선거구제는 실로 중대한 문제들을 안고 있다. 소선거구 일위 대표제에 비해 비례성이 높은 선거제도임에도 일본이나 타이완 등의 극소수 경우를 제외하고는 이 제도를 택한 민주국가가 거의 없는 것도 그 때문일 것이다. 그나마 일본은 1994년, 타이완은 2004년 선거제도 개혁을 통해 이 문제 많은 선거제도를 폐기하고 새로운 혼합형 선거제도를 도입했다. 현실이 이러함에도 "우리나라에서 정치 개혁이라는 이름으로 (중대 선거구제가) 다시 거론되는 것은 명백한 모순"이라 할 것이다(강원택 2005, 65).

2) 전면 비례대표제의 도입

비례성이 가장 확실하게 보장되는 선거제도는 역시 정당 명부식 비례대표제이다.10) 한국의 현행 소선거구 일위 대표제 중심의 선거제도를 전면 비례대표제로 개혁한다면 우선 이념 및 정책 정당들에 대한 정치 시장의 진입 장벽이 크게 낮아질 것이다. 정당 명부식 비례대표제에서는 투표가 통상 광역 선거구 혹은 전국구에서 인물이 아닌 정당에 대해 행해지므로 각 당이 내세우고 있는 이념이나 정책이 매우 중요한 선거 변수로 작용하게 된다. 특정 지역이나 인물에 의지해서가 아니라 보편적인 이념이나 정책을 기반으로 삼아 성장하고자 하는 개혁 정당들에게는 좀 더 유리한 환경이 제공되는 것이다. 또한 의석의 배분이 각 당의 득표율에 비례해 이뤄지기 때문에 신생 정당들은 적은 득표율로도 (선거구에서 반드시 1위를 할 필요 없이) 그에 비례한 의석을 차지할 수 있게 된다. 더군다나 사표가 발생되지 않는 까닭에 유권자들은 전략적 투표를 할 필요 없이 자신의 정당 선호를 있는 그대로 나타내는 경향을 보이게 된다. 이것이 이념 및 정책 정당들의 득표와 의회 진출에 도움이 되는 것임은 물론이다. 신생 정당들의 진입 증대 현상만이 아니다. 비례대표

10) 물론 비례대표제도 선거구의 크기, 최소(득표) 조건, 투표 및 입후보 방법 등에 따라 다양한 종류로 나뉘고 그들 간에는 어느 정도의 비례성 차이도 존재한다. 그러나 이 장에서는 비례대표제의 여러 형태를 개별적으로 논하지는 않는다. 단지 비례성 보장이라는 비례대표제의 핵심 특성에 초점을 맞추어 전면 비례대표제의 도입 필요성과 그 효과를 개괄적으로 살펴본다.

제의 도입으로 선거 환경이 바뀌면 기존 정당들도 이제 생존을 위해서라도 인물이나 지역이 아닌 이념이나 정책으로 승부하려 들 것이다. 결국 비례대표제가 한국의 정당 체계를 구조화된 다당제로 개혁해 가리라는 것이다.

비례대표제가, 구조화된 다당제를 견인하게 되면 거기에는 사회경제적 약자들이나 소외 집단들의 이익 표출과 집약을 담당할 이념 혹은 정책 정당들이 포함되기 마련이다. 비례대표제를 도입할 경우 한국의 정당정치에서도 소수파 정당이 부상할 가능성이 커지며 정당 구도 역시 이념 및 정책 중심의 다당제로 가게 될 것임은 시뮬레이션을 통한 기존의 여러 연구에서도 이미 밝혀진 바 있다.[11] 한편, 2004년 총선부터 부분적으로 도입된 1인 2표제의 정당 명부식 비례대표제는 많은 이들로 하여금 향후 한국 정당 구도의 개혁 가능성에 긍정적 입장을 갖도록 했다. 비록 총 299석 중 불과 56석만이 비례대표 의석이었지만, 그래도 그 덕분에 이념 정당인 민주노동당이 10석이나(?) 얻어 국회에 진출하는 한국 정치사에서 보기 드문 일이 벌어졌기 때문이다. 그러나 비례대표 의석이 유의미한 정도로 확대되거나 전면 비례대표제 혹은 독일식 비례대표제 등으로의 개혁이 이루어지지 않는 한 한국의 현 정당 구도가 이념과 정책을 기준으로 구조화될 것을 기대하기란 어려운 것이 사실이다.

---

11) 시뮬레이션 분석들은 공히 어떤 형태의 비례대표제를 도입할지라도 현행 소선거구제에서보다 의석의 지역 편중 경향, 즉 지역 할거주의 현상이 감소될 것이고 소규모나 신생 정당들의 의석률 확보가 용이해질 것임을 보여 준다(조기숙 1993; 김용호·강원택 1998; 신명순·김재호·정상화 1999; 강원택 2005).

3) 비례성이 보장된 혼합형 선거제도의 도입

비례성 확보라는 측면에서 보자면 (네덜란드나 이스라엘 등이 택하고 있는) 전국을 단일 선거구로 하는 전면 비례대표제보다 더 우수한 선거제도는 있을 수 없다. 그럼에도 또 다른 대안인 혼합형 선거제도의 도입 주장에 주목하는 가장 중요한 이유는 전면 비례대표제로는 지역 대표성을 보장하기가 쉽지 않기 때문이다. 사실 일반 유권자의 입장에서는 자신이 살고 있는 지역의 대표자를 직접 선출해 의회에 보내고 싶기도 하겠거니와, 그리하는 것이 대표-책임이라는 민주주의의 기본 원리가 가장 투명하게 실천되는 길이기도 하다. 대의제 민주주의의 완성 조건 중의 하나는 비례성과 지역 대표성을 동시에 제공하는 선거제도의 채택일지도 모른다. 그렇다면 우리가 대안으로 받아들일 만한 혼합형 선거제도는 이 조건을 (적어도 상당 정도) 충족해 주는 것이어야 한다.

(1) 소선거구-비례대표 병립제

혼합형 선거제도에는 크게 두 종류가 있다. 우선 현재 일본이 취하고 있는 단순 병립제를 평가해 보자. 1994년에 단행된 일본 정치 개혁의 핵심 내용은 총 5백 석의 중의원 의석 중 3백 석은 소선거구 일위 대표제로, 2백 석은 비례대표제로 따로 선출하는 병립형 선거제도를 도입하는 것이었다. 1996년의 중의원 선거는 이 내용 그대로 치러졌으나, 2000년 선거부터는 비례대표 의석을 180석으로 줄이고 소선거구 의석은 3백 석 그대로 유지한 채 지금에 이르고 있다. 이런 일본의 현행 선거제도는 소선거구 일위 대표제로 총의석의 62.5퍼센트를 선출하는 만큼 지역 대표성이 충분히 보장되는 것이라 할 수 있다.

그러나 비례성에는 심각한 문제가 있다. 통계를 보면 선거제도 개혁 이후 일본 선거의 비례성은 과거에 비해 거의 반 이하로 떨어졌다(김형철 2007, 227-228). 자민당이나 민주당 등 거대 정당의 과다 대표와 사민당 등 소수 정당의 과소 대표 현상이 크게 두드러졌다. 이 점에 관한 한 일본의 단순 병립제 도입은 오히려 개악임에 분명하다. 다른 문제가 상당함에도 과거의 단기 비이양식 중선거구제는 소선거구 일위 대표제에 비해 적어도 비례성 제공 측면에서는 우수한 제도였다. 그러나 그것이 소선거구 일위 대표제로 전환되면서 비례성이 크게 감소한 것이다. 그렇다고 비례대표 의석이 그 비례성 감소분을 메울 수 있는 것도 아니다. 우선 전국을 11개 권역으로 나누어 각 권역에서 비례대표를 선출하는 일본의 권역별 비례대표제는 충분한 비례성을 창출하기에는 선거구의 크기가 너무 작다.[12] 소수 정당의 과소 대표 문제가 심각하다는 것이다. 게다가 180석이라는 비례대표 의석도 소선거구 일위 대표 의석에 비해 그 비중이 너무 낮다. 37.5퍼센트로는 62.5퍼센트에서 발생하는 불不비례성을 감당하기 어렵다는 것이다.

따라서 만일 우리가 일본식 단순 병립제를 대안으로 취한다면 적어도 다음 두 가지 사항을 반드시 지켜져야 한다. 하나는 비례대표 의석을 그 비중이 최소한 50퍼센트 이상이 되도록 획기적으로 늘려야 한다. 그래야 유의미한 비례성이 확보될 수 있을 것이다. 한국은 현재 3백 석 중

12) 총 180명의 비례대표는 11개 권역에서 권역당 평균 16명 정도를 개별적으로 선출해 구성된다. 모든 권역이 16명을 선출하고 A라는 정당은 각 권역에서 득표율 5퍼센트를 기록했다고 가정해 보자. 이 경우 (최대 잔여제 등과 같은 소수 정당 배려 기제가 '운 좋게' 작동되지 않는 한) 그 정당은 어느 권역에서도 비례대표 의원을 배출하지 못하게 된다. 16명의 5퍼센트는 0.8명이기 때문이다. 그러나 만약 전국을 단일 선거구로 했다면 그 정당은 180명의 5퍼센트인 9명의 비례대표 의원을 확보한다. 비례대표제의 선거구 크기가 작을수록 소수 정당은 과소 대표된다는 현실을 보여 준다.

54석만이 비례대표 의석이다. 일본의 경우에도 크게 못 미치는 불과 18퍼센트인 것이다. 다만 의원 정수를 지금 그대로 유지한 채 비례대표의 비중만을 50퍼센트 이상으로 증대시킬 경우 자신들의 지역구가 사라질 것을 우려하는 현직 지역 대표 의원들과 지역 위원장들의 저항이 매우 거셀 것임을 고려할 필요가 있다. 이들의 반대가 심할수록 개혁은 더 어려워질 것이기 때문이다. 따라서 의원 정수를 최대한 늘림으로써 소선거구의 감소를 최소화시키는 지혜가 필요하다. 사실 한국의 의원 수는 다른 민주국가들에 비교해 상당히 적은 편이기도 하다(강원택 2005, 88-95).

다른 하나는 비례대표 선거구의 크기를 가능한 한 크게 잡아야 한다는 것이다. 일본과 같이 그것을 작게 잡을 경우 비례성이 충분히 보장되지 않기 때문이다. 가장 바람직하기로는 물론 전국을 지금과 같이 단일 선거구로 하는 것이다. 그러나 굳이 권역별 비례대표제로 가야 한다면 최소한 저지 저항이나 봉쇄 조항 등이 요구하는 최소 득표율의 획득만으로 모든 정당이 어느 권역에서나 비례대표 1명 이상을 확보할 수 있을 정도의 선거구 크기는 유지돼야 한다. 예컨대, 최소 득표율이 1퍼센트라면 각 권역당 1백 명 이상을 선출해야 하며, 2퍼센트라면 50명, 3퍼센트라면 34명, 5퍼센트라면 20명 이상이어야 한다. 그래야 소수 정당의 과소 대표 현상을 최소화할 수 있기 때문이다.

(2) 소선거구-비례대표 연동제

이제 혼합형 선거제도의 다른 유형인, 흔히 독일식 비례대표제라고 불리는 소선거구-비례대표 연동제를 살펴보자. 이 제도는 전 세계의 많은 이들로부터 최고의 선거제도라는 평가를 받아 왔다. 무엇보다 비례성과 지역 대표성이 동시에 그리고 충분히 확보되는 선거제도이기 때문이다.

운영 원칙은 간단하다. 전국을 단일 선거구로 하는 비례대표제로 일단 의회의 총의석을 각 정당에게 배분하나, 그렇게 배분되는 의석의 50퍼센트는 소선거구 몫으로 지정해 놓는다는 것이다. 예를 들어, 총 1백석 의회의 경우를 상정하자. 이때 선거구는 비례대표제의 작동을 위한 전국구 하나와 지역 대표 선출을 위한 소선거구 50개로 이원화된다. 그리고 투표는 1인 2표제로 실시된다. 여기서 각 유권자들은 한 표는 (전국구의) 선호 정당에게, 다른 한 표는 (자기가 속한 소선거구의) 선호 후보에게 던진다. 개표는 우선 전국구의 정당 투표에 대해 이루어진다. 그 결과에 따라 의회의 총의석은 각 정당들의 득표율에 비례해 배분된다. 만약 A정당의 득표율이 40퍼센트라면 그 정당은 의회의 40석을 확보하는 것이다. 그리고 이제 각 소선거구의 선거 결과를 셈한다. 만약 전국 50개 소선거구 중의 20곳에서 A정당의 후보가 일위에 올랐다면 그 20명은 물론 지역 대표 의석을 차지하게 된다. A당이 확보한 총 40석 중 20석이 이렇게 확정되는 것이다. 그리고 나머지 20석은 정당 명부에서 순서대로 뽑아 전체인 40석을 채운다.[13)]

이 같은 방식으로 이 선거제도는 전면 비례대표제와 전혀 다를 바 없는 비례성을 제공한다. 그러면서 동시에 지역 대표성까지도 보장한다. 세계 최고의 선거제도라는 찬사를 받는 이유이다. 비록 채택되지는 않았지만, 일본의 학계와 시민 단체 인사들도 약 5년간에 걸친 선거제도 개혁 공방 과정에서 독일식 비례대표제를 가장 우수한 선거제도라며

13) 참고로 만약 A정당 후보 42명이 소선거구에서 승리한다면, 비록 A정당의 득표율을 초과하는 의석 배분이지만, 그 42명 전원은 A정당의 국회의원으로 인정된다. 이것을 '초과 의석 인정'이라고 한다. 이 경우 A정당의 비례대표 의원은 당연히 0명이 된다.

그 도입을 주장했었다. 비슷한 과정을 거친 뉴질랜드에서는 다행히 독일식 제도의 도입에 성공했다. 한국에서도 김대중 정부와 노무현 정부 당시 이 제도로의 개혁이 심도 있게 논의된 바 있다.

복지국가 한국을 염원하는 사람이라면 누구도 독일식 비례대표제를 모델로 삼자는 선거제도 개혁 방안에 대해 이론이나 원리 측면에서 이의를 제기하기는 어려울 것이다. 여러 면에서 탁월한 선거제도이기 때문이다. 다만 문제 제기가 있다면 그것은 도입의 현실성 혹은 용이성에 대한 것이다. 사실 병립제에서 연동제로 전환한다는 것은 상당한 시간과 에너지를 요하는 대규모 개혁에 해당하기 때문이다. 독일식 연동제의 도입보다는 정치사회적 비용이 덜 들면서도 상당 정도의 비례성을 확보할 수 있는 개혁 방안으로 지금의 병립제 틀을 유지하는 가운데 비례대표 의석의 비중을 50퍼센트 이상으로 늘리자는 주장이 많은 이들의 주목을 끄는 것은 이 때문이다. 만약 앞에서 지적한 일본식 병립제의 문제점들을 개선해 포괄의 정치가 제대로 작동될 수 있을 정도의 비례성만 확보된다면 '50 대 50 병립제'도 충분히 수용될 만한 개혁안이라 할 것이다.

4. 나가며

지금까지 살펴본 선거제도 개혁 방안에 대한 최근 논의는 권력 구조 개편 공방과 더불어 진행되고 있다. 정당 구조는 선거제도 및 권력 구조에 종속적으로 변화하는 성격이 강하므로 결국 핵심 정치제도 전반에 대한 개혁 논의가 일고 있는 셈이다. 이참에 선거제도는 비례성을 획기적으로 높이는 방향으로 개혁되고 권력 구조는 의원내각제나 분권형 대통령제 등 연정형으로 전환된다면 한국 민주주의의 합의제적 성격은 분명히 강화될 것이다. 그리고 그것은 앞서 말한 대로 한국 자본주의의 신자유주의적 성격을 합의제 조정시장경제에 가까운 것으로 변화시킬 수도 있다. 제도적 처방으로 포괄의 정치를 발전시킴으로써 복지국가의 건설을 앞당기고자 하는 이들이라면 앞으로 더욱 뜨거워질 것으로 예상되는 최근의 이 권력 구조 개편 및 선거제도 개혁 논의에 적극 참여해야 할 것이다.

이와 관련해 반드시 유의해야 할 점 하나를 지적하며 이 장을 마무리하고자 한다. 연정형 권력 구조가 합의제 민주주의의 핵심 요소 중의 하나라는 이유만으로 그것으로의 전환을 무조건 찬성해서는 곤란하다는 것이다. 정당의 구조화가 안 된 상태에서 의원내각제나 분권형 대통령제의 도입은 무익한 정도를 넘어 자칫 권력 구조의 개악이 될 수도 있다. 1987년 민주화 이후 한국은 줄곧 (거대 양당 중심의) 다정당 체계를 유지해 왔다. 양당제로 가야 마땅할 소선거구 일위 대표제하에서 단 한 번의 예외도 없이 다당제가 지속돼 온 것은 한국 선거 정치의 특수 변수인 지역 할거주의와 인물 중심주의 때문이었다. 지금도 그것은 크게 변하지 않았다. 게다가 2004년에는 부분적이나마 비례대표제가 도입되었다. 따라서 한국의 정당 구도는 앞으로도 계속 인물 혹은 지역 기반 정당들과 군소 이념 정당들이 뒤섞인 다정당 체계일 것으로 예상된다.

지역이나 인물 중심 다정당 체계하에서 의원내각제 혹은 (분권형 대통령제의 경우) 책임내각제의 도입은 결국 비구조화된 다당제와 내각제의 결합을 의미한다. 이 경우, 여러 심각한 문제들이 발생할 수 있다. 예컨대, 이 같은 정치 구도에서는 군소 지역 정당(들)일지라도 지역 지지 기반을 잘 관리해 필요한 최소한의 의원 수만 확보할 수 있다면 심지어 연립정부의 구성에도 참여할 수 있다. 그렇게 되면 (지역) 명망가나 소지역 중심의 지역 할거주의는 지금보다 오히려 더욱 창궐하게 될 것이다. 지역 정당을 형성하거나 유지할 인센티브가 더 강해질 것이기 때문이다. 지역 정당들 혹은 그 보스들 간의 정권 나눠 먹기 양상이 만연되면서 권력 구조는 결국 정치 엘리트들 간의 '과두 체제'로 개악될 수 있다. 이렇게 된다면 국민의 뜻과는 상관없는 불안정한 연립정부의 구성과 (중심 이념이나 정책이 부재한 상태에서의) 잦은 정권 교체 등으로 인해 정부의 효율성과 수행 능력은 크게 저하될 가능성이 높다.

특히 노동자나 중소 상공인과 같은 사회경제적 집단들의 이익이 정책 과정에 체계적으로 반영될 가능성은 그리 높지 않다. 정당 및 정치가들은 정책이나 이념에 근거한 신념보다는 정치적 보스의 사적 필요성이나 "지역 이기주의적 요구에 타협할 가능성"이 크기 때문이다(정준표 1997, 159). 결국 보수, 중도, 진보 등의 복수 정당이 있어 이들이 여러 계층과 계급 그리고 사회경제적 이익집단들이 표출한 다양한 이익을 적절히 집약하여 대의 정치 과정에 반영한다는, 그리하여 사회 통합을 유지한다는 정당정치 본연의 기능은 기대하기 어렵다는 것이다.

그러므로 현 상황에서는 내각제로의 전환보다는 선거제도의 개혁이 우선돼야 한다. 비례성이 보장되는 선거제도의 도입이 정당의 구조화를 견인할 것이기 때문이다. 요컨대, '선先선거제도 개혁, 후後권력 구조 전환'의 원칙에 따라 합의제 민주주의를 위한 제도 개혁 작업을 수행해 가야 한다는 것이다. 더구나 권력 구조의 개편은 개헌을 요구하는 지난한 과제이지만 선거제도의 개혁은 법률 개정만으로도 이룰 수 있는 일이기도 하다. 사회적 공감대가 충분히 형성되지 않은 상태에서 개헌을 무리하게 시도하기보다는 당장은 선거제도의 개혁에 에너지를 집중하는 것이 현실적으로도 합당한 전략이라 할 수 있다. 비례대표제의 도입 등으로 정당의 구조화 작업이 진행되어 이념과 정책을 기반으로 하는 (온건)

다당제가 구축되면 권력 구조의 개편 작업은 그때에 이르러 정당 간 합의에 의해 자연스럽게 진행될 것이다.[14] 다만 의원내각제나 분권형 대통령제로의 전환을 비례성 높은 선거제도로의 개혁과 한 패키지로 동시에 추진하겠다고 한다면, 그것은 지금이라도 수용할 만한 개혁 방안이 될 것이다.

14) 구조화된 다당제와 대통령 중심제의 결합은 분점 정부 혹은 여소야대라는 제도적 부조화 문제를 자주 야기한다. 물론 연합 정치의 '예술'로 이 문제를 슬기롭게 해결해 갈 수도 있지만 좀 더 근본적 해결 방안은 역시 연정형 권력 구조를 제도화하는 것이다. 결국 이 같은 국면에 이르면 정당들 스스로가 이 근본 방안을 도입하는 데 합의하게 되리라는 것이다.

참고문헌

강원택. 2005. 『한국의 정치개혁과 민주주의』. 인간사랑.

김용호·강원택. 1998. "국회의원 선거제도 개혁의 기본 조건과 대안의 검토." 한국정치학회. 『21세기 한국의 국가전략 학술회의』.

김정진 2010. "복지 확대를 위한 증세." 진보신당 상상연구소 엮음. 『리얼 진보』. 레디앙.

김형철 2007. "혼합식 선거제도로의 변화와 정치적 효과: 뉴질랜드, 일본, 그리고 한국을 중심으로." 『시민사회와 NGO』 5권 1호.

선학태 2005. 『민주주의와 상생정치』. 다산출판사.

신명순·김재호·정상화. 1999. "시뮬레이션을 통한 한국의 선거제도 개선방안." 『한국정치학회보』 33집 4호.

정준표 1997. "정당, 선거제도와 권력 구조." 국제평화전략연구 엮음. 『한국의 권력구조 논쟁』. 풀빛.

조기숙. 1993. "합리적 유권자 모델과 한국의 선거분석." 이남영 엮음. 『한국의 선거 I』. 나남.

최태욱. 2003. "세계화와 한국의 정치개혁." 윤영관·이근 엮음. 『세계화와 한국의 개혁과제』. 한울.

_____. 2010. "진보적 자유주의 구현을 위한 정치제도 조건: 합의제 민주주의." 『한국정치연구』 19집 3호.

_____. 2011. "복지국가 건설과 '포괄정치'의 작동을 위한 선거제도 개혁." 『민주사회와 정책연구』 19호.

Armingeon, Klaus. 2002. "The effects of negotiation democracy: A comparative analysis." *European Journal of Political Research*. vol. 41.

Crepaz, Markus M. 2002. "Global, Constitutional, and Partisan Determinants of Redistribution in Fifteen OECD Countries." *Comparative Politics*. vol. 34. no. 2.

Crepaz, Markus M. and Vicki Birchfield. 2000. "Global Economics, Local Politics: Lijphart's Theory of Consensus Democracy and the Politics of Inclusion." in Markus Crepaz et al. eds. *Democracy and Institutions: The Life Work of Arend Lijphart*. Ann Arbor: The University of Michigan Press.

Crepaz, Markus M. and Arend Lijphart. 1995. "Linking and Integrating Corporatism and Consensus Democracy: Theory, Concepts and Evidence." *British Journal of Political Science*. vol. 25. no. 2.

Hamann, Kerstin and John Kelly. 2007. "Party Politics and the Reemergence of Social Pacts in Western Europe." *Comparative Political Studies*. vol. 40, no. 8.

Hicks Alexander and Duane Swank. 1992. "Politics, Institutions, and Social Welfare Spending in the Industrialized Democracies, 1960-1982." *American Political Science Review*. 86.

Katzenstein, Peter. 1985. *Small States in World Markets*. Ithaca: Cornell University Press.

Lembruch, Gerhard. 1984. "Concertation and the Structure of Corporatist Network." in John Goldthorpe ed. *Order and Conflict in Contemporary Capitalism*. Oxford: Clarendone Press.

Lijphart, Arend. 1999. *Patterns of Democracy*. New Haven: Yale University Press.

Lijphart, Arend and Markus M. Crepaz. 1991. "Corporatism and Consensus Democracy in Eighteen Countries: Conceptual and Empirical Linkages." *British Journal of Political Science*. vol. 21.

Minnich, Daniel. 2003. "Corporatism and Income Inequality in the Global Economy: A Panel Study of 17 OECD Countries." *European Journal of Political Reserach*. vol. 42, no. 1.

Scharpf, Fritz. 1997. *Games Real Actors Play: Actor-centered Institutionalism in Policy Research*. Boulder: Westview Press.

Swank, Duane. 2002. *Global Capital, Political Institutions, and Policy Change in Developed Welfare State*. Cambridge University Press.

Van Waarden, Frans. 2002. "Dutch Consociationalism and Corporatism: A Case of Institutional Persistence." *Acta Politica*. vol. 37. no. 2.